조선의 왕비 가문

조선의 왕비가문

지은이 / 양 웅 열
펴낸곳 / 도서출판 역사문화
펴낸이 / 김 경 현
찍은날 / 2014년 8월 25일
펴낸날 / 2014년 8월 29일
2쇄 / 2015년 10월 25일

등록 / 제 6-297호
등록일 / 1998. 2. 23.
서울 성북구 정릉동 716-21 태웅빌라 303호
전화 / 02) 942 - 9717
팩스 / 02) 942 - 9716
홈페이지 / http://www.ihc21.com
블로그 / blog.daum.net/ihc21book
이메일 / ihc21book@hanmail.net

ISBN 978-89-88096-72-7 93910

# 조선의 왕비 가문

양 웅 열 지음

도서출판 역사문화

## 일러두기

▶ 다음과 같은 부호를 사용하였다
  ( ) : 생몰년을 표기하거나, 보충 설명하는 내용에 사용하였다.
  〔 〕 : 음은 다르나 뜻이 같은 한자를 묶는다
  " " : 대화 등의 인용문을 묶는다
  ' ' : 재인용이나 강조 부분을 묶는다
  「 」 : 작품명이나 논문을 묶는다
  『 』 : 책명을 묶는다

▶ 조선 국왕 연대는 왕명과 연대를 병기하는 것을 원칙으로 하였다
  예) 선조 8년(1575)
  국왕들의(중국 황제 포함) 재위년도는 즉위년부터 산정하였다

▶ 고종 34년(1897) 광무개혁 이후 연도는 양력을 기준으로 했으며
  음력은 별도 병기하였다.

▶ 이 책에 나오는 『조선왕조실록』 인용문의 출전은 국사편찬위원회
  (http://sillok.history.go.kr)에서 제공하는 번역본이다.

▶ 이 책에 나오는 문집류 인용문의 출전은 한국고전번역원
  (http://www.itkc.or.kr)에서 제공하는 것이다.

▶ 이 책에 나오는 『고려사』 인용문의 출전은 북한사회과학원 고전
  연구소가 역주하고 누리미디어(http://www.krpia.co.kr)에서 제공하는
  번역본이다

▶ 『선원록』은 『조선왕조 선원록』(민창문화사 1992년 간)을 기본으로
  하였다

▶ 이 책에 나오는 족보는 주로 『태조대왕과 친인척』 등 조선의 왕
  실 시리즈(역사문화 1998~2009)를 참고하여 비문, 지문, 행장 등으
  로 보완하였다.

▶ 『조선왕조실록』은 『실록』으로, 『조선왕조 선원록』은 『선원록』으로
  표기하였다

# 서 문

　대학에 처음 들어와 지금까지 알고 있었던 조선시대의 역사가 반대로 연구되었다는 것을 배웠다. 그때까지 조선은 고리타분한 유교에 빠져 임진왜란을 겪고도 반성을 못하다가 다시 병자호란을 겪게 되고 이후 계속해서 쭉 망하다가 일제에 나라를 빼앗겼다고 알고 있었다. 그런데 조선은 주자성리학을 자기화한 세계 최고 수준의 조선성리학으로 임진왜란·병자호란을 극복하고 조선 후기에는 세계에 손꼽히는 문화국가를 이룩하였다는 사실에 큰 충격을 받았고 공부를 해보고 싶다는 생각이 들었다.

　군대를 마치고 이런 가르침을 주신 선생님을 찾아뵈었다. 마침 선생님께서는 조선시대 전 기간 동안의 왕실 친인척들을 체계적으로 정리하는 계획을 세우고 계셨다. 그때는 그 작업이 10년을 훌쩍 넘기고 11년이 걸릴 것이라고는 전혀 생각하지 못했다. 지금 생각해보면 그 필요성에도 불구하고 어느 연구자도 선뜻 시작하기도 어려울 정도의 방대한 분량과 오랜 시간을 필요로 한다는 판단이 들지만 당시는 몰랐다. 그 연구결과는 '태조대왕과 친인척' 등 52권의 왕실시리즈라는 성과로 마무리 되었다. 연구작업에 참여하는 동안 방대한 왕실의 친인척들의 관련 자료를 찾고 족보를 찾으며 자연스럽게 공부를 하고 있었음을 알았다.

　그러는 사이 석사과정을 마치고 어느새 박사과정도 수료를 하게 되었다. 이때 선생님께서는 실감나는 조선시대 정치사를 위해서는 왕비 가문을 기반으로 해야한다는 가르침을 주시면서 기왕의 국왕친인척에 정리된 왕비 가문들에 대해 더 깊이 있게 공부해 박사논문으로 만들어보라고 하셨다. 다만 특정한 시기가 아니라 조선시대 전 기간을 다루어야만 보다 의미가 있다는 말씀도 해주셨다. 이에 15세기·16세기·17세기의 왕비 가문을 논문으로 차례로 발표하였다. 이후 18세기·19세기의 왕비 가문을 더 조사하여 지두환 선생님의 지도 아래, 심사위원을 맡아 가르침을 주신 정만조 교수님·박종기 교수님·오항녕 교수님·정재훈 교수님의 지도를 받아 부족하지만 박사학위논문으로 제출하게 되었다. 조선 전기에서 후기가 되는 동안 성리학을 표방한 조선에서 가장 원칙을 지키며 올바른 정치를 추구하였던 세력에서 왕비 가문이 배출되었음을 밝혔다.

이 책은 박사학위 논문을 보완하고 수정한 것이다. 책으로 출간하려니 미비한 내용도 눈에 띄었고 너무 급하게 봐서 오류를 범하기도 했음을 알았다. 이에 몇 개월만 고쳐서 출간하려고 하였던 것이 벌써 1년의 시간이 지나 버렸다. 이에 마냥 미룰 수 없고 지금까지의 내용을 일단락 지으면서 앞으로 연구해야 할 방향도 점검하여 새롭게 시작한다는 의미로 부끄러움을 무릅쓰고 한권의 책으로 구성해 보았다.

그동안 학문할 수 있는 기초를 마련해 주시고 아낌없이 지도해주신 대학의 은사님들, 학부때부터 지금까지 가르침을 주신 지두환 선생님께 충심으로 감사를 드린다. 선생님 문하에서 함께 공부한 부산의 이순구, 임병수, 이성호, 권윤수, 김준은, 류명환 선배님과 안승배, 김혁수 학형과 함께 자료를 찾고 정리하여 이 책이 나오게 되었음을 밝혀 둔다.


2014년 여름 고궁박물관에서

# 차   례

서문
차례
조선시대 왕위 계승도

# 제1편 서론 15

# 제2편 조선 전기 왕비 가문 33

## 제1장 태조~세종대 초반 왕비 가문

# 제3편 조선 후기 왕비 가문 147

제1장 인조대 중반~현종대 왕비 가문

# 제5편 결론

# 부록

# 조선시대 왕위 계승도

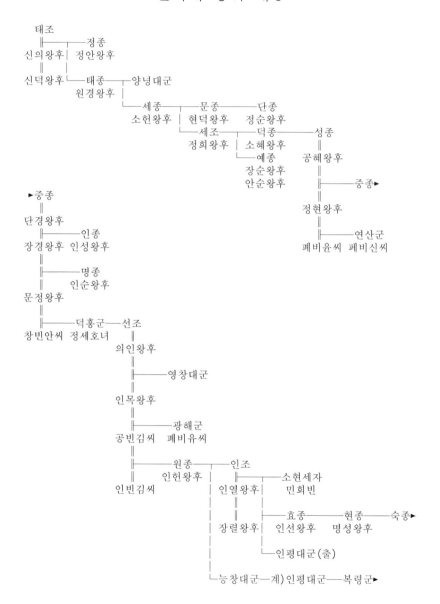

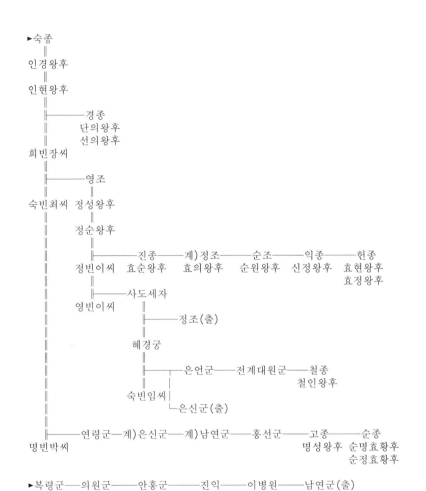

▶숙종
‖
인경왕후
‖
인현왕후
‖
‖━━━경종
‖　　　단의왕후
‖　　　선의왕후
희빈장씨
‖
‖━━━영조
‖　　　‖
숙빈최씨　정성왕후
‖　　　‖
‖　　　정순왕후
‖　　　‖
‖　　　‖━━━진종━━━계)정조━━━순조━━━익종━━━헌종
‖　　　정빈이씨　효순왕후　　효의왕후　순원왕후　신정왕후　효현왕후
‖　　　　　　　　　　　　　　　　　　　　　　　　　　　　　효정왕후
‖　　　‖
‖　　　‖━━━사도세자
‖　　　영빈이씨　‖
‖　　　　　　　　‖━━━정조(출)
‖　　　　　　　　‖
‖　　　　　　　혜경궁
‖　　　　　　　　‖
‖　　　　　　　　‖━━━은언군━━━전계대원군━━━철종
‖　　　　　　　　‖　│　　　　　　　　　　　　　철인왕후
‖　　　　　　　숙빈임씨│
‖　　　　　　　　　　　└─은신군(출)
‖
‖━━━연령군━계)은신군━계)남연군━━━흥선군━━━고종━━━순종
명빈박씨　　　　　　　　　　　　　　　　　　　　명성왕후　순명효황후
　　　　　　　　　　　　　　　　　　　　　　　　　　　　　순정효황후

▶복령군━━━의원군━━━안흥군━━━진익━━━이병원━━━남연군(출)

# 제1편 서론

# 1. 주제의 선정

조선시대 정치사는 정치 제도사나 정치 운영 방식 등 다양한 분야에 걸쳐 연구가 진행되었다. 특히 시대의 성격을 가늠한다고 할 수 있는 각 시기별 정치 주도 세력에 대한 연구가 많이 축적되어 조선시대에 대한 이해가 한층 심화되어 왔다.

한편으로 정치 세력에 대한 깊은 이해를 위해 조선시대 전 기간 적지 않은 영향력을 행사한 왕실의 친인척도 함께 살펴야만 보다 실체적인 정치사 접근이 가능해진다는 인식을 기반으로 국왕의 친인척 시리즈가 완간되었다.[1] 그러나 아직까지 왕비 가문은 외척이어서 극복되어야 할 세력으로 인식하고 있는 것이 주를 이룬다.

그것은 지금까지의 연구가 대체적으로 19세기 제국주의 침략이 자행되는 국제정세 속에 결국 국권國權을 일제에 빼앗기게 되는 이유가 외척에 의한 세도勢道였다는 평가에서 기인한 것이다. 또한 선조대 이후 주도 세력이 되는 사림士林 세력이 연산군대 이래 척신戚臣 세력과 수차례의 사화士禍를 거치며 주도권을 쟁취한 것이었기 때문에 왕비를 포함한 외척 세력 전체를 부정적으로 보게 하였으며, 특히 '실학' 연구에서 남인 실학자에 주목하고 17~18세기를 주도한 서인이나 노론 왕비 가문에[2] 대해서는 부정적으로 평가하는 인식이 이를 더욱 심화시켰기 때문이다.

왕비·후궁·왕자부인 등 외척外戚과 부마駙馬의 내척內戚 등 친인척 중에서 단연 영향력을 발휘할 수 있었던 인물은 왕비가 될 것이라는

---

1) 지두환, 1999~2009, 『태조대왕과 친인척』~『순종황제와 친인척』(역사문화) 등 왕실친인척 시리즈 52책
2) 『당의통략』 인조반정 이후로 서인은 왕실과 국혼을 계속해서 유지하였다고 했다. 실제로 서인 세력에서만 왕비를 배출한다.

판단이 어렵지 않게 든다. 조선시대 왕비는 정사政事에 관여하는 것이 금지되었지만 때로 다음 국왕을 직접 결정하기도 하고, 간혹 대비가 되어 수렴청정垂簾聽政을 하기도 하였으며, 세자빈이나 왕비 간택에 결정권을 가지는 등 직간접적으로 정치에 참여하여 향후 정국에도 큰 영향력을 행사할 수 있는 위치에 있었다. 또한 왕비의 조祖·부父·형제兄弟 등 본가의 친척들을 비롯하여 외가 인물들이 중용되어 당시 정국을 주도하였던 것을 조선시대 전 기간 어렵지 않게 찾을 수 있다.

19세기 안동김씨가 주도하던 세도勢道 정국을 언급하지 않더라도 태종대 민무구閔無咎 형제의 옥사, 한명회의 두 사위인 예종·성종의 즉위, 명종비의 제弟인 윤원형의 전횡 등의 정치사건과 당시의 정국政局은 이를 잘 보여준다고 할 수 있을 것이다.

또한 왕비 가문은 중종대 '대윤大尹·소윤小尹' 문제나 숙종대 '장희빈張禧嬪 사건' 등에서 확인할 수 있듯이 왕위 계승과 맞물려 사화士禍로 확대되어 정국政局에 큰 파장을 일으키는 요인의 중심에 있기도 하였다. 아울러 효종대 세자(현종)빈의 조부 김육은 한당漢黨의 영수로[3], 영조대 사도세자빈의 부친 홍봉한은 북당北黨을 대표한 인물로서 당시 정국의 중심 인물이었다. 이처럼 왕비 가문은 당시 정국의 동향이나 향후 추이를 파악해보거나, 시대의 성격을 평가해보려 할 때 정치세력 측면에서도 대단히 중요하다고 할 수 있을 것이다.

본 연구는 왕대별 왕비 가문이 분석이 된 위에서 개별 왕비 가문에 대해 간택시揀擇時 선대先代의 내력과 가문家門의 위상位相, 간택 이후 후손後孫의 교류 활동이나 동향 등을 추적해보고자 한 것이다. 선대의

---

3) 정만조, 1999, 「17세기 중반 漢黨의 정치활동과 國政運營論」 한국문화 23.

내력과 당시 가문의 상황狀況을 파악함으로써 왕비 가문에 대한 성격이나 의미를 부여해볼 수 있을 것이다. 또 국왕의 정국 운영 동향 속에서 어떤 가문이 간택이 되었는지 그 의미도 판단해 보려고 한다. 아무런 연고가 없는 가문이 별안간 왕비 가문으로 간택되지는 않을 것이라는 판단 때문이다. 이로써 향후 정국 운영의 방향도 가늠해 볼 수 있지 않을까 한다.

세자빈이나 왕비 간택에서 때로 왕실의 대비나 친정가의 인물이 간택에 영향력을 끼쳤던 사실이 간혹 사료로 확인이 된다. 안동김씨에 의해 왕비 가문이 독점된 세도기 이외에도, 중종대 정현왕후가 왕대비로 있으면서 세자(인종)빈을 결정하였음이 기록으로 확인된다.4) 또 명종대 세자빈 간택시 왕대비로 있던 문정왕후의 동생 윤원형이 영향력을 행사하였고5), 선조 초비를 간택할 때 역시 왕대비 동생 심의겸이 주선하였다는 사실이 기록으로 확인된다.6)

---

4) 『중종실록』 권50 중종 19년 1월 3일. : " … 세자빈을 가리는 일은 자전慈殿께서 맡아 하셨으나, … "
『중종실록』 권50 중종 19년 2월 2일. : "… 세자빈을 자전慈殿께서 이미 간택하셨는데, 박호朴壕의 딸만큼 합당한 사람이 없다. … "
5) 『명종실록』 권26 명종 15년 7월 20일. : " … 황대임은 안함의 매부이고 안함의 양자 안덕대安德大는 또 윤원형의 사위이다. 혼인을 맺은 까닭에 윤원형이 힘껏 주장하여 정혼해서 훗날 권력을 잡으려고 황씨가 고질병이 있는 것을 숨겼다. … " 명종 15년(1560) 7월 순회세자의 부인으로 처음 황대임의 딸이 세자빈에 책봉되었다 병이 있어 다음해 5월 폐하여 양제가 되었다. 이에 다시 윤옥尹玉의 딸이 세자빈에 올랐지만 순회세자가 일찍 졸하여 왕비에는 오르지 못했다. 이때 황대임의 딸은 윤원형의 주장이었다고 했다.
6) 김항수, 1992, 「宣祖 初年의 新舊葛藤과 政局動向」, 『국사관논총』 34. ; 박응순의 녀女로 왕비를 맞이할 때도 심의겸이 역할이 컸다고 한다.
『석담일기』 선조 2년 12월(한국고전번역원 고전번역총서). : " 박씨朴氏를 왕비로 책봉하고, … 박응순의 아우 박응남이 명망이 있어 요직에 있으면서 심의겸과 친밀하여, 박씨의 책봉에는 심의겸의 주선이 많았다. … "
한편 심인겸의 조부인 심연원의 조모와 박응순의 부친 박소의 조모는 허손許蓀의 딸로 자매간이었다.

또 정국을 주도하는 인물이 간택에 영향을 끼쳤을 것으로 판단되는 사례도
보인다. 광해군대를 주도한 이이첨의 사돈가문에서 세자빈이 배출되고 있었다.
그러나 사실 이 같은 간택이라도 국왕의 동의나 주도하에 이루어졌을 것이다.
국왕은 세자빈 가문을 통해 정국 운영의 지지 세력으로 삼았던 사례가 심심치
않게 확인되기 때문이다.7) 어째든 간택은 향후 국왕의 정국 운영 방향을 가늠해
볼 수 있는 단초가 될 수도 있을 것 같다. 그리고 간택 전후 왕비가 인물들의
교류 활동이나 후손後孫의 동향 등 왕비 가문의 부침浮沈을 당시 주도하는
정치세력과의 관계 속에서 살펴봄으로써 그 이후의 정치사도 어느 정도는
조망해 볼 수 있을 것이다.

---

7) 정만조, 1986, 「歸鹿 趙顯命 研究: 그의 蕩平論을 中心으로」 『한국학논총』 8.

## 2. 연구사 검토

정치사 이해를 위한 정치 세력에 대한 연구는 시대에 따라 주목한 시기가 달랐다. 1970년대에는 19세기 세도가문에 의해 국권이 침탈되었고, 그 원인이 17~18세기의 당쟁으로 인한 것이었다는 인식으로 당시 정계를 주도해 나간 세력인 서인에 대한 연구가 이루어지지 못하고 재야에 있던 실학자를 중심으로 연구되었다.8) 이에 조선왕조 건국과정에 대한 이해와 아울러 조선에 대한 긍정적인 변화가 지적되어9) 15세기를 주도한 개국공신세력과 16세기 중종·명종대 공신세력에 대한 연구가 진행되었다.10) 이와 함께 16세기 사림세력의 성장에 주목하여 성종대 영남사림세력의 형성11)과 함께 중종대 기호사림세력의 확대 과정이 규명되었다.12)

그러나 한편으로 문화사를 다루면서 조선시대를 주자성리학, 조선성리학, 북학 시대로 개념화 하면서 조선 후기에 대한 인식을 긍정적이며 발전적으로 조명하여 18세기는 영조대를 주도해 간 노론세력이 진경문화를 이룩하였다는 사실이 밝혀졌다.13) 또 19세기는 안동김씨가 장악한

8) 지두환, 1987, 「조선후기 실학연구의 문제점과 방향」 『태동고전연구』 3.
9) 이상백, 1949, 『李朝建國의 硏究』(乙酉文化社).
10) 박천식, 1977, 「朝鮮 開國功臣에 對한 一考察-冊封過程과 待遇를 中心으로-」 『전북사학』 1.
　　　　　　1985, 「朝鮮 建國功臣의 연구(政治勢力 규명의 일환으로)」(전남대 박사학위논문).
　　정두희, 1977, 「태조-태종대 삼공신의 정치적 성격」 『역사학보』 75·76.
　　　　　　1983, 「朝鮮初期政治支配勢力研究」(서강대 박사학위 논문).
　　이병휴, 1978, 「朝鮮 中宗朝 靖國功臣의 性分과 動向」 『大丘史學』 15·16.
　　우인수, 1987, 「조선 명종조 위사공신의 성분과 동행」 『大丘史學』 33.
11) 이수건, 1979, 『영남사림과의 형성』(民族文化叢書 2 嶺南大學校 民族文化研究所).
12) 이병휴, 1979, 「朝鮮初期 嶺南·畿湖 士林의 接觸과 그 推移」 『한국사연구』 26.
　　　　　　1981, 「朝鮮前期 畿湖 士林派의 成立과 發展」(영남대 박사학위논문).
13) 최완수, 1972, 「김추사의 금석학」 『간송문화』 3.
　　　　　　1980, 「추사서파고」 『간송문화』 19.

세도정국이었지만 북학파들이 개혁 세력을 형성하며 새로운 사회를 이루려 하였다는 긍정적 시각의 연구가 시도되었다.14) 이에 1980년대 초중반부터 18세기에 대한 연구도 본격화되었다. 영조대 탕평정국을 다루면서 국왕의 주도하에 정국이 안정화되는 가운데 명분에 따라 주도세력이 소론에서 노론으로 교체되었으며15), 정조대 북학사상을 다루면서 당시 학계와 정계를 주도해간 세력이 노론의 낙파였음도 밝혀졌다.16) 이와 동시에 17세기 정치사도 크게 진척되어 '붕당론朋黨論'에 대한 이론적 개념이 정립되어 당쟁론은 붕당 정치로 비판되고17) 당쟁의 근거로 인식되던 예송禮訟에 대한 새로운 시각이 제시되어 17세기 정국 동향과 함께 서인이 이념뿐만 아니라 사회·경제 등 여러 정책면에서도 남인을 압도하며 주도하였다는 것이 밝혀졌다.18) 이에 지금까지의 대략적인 연구로 조선시대 정국 동향과 주도한 정치 세력에 대한 전반적인 이해가 가능하였다.

　1980년대 후반~90년대에 오면 재야에 있으면서 막후 조정자로서 정계를 압도한 17세기 산림 세력에 대한 연구가 진행되었다.19) 그리고

　　　　　1981, 「謙齋眞景山水畫考」『간송문화』 21.
　14) 최완수, 1986, 「秋史實紀」『간송문화』 30.
　　　　　1989, 「芸楣實紀」『간송문화』 37.
　15) 정만조, 1983, 「英祖代 初牟의 蕩平策과 蕩平派의 活動」『震檀學報』 56.
　　　　　1986, 「英祖代 中牟의 政局과 蕩平策의 再定立」『역사학보』 111.
　16) 유봉학, 1982, 「北學思想의 形成과 그 性格」『한국사론』 8.
　　　　　1995, 『연암일파 북학사상연구』(일지사).
　17) 정만조, 1988, 「朝鮮朝 書院의 政治·社會的 役割」『한국사학』(한국정신문화연구원) 10.
　　　　　1990, 「16世紀 士林系 官僚의 朋黨論」『한국학논총』 12.
　　　　　1992, 「조선시대 붕당론의 전개와 그 성격」『조선후기 당쟁의 종합적 검토』.
　18) 지두환, 1987, 「조선후기 예송 연구」『부대사학』 11.
　　　　　1988, 「조선후기 戶布制 論議」『한국사론』 19.
　　　　　1997, 「宣祖·光海君代 大同法 論議」『한국학논총』 19.
　　　　　1997, 「仁祖代의 大同法 논의」『역사학보』 155.
　　　　　1999, 「尤庵 宋時烈의 社會經濟思想」『한국학논총』 21.

16세기에 대한 연구는 사림과는 대립되지만 사화士禍에서 보여지 듯
당시를 주도하고 있던 척신戚臣에 대한 연구를 통해 중종~명종대 척신정
치 세력의 실체와 군사 경제적 기반에 대해서도 폭넓게 연구되었다.[20]
아울러 17세기 선조대 후반 광해군대를 주도한 북인 세력에 대한 연구가
본격화되어[21] 북인 세력의 연원이 되는 명종대 처사處士에 대한 연구
와[22] 실학 연구를 이어 북인 세력의 맥이 이어지는 17세기 북인계 남인
세력의 동향도 다루어져[23] 조선시대의 다양한 세력에 대한 접근이 가능
하게 되었다.

18세기에 대한 연구는 영조대의 탕평정국을 보다 확장하여 진행되었는
데, 숙종대 후반에 탕평이 시도되며 소론에서 노론으로 세력이 교체되는
정국과[24] 조선 후기 탕평을 다루면서 정조대 노론·소론·남인의 동향
도 밝혀졌다.[25] 그리고 19세기 세도정치기의 긍정적 입장을 이어 안동김

---

19) 우인수, 1990, 「朝鮮 孝宗代 北伐政策과 山林」『역사교육논집』 15 .
　　　　　　1992, 「17世紀 山林의 勢力 基盤과 政治的 機能」(경북대 박사학위논문).
20) 김우기, 1990, 「朝鮮 中宗後半期의 戚臣과 政局動向」『대구사학』 40 .
　　　　　　1993, 「16세기 戚臣政治의 軍事的 基盤」『역사교육자료집』 18.
　　　　　　1995, 「16세기 척신정치의 전개와 기반」(경북대 박사학위논문).
　　이재희, 1993, 「조선 명종대 '척신정치'의 전개와 그 성격」『한국사론』 29.
　　한춘순, 1999, 「明宗代 垂簾聽政期(1545~1553)의 勳戚政治 成立과 軍事構造」『한국사연구』 106.
　　　　　　2000, 「明宗代 勳戚政治 研究」(경희대 박사학위논문).
21) 구덕회, 1988, 「宣祖代 후반(1594; 1608) 政治體制의 재편과 政局의 動向」『한국사론』 20.
　　한명기, 1988, 「광해군대의 대북세력과 정국의 동향」『한국사론』 20.
　　신명호, 1990, 「선조말·광해군초의 정국과 외척」『한국사론』 20.
22) 신병주, 1995, 「南冥 曺植의 學風과 南冥門人의 활동」『남명학연구논총』 3.
　　　　　　1996, 「花潭 徐敬德의 學風과 現實觀」『한국학보』 84.
　　　　　　1998, 「조선중기 처사형 사림의 학풍 연구」(서울대 박사학위논문).
23) 정호훈, 2001, 「17세기 북인계 남인학자의 정치사상」(연세대 박사학위논문).
24) 정경희, 1993, 「肅宗代 蕩平論과 '蕩平'의 시도」『한국사론』 30.
　　　　　　1995, 「肅宗後半期 蕩平政局의 變化」『한국학보』 79.
25) 박광용, 1994, 「朝鮮後期 「蕩平」 研究」(서울대 박사학위논문).
　　유봉학, 1999, 「正祖代 政治論의 추이」『경기사학』 3.

씨와 대립되며 나름의 세력을 형성하고 개혁을 추진한 조인영·김정희 등을 반 안동김씨反安東金氏로 설정하여 접근해 본 연구와[26], 고종대 흥선대원군을 중심으로 한 당시 주도 세력에 대한 연구가[27] 진행되어 각 시기에 대한 긍적적 이해를 높여 주었다.

1900년대 후반 2000년대에 오면 정치 세력에 대한 보다 세분화된 접근이 이루어져 어느 정도는 공백으로 남았던 시기의 이해도 넓혀주었다. 효종대 초반을 주도한 서인 내 한당 세력이 효종대 후반 산림의 등장으로 밀려났다가 현종 말년에 남인과 결합하여 숙종대 환국으로 주도할 수 있었던 당시의 정국과[28] 인조대 후반 적극적인 친청파 세력들이 청나라와 밀착하여 반청파 세력을 탄압하였던 전모가 드러났다.[29] 그러면서 여러 학파에 대한 구체적 연구도 결실을 맺었다.[30] 영조대 후반 소론 남인계의 동향을 살피는 연구도 진행되었고[31] 한편으로는 주도 세력에 대한 연구가 더 심화되어 숙종~영조대를 주도한 노론 학파를 폭넓게 다루었으며[32], 조선 후기를 주도한 가문 안동김씨에 대한 연구로 이어졌다.[33] 아울러 여흥민씨 및 명성황후에 대한 재평가도 진행되었

---

26) 김명숙, 1997, 「勢道政治期(1800-1863)의 政治行態와 政治運營論 : 反安東金氏勢力을 중심으로」(한양대 박사논문).
27) 연갑수, 1998, 「大院君 執權期(1863~1873) 西洋勢力에 대한 대응과 軍備增强」(서울대 박사학위논문).
28) 정만조, 1999, 「17세기 중반 漢黨의 정치활동과 國政運營論」『한국문화』23.
29) 지두환, 2000, 「仁祖代 後半 親淸派와 反淸派의 對立」『한국사상과 문화』9.
30) 정만조, 2001, 「朝鮮中期 儒學의 系譜와 朋黨政治의 展開(Ⅰ)」『朝鮮時代史學報』17.
   김우기, 2000, 「16세기 湖南士林의 중앙정계 진출과 활동」『한국중세사논총-李樹健教授停年紀念-』.
   원재린, 2001, 「조선후기 성호학파의 형성과 학풍」(연세대 박사학위논문).
   신병주, 2005, 「朝鮮中期 南冥學派의 활동과 그 역사적 의미」『朝鮮時代史學報』35.
   설석규, 2005, 「우율학과 기호사림의 동향」『국학연구』7.
31) 원재린, 2004, 「영조대 후반 소론·남인계 동향과 탕평론의 추이」『역사와 현실』53.
32) 조준호, 2003, 「조선 숙종~영조대 근기지역 노론학파 연구」(국민대 박사학위논문).
33) 이경구, 2003, 「17~18세기 壯洞 金門 연구」(서울대 박사학위논문).

다.34)

최근에 오면 외척이나 내척에 대한 연구가 새롭게 주목을 끌고 있다. 수렴청정의 제도와 운영을 연구하면서 정국 동향과 함께 세도가문의 직계 선조에 대해서 다루었다.35) 또한 파평윤씨의 주도와 몰락을 다룬 연구와36) 영조 정조대 외척 세력으로 주도하였다 분열되는 풍산홍씨의 내력에 대한 연구37), 영조계비繼妃 경주 김문金門의 형성과 성장 과정을 다룬 연구도38) 진행되었다. 아울러 조선시대 후궁의 봉작 제도를 다루면서 시대에 따른 후궁의 위상 등을 추적하는 연구39)와 계비 선정의 변천에 대한 연구도40) 진행되었다.

지금까지의 왕비 가문에 대한 종합적인 연구는 미약하다고 할 수 있다. 생활사를 중심으로 왕비의 생애 등을 다룬 것41)과 정국의 동향을 서술하면서 왕비 가문에 대해 언급하고 있지만 표면적인 설명에 그치고 있는 실정이다. 그리고 훈척 정국과 세도 정국에서 왕비 가문이 다루어졌으나 친가의 직계 선조를 중심으로 한 서술이었으며, 주로 운영 방식이나 유지 기반을 파악하는 데에 초점을 두었다고 할 수 있다.

또한 전체적으로 정치사 연구가 왕비 가문을 염두에 두고 접근하지는 못한 듯하여 선조대 이후 왕비 가문을 사림 세력과는 대립되는 것으로

---

34) 서영희 등 공저, 2006, 『다시보는 명성황후』(여주문화원).
35) 임혜련, 2008, 「19세기 垂簾聽政 硏究」(숙명여대 박사학위논문).
36) 강태규, 2008, 「朝鮮前期 坡平尹氏 勳戚勢力 硏究」(국민대 석사학위논문).
37) 김영민, 2010, 「英·正祖代 豊山 洪鳳漢家門의 부흥과 분열」『사학연구』 100.
38) 김인경, 2012, 「조선후기 경주 김문의 형성과 성장」(건국대 석사학위논문).
39) 이미선, 2012, 「조선시대 후궁 연구」(한국학중영연구원 박사학위논문).
40) 윤혜민, 2012, 「조선 전기 계비 선정의 변천과 그 의미」(건국대 석사학위논문).
41) 윤정란, 2003, 『조선의 왕비』(이가출판사).
　　변원림, 2006, 『조선의 왕후』(일지사).
　　신명호, 2009, 『조선왕비열전』(역사의 아침).
　　김종성, 2011, 『왕의 여자』(역사의 아침).

이해하고 있다. 또 특정 시대에 국한시켜  연구하여서 조선 후기의 왕비 가문이 당시 주도 세력인 산림과, 특히 숙종대 후반 이후에 배출된 많은 왕비 가문이 당시 주도 세력인 낙파의 안동김씨와는 긴밀하게 연계되었음을 크게 주목하여 살피지는 못하였다.

그러나 당시 주도 세력과 왕비 가문과의 연계 속에서 문화사를 파악하고[42], 정국의 동향을 이해하는 값진 연구가 있었다.[43] 이들 연구를 이어 특히 왕비가를 포함한 왕실 전체 친인척들의 친가, 처가, 외가에 대한 종합적인 연구 자료가 축적되었고[44] 순조~헌종대 정국 동향을 다루면서 풍양조씨 왕비 가문 뿐만 아니라 당시 주요 인물들에 대하여 다양한 혼맥을 기반으로 한 연구가 시도되었다.[45] 이들 연구를 이어 15~17세기의 왕비 가문을 대상으로 직접적으로 접근해 보는 연구도 이루어졌다. [46]

---

42) 최완수, 1986, 「秋史實紀」 간송문화 30.
　　　　　1989, 「芸楣實紀」 간송문화 37.
　　　　　1998, 『조선왕조 충의열전』(돌베개).
　　　　　2006, 『고덕면지』(고덕면지편찬위원회).
　　최완수 선생은 여러 저술에서 줄곧 정치사를 왕실과의 연계 속에서 다루고 있다.
43) 정만조, 1986, 「歸鹿 趙顯命 硏究: 그의 蕩平論을 中心으로」『한국학논총』 8.
　　　　　1999, 「17세기 중반 漢黨의 정치활동과 國政運營論」『한국문화』 23.
　　　　　2001, 「朝鮮中期 儒學의 系譜와 朋黨政治의 展開(Ⅰ)」, 『朝鮮時代史學報』 17.
　　　　　명종비 인순왕후 가문은 사림과 원만한 관계를 유지하고 사림을
　　　　　보호하였다고 했다.
44) 지두환, 1999~2009 『태조대왕과 친인척』~『순종황제와 친인척』(역사문화) 등.
　　왕실친인척 시리즈로 52책으로 집대성 되었다. 본저서는 이들 저서와 당시의 실록과
　　비문 등을 참고하여 재정리 하였다.
45) 김명숙, 1997, 「勢道政治期(1800-1863)의 政治行態와 政治運營論 : 反安東金氏勢
　　　　　力을 중심으로」, (한양대 박사학위논문).
　　연갑수, 2012, 「고종대 풍양조문의 동향」『조선정치의 마지막 얼굴』(사회평론).
46) 양웅열, 2011, 「15세기 왕비가문의 변천과 성격」『한국학논총』 36.
　　　　　2011, 「16세기 왕비가문의 변천과 성격」『한국사상과 문화』 55.
　　　　　2012, 「17세기 왕비가문의 변천과 성격」『한국학논총』 38.

# 3. 연구 범위 및 방법

다만 연구 시기는 조선시대 전체 기간으로 하여 왕비 가문을 살피는 것이어서 자칫 치밀한 연구에 어려움으로 작용할 수 있겠지만, 어떤 면에서는 의미가 있는 작업일 것이라는 판단이 든다. 앞서 살폈듯이 간택 당시의 왕비나 대비 가문을 먼저 살피는 것이 꼭 필요할 것이라는 생각이 들기 때문이다. 이는 인종비 반남박씨와는 10촌간에서 선조의 초비初妃를 배출하였고, 세종 장인 심온의 후손에서 명종비와 경종의 초취를 배출하였으며, 현종비 청풍김씨에서 정조비를, 숙종계비의 부친인 민유중의 후손에서 고종비를 배출하고 있어서 어느 특정 왕대나 시기로 국한하여 파악하는 것보다는 전 시기를 살펴보아야 더 면밀하게 검토될 수 있는 장점이 있다.

왕비 가문에 대한 본 연구는 왕비 가문이 분석된 위에서 그 시기를 구분하고 기존의 정치사에서 지칭된 용어를 사용하였다. 세조찬탈을 전후로 형성된 훈척세력이 주도하는 조선 전기, 사림士林들이 주도하며 붕당정치가 시작된 인조대 이후 조선 후기, 순조대 이후의 안동김씨 등 특정 가문이 주도하는 19세기의 조선말기로 나누어 서술하였다.[47]

훈척세력은 세조찬탈 이후 왕비에 오른 청주한씨, 파평윤씨와 함께 당시 공신功臣으로 책봉된 인물이나 그 후손이나 가문을 지칭하는 용어로

---

47) 조선시대에 대한 시기 기분은 사상·정치·경제·사회·문화를 종합하여 제시되어야 하겠지만 정치사에서는 최근 조선 중기설이 제시되어 폭넓게 사용 되고 있다. (정만조, 2003, 「조선중기 정치사 연구에 대한 재검토」『한국학논총』 25).
    왕비 가문을 연구하면서, 다만 왕비 가문만을 기준으로 시기 구분을 해볼 경우 선조의 초비(의인왕후) 반남박씨가 그 전과 비교하여 사림 가문이었고, 정조말에 내정되었다 순조대 간택된 순조비(순원왕후) 안동김씨가 세도가문이라는 차이가 있어 선조대 이전과, 순조대 이후로 구분도 가능할 수 있을 것 같다.

사용하였다. 사림이나 산림은 공훈功勳이 아닌 성리학을 학습하고 실천해 가는 세력을 가리키는 용어로 사용하였다. 순조대 이후의 세도가문은 공훈功勳을 기반으로 하지 않았다는 점에서 훈척가문과 차이가 있고, 산림이 주도하는 정국의 세도世道와는 다르게 외척 신분으로 권력을 독점하여 세도勢道를 누린 차이를 부각하여 지칭한 것이다. 그리고 서인이 노론 소론으로 분기된 시기를 전후하여 벌열이라는 용어를 사용하였다. 보다 폭넓은 개념의 경화사족48)이라고 하여도 무방하겠지만 왕비 가문 으로 국한하여 좀 더 부각될 수 있는 용어라는 판단이 들었다.49) 벌열은 대체로 인조대 이후 대를 이어가며 혼인하고 관직에 계속해서 올랐다는 사실과 함께 서인이 노소로 분기된 것이어서 그렇긴 하겠지만 노론 가문이 라도 소론 인물이나 가문과도 혼맥이 이어지고, 소론 가문에서도 노론 가문과 혼맥이 닿아 있는 것을 염두해 두고 사용하였다.

아울러 세자빈으로 간택되었다 왕비에 오른 경우와 계비로 간택된 경우 대체적으로 서술 순서는 혼맥이 이루어지는 시점을 기준으로 하였 다. 숙종대와 고종~순종대의 여흥민씨는 같은 가문이지만, 태종대 여흥 민씨와는 다르다. 정종비와 영조비 경주김씨의 경우도 마찬가지다. 또

---

48) 최완수는 京華士族이라는 용어를 처음 개념화하였다. 서울에서 代를 이어 생활하고 관직에 오르며, 특히 문화를 향유하였던 계층을 일컫는 용어로 사용하였다.(최완수, 1985, 「겸제진경산수화고」『간송문화』 29).

정만조는 名閥華族, 閥閱 등으로 사용하며 대체적인 내용은 비슷하나 대를 이어가며 서로 혼맥을 맺으며 정치사를 서술하는 용어로 사용하였다.(정만조, 1986, 「歸鹿 趙顯命 研究」『한국학논총』 8).

유봉학은 정권참여 기회가 특정 경화사족에게 독점되어 가는 추세였으므로 누대에 걸친 仕宦 등으로 閥閱化되었을 부류들을 경화사족으로 지칭하였다.(유봉학, 1995, 『연암일파의 북학사상 연구, 일지사).

49) 閥閱도 '閥閱世族' '京華門閥' '京華世族' 등과 비슷한 개념으로 사용되고 있으며 경종의 두번째 세자빈을 책봉할 때 '閥閱'이라 지칭되고 있다.(『숙종실록』 권41 숙종 44년 9월 13일 竹冊文)

청주한씨의 경우 한명회의 증조부가 되는 고려 말高麗末의 한수韓脩는, 그 1남 한상환의 후손에서 예종·성종비를, 3남 한상경의 후손에서 인조비를 배출하여 별도의 가문으로 하였다. 그리고 여말 조신趙愼의 1남 조안평趙安平에서 익종비를, 2남 조개평趙開平에서 진종비를 배출하여 별도의 가문으로 하였다.50)

자신이 세자빈 시절 돌아가 추존된 문종비(현덕왕후), 예종 초비初妃(장순왕후), 경종 초비初妃(단의왕후), 진종(추존) 비(효순왕후)와 세자 사후 살아있으면서 다음 왕대에 영향력을 끼진 덕종(추존) 비妃(소혜왕후), 장조(사도세자) 비妃(경의왕후, 혜경궁), 문조(익종 추존) 비妃(신정왕후)는 별도로 다루었다. 그리고 폐비된 성종대 폐비윤씨, 연산군 폐비신씨와 역시 폐비되었다 복위된 단종비(정순왕후), 중종 초비(단경왕후)는 정국의 동향을 이해 하는데 영향력이 없지는 않았을 것이어서 별도의 항으로 다루고자 한다. 다만 숙종의 후궁으로 있다 폐서인 되는 인현왕후를 대신해 왕비에 오른 장희빈의 경우는 제외하였다.

연구 범위와 방법은 다음과 같다.

각 인물들에 대한 조사 범위는 왕비의 부친부터 고조대까지의 형제 중에서 정계나 학계에 두각을 나타낸 각 인물의 처가와 외가, 진외가, 사돈가의 인물들로 하였다. 당대나 후손은 손자대까지를 기본으로 하여 역시 형제들의 처가, 사돈가문까지를 추적해 볼 것이다. 때로 유의미한 경우에는 시기를 더하여 조사해 보고자 한다.

혼맥은『열성왕비세보』등이 너무 소략하여 각 문중의 대동보를 기본으로 하였다. 다만 이를 검증하기 위해 각 인물의 비문碑文과 지문誌文,

---

50)『鶴巖集(조문명)』冊5「十代祖淮陽府君墓表」(한국문집총간).

문과방목, 사마방목, 행장, 연보 등을 통해 재검토해 보고자 한다. 이는 대동보에 누락된 인물들과 아울러 학맥과 교류한 인맥 등을 재확인하는 작업이 될 것이다. 또 혼맥을 맺은 상대 가문에서도 같은 방법으로 재추적하는 과정을 거쳤다.

그리고 『실록』을 기본으로 하여 당시의 정치 상황과 각 인물의 관직 등 활동 내력을 파악하고, 『실록』·『연려실기술』·『승정원일기』 등에 간간히 기록된 혼맥과 교류 관계 등을 조사하여 살펴보았다.

본 연구에서는 2장에서 태조~광해군대 조선 전기 왕비 가문을, 3장에서 인조~정조대 조선 후기 왕비 가문을, 그리고 4장에서 순조~고종대 세도기인 조선말기 왕비 가문으로 나누어 살펴보았다. 다만 왕비 가문을 다루면서 가문의 경제적 기반이나 정치세력으로서 당시 경제 정책에 대한 입장 등 경제사와 연계하여 밝히지 못하였고, 무엇보다 사상사와 관련하여서 접근하지도 못하였다. 정치사가 경제사, 사상사, 문화사와 연계되어 종합적으로 파악되어야 함에도 본 연구의 아쉬운 점으로 남는다. 다만 본 왕비 가문에 대한 연구로 조선시대 정치사 이해의 폭을 넓혀주고 심화시키며, 실체적으로 정치사를 이해하는 데 일조할 수 있었으면 한다.

# 조선시대 왕비 가문 변천표

| 구분 / 시기 | 1명 배출 가문 | 2명 배출 가문 | 3명 배출 | 비고 |
|---|---|---|---|---|
| 조선 전기 | 태조 : 안변 한경, 곡산 강윤성 | | | |
| | 정종 : 경주 김천서 | | | |
| | 태종 : 여흥 민제 | | | |
| | | | 세종 : 청송 심온 | |
| | 문종 : 안동 권전 | | | |
| | 단종 : 여산 송현수 | | | |
| | | | 세조 : 파평 윤번 | |
| | | | 덕종 : 청주 한확 | |
| | | | 예종 : 청주 한명회·한백륜 | |
| | 성종 : 함안 윤기견 | | 성종 : 청주 한명회 | |
| | | | 성종 : 파평 윤호 | |
| | | 연산 : 거창 신승선 | | |
| | | 중종 : 거창 신수근 | 중종 : 파평 윤여필·윤지임 | |
| | | 인종 : 반남 박용 | | |
| | | | 명종 : 청송 심강 | |
| | | 선조 : 반남 박응순 | | |
| | 선조 : 연안 김제남 | | | |
| | 광해 : 문화 유자신 | | | |
| 조선 후기 | 인조 : 청주 한준겸 | | | |
| | 인조 : 양주 조창원 | | | |
| | 효종 : 덕수 장유 | | | |
| | | | 현종 : 청풍 김우명 | |
| | 숙종 : 광산 김만기, 경주 김주신 | | 숙종 : 여흥 민유중 | 숙종 : 인동 장경 |
| | 경종 : 함종 어유구 | | 경종 : 청송 심호 | |
| | 영조 : 대구 서종제, 경주 김한구 | | | |
| | 진종 : 풍양 조문명 | | | |
| | 장조 : 풍산 홍봉한 | | | |
| | | 정조 : 청풍 김시묵 | | |
| 조선 말기 | | | 순조 : 안동 김조순 | |
| | 익종 : 풍양 조만영 | | | |
| | 헌종 : 남양 홍재룡 | | 헌종 : 안동 김조근 | |
| | | | 철종 : 안동 김문근 | |
| | | | 고종 : 여흥 민치록 | |
| | 순종 : 해평 윤택영 | | 순종 : 여흥 민태호 | |

제2편 조선 전기 왕비 가문

# 제1장 태조~세종대 초반 왕비 가문

## 1. 태조~세종대 초반 왕비 가문

### 1) 태조비 안변한씨, 태조계비 곡산강씨

태조의 비인 안변인安邊人 한경韓卿의 딸은 개국 전인 1391년에 돌아가, 1392년 7월 17일 조선이 개국한 다음 날 왕비로 추존되니 신의왕후神懿王后(1337~1391)이다. 한경의 선조에 대한 기록은 거의 남아 있지 않다. 신의왕후 능인 제릉비齊陵碑에 한경이 신원려의 딸과 혼인하였고, 부친은 한규인韓珪仁, 조부는 한유韓裕라는 기록이 있다.51) 한경의 증조 한련韓連이 입북入北하여 이후 영흥에 세거世據한 후52) 안변한씨의 족적族的 기반은 이성계 가문과 지역적으로나 특징상으로 유사한 모습을 보인다. 이러한 점이 두 가문 간에 혼인을 하게 된 배경이 되었다고 생각된다.53)

신의왕후의 동복 동생인 한창수韓昌壽(1365~1440, 초명 장수長壽)는 여러 관직을 거쳐 상호군上護軍에 이르렀다가 태종대 총제·내금위절제사內禁衛節制使, 세종대 판돈령부사判敦寧府事를 역임하였다.54) 이복 동생 한융전韓隆田(초명 용천龍天)은 주로 향리鄕里에서 생활하였으며55)

---

51) 『태종실록』 권7 태종 4년 2월 18일.
52) 박천식, 1984, 「朝鮮建國의 政治勢力 研究 -開國功臣 李和錄券을 中心으로-」 『전북 사학』 8, 89쪽.
53) 정재훈, 1996, 「朝鮮初期 王室婚과 王室勢力의 形成」 『한국사연구』 95, 67쪽.
54) 『태종실록』 권3 태종 2년 4월 19일. ; 『태종실록』 권16 태종 8년 10월 11일. ; 『태종실록』 권23 태종 12년 5월 3일. ; 『세종실록』 권91 세종 22년 11월 29일. 한창수 졸기.
55) 『세종실록』 권59 세종 15년 2월 26일. ; 『세종실록』 권95 세종 24년 6월 18일.

다른 인물들도 크게 두각을 드러내지는 못한 것으로 보인다.

> … 이계전이 드디어 고사故事를 써서 아뢰기를, "신의왕후의 외가外家
> 로 한성기韓成己는 가선嘉善 안산군安山君으로 봉封하였고, 한검韓劍
> 은 서운판사書雲判事로서 가선嘉善 안천군安川君으로 제배除拜하였고,
> 한창수는 호군護軍으로서 가선 안원군安原君으로 제배하였는데, 이
> 3인은 모두 공정 대왕(정종)께서 즉위하고서 봉배封拜한 것이며, 한융
> 전은 태종조에 검사재부정檢司宰副正으로 제수하였고 …56)

【안변한씨 한경 가계도】 : 부록 322쪽 참조

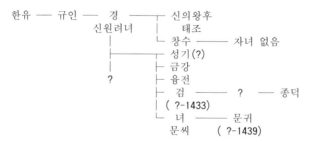

조선이 건국되고 고려말高麗末에 혼인한 강윤성康允成의 딸이 왕비가 되니 신덕왕후神德王后이다. 신덕왕후의 곡산강씨 가문은 고려 후기 원나라를 배경으로 가세를 신장해왔다.57) 강윤성의 부친 강서康庶는 충혜왕의 폐행嬖幸으로 활동하여 권력층이 되었다. 이 때문에 충숙왕 복위 후에 체포당하기도 하였으나 원 사신을 동원하여 곧 석방될 정도로 원과의 관계가 긴밀하였다. 강윤성·강윤충·강윤휘 형제들은 부원附元 세력의 범주에 드는 사람들이다.58) 강윤성은 충혜왕과 충목왕 때에는 찬성사贊成事가 되었으며59), 동생 강윤충康允忠은 찬성사로 충숙왕의 폐행嬖幸이 되어 세를 떨쳤고 충혜왕 때에는 조적曹頔 난을 평정한 공으로 일등공신에 책봉되었다.60) 다른 동생 강윤휘는 충정왕 때 판도사판서版圖司判書를 역임하였다.61) 그러다가 공민왕 5년(1356) 반원 개혁 조치에 따라 강윤성과 강윤휘는 체포되었으며, 강윤충은 유배되었다가 공민왕 8년 주살되었다.62)

강윤휘의 아들로 신덕왕후와는 4촌간이면서 태조와 태종의 원종공신에 오른63) 상장군 강우(?~1433)는 이성계에게 백부가 되는 이자흥李子興의 사위여서 태조 가문과 신덕왕후 가문은 겹사돈 관계였다. 이에 강우의 부인은 태조로부터 많은 노비를 받기도 하였다.64) 강윤성의 아들 가운데 원에서 벼슬하고 공민왕대 찬성사에 오른 강순룡 역시65)

57) 朴天植, 1985, 「朝鮮 建國功臣의 연구(政治勢力 규명의 일환으로)」(전남대 박사학위논문), 54~56쪽.
58) 정재훈, 1996, 「朝鮮初期 王室婚과 王室勢力의 形成」『한국사연구』95, 68~69쪽.
59) 『고려사』 권36 세가36 충혜왕. ; 『고려사』 권37 세가37 충목왕.
60) 『고려사』 권124 열전37 강윤충.
61) 『고려사』 권37 세가37 충정왕.
62) 정재훈, 1996, 「朝鮮初期 王室婚과 王室勢力의 形成」『한국사연구』95, 69쪽.
63) 『세종실록』 권60 세종 15년 5월 17일. 강우 졸기
64) 『태조실록』 권1 총서.

부원 세력으로 우왕대 신진사대부로부터 친원 세력이라고 비판받았다.66)

【곡산강씨 강윤성 가계도】 : 부록 322쪽 참조

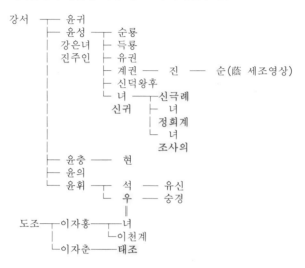

신덕왕후의 여동생은 영산인 신귀辛貴에게 시집갔다. 신귀의 형 신예辛裔는 충혜왕 2년(1322) 매제妹弟인 원나라의 환관 고용보高龍普와 함께 왕을 잡아가는 원사元使를 도와주었고, 충목왕 때 왕이 어리므로 고용보의 그늘에서 취성부원군鷲城府院君에 봉해져 국권을 좌우하며 횡포를 부렸다. 이 때 세상에서는 그를 가리켜 신왕辛王이라 하였다.67) 이처럼 신덕왕후와 혼맥을 맺은 가문은 원나라와 밀접한 연계를 기반으로 하였다.

신귀의 아들 신극공辛克恭, 신극경辛克敬 등과 4촌 신유현辛有賢, 신유정辛有定(1347~1426) 등은 모두 태조대 원종공신에 책봉되며 큰 세력을

---

65)『고려사』권126 열전39 이인임.
66) 정재훈, 1996,「朝鮮初期 王室婚과 王室勢力의 形成」『한국사연구』95, 69~70쪽.
67)『고려사』권125 열전38 신예.

형성하고 있었다.68) 이들 중 신유정은 태조대를 주도한 개국1등공신 남은南誾과 친척 관계였다.69) 그리고 신귀는 사위로 개국공신 경주인 정희계鄭熙啓(?~1396)를 맞았다. 신극례는 태종의 좌명공신에 녹훈되었다.

【영산신씨 신귀 가계도】 : 부록 323쪽 참조

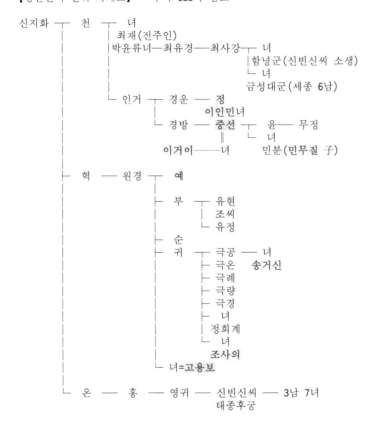

68) 박천식, 1984,「開國原從功臣의 檢討」『史學研究』38.
69)『태조실록』권15 태조 7년 10월 3일.

　　신덕왕후는 개국전에 장녀(경순공주慶順公主)를 신예의 처조카가 되는
성주인 이제李濟와 혼인시켰다. 이제의 숙부 이인임(?~1388)도 대표적
인 친원파 세력에 속한 인물이다. 이인민의 아들 이직(1362~1431)은
이제의 4촌형이어서 개국공신에 오르고 지신사를 역임하였다.70)

【성주이씨 이제·이직 가계도】: 부록 324쪽 참조

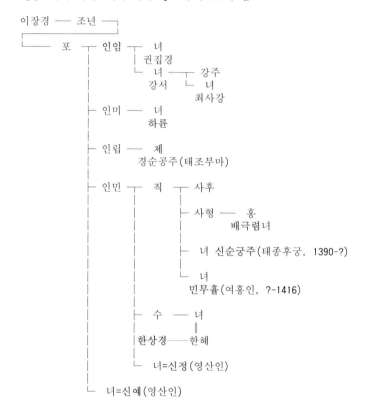

이장경 ── 조년 ─┐
　　┌─────┘
　　└── 포 ┬ 인임 ┬ 녀
　　　　　 │　　　├ 권집경
　　　　　 │　　　└ 녀 ┬ 강주
　　　　　 │　　 강서　 └ 녀
　　　　　 │　　　　　　　 최사강
　　　　　 │
　　　　　 ├ 인미 ── 녀
　　　　　 │　　　　 하륜
　　　　　 │
　　　　　 ├ 인립 ── 제
　　　　　 │　　　 경순공주(태조부마)
　　　　　 │
　　　　　 ├ 인민 ┬ 직 ┬ 사후
　　　　　 │　　　 │　 │
　　　　　 │　　　 │　 ├ 사형 ── 홍
　　　　　 │　　　 │　 │　　　 배극렴녀
　　　　　 │　　　 │　 │
　　　　　 │　　　 │　 ├ 녀 신순궁주(태종후궁, 1390-?)
　　　　　 │　　　 │　 │
　　　　　 │　　　 │　 └ 녀
　　　　　 │　　　 │　 민무휼(여흥인, ?-1416)
　　　　　 │　　　 │
　　　　　 │　　　 ├ 수 ── 녀
　　　　　 │　　　 │　　　 ‖
　　　　　 │　　　 │한상경──한혜
　　　　　 │　　　 │
　　　　　 │　　　 └ 녀=신정(영산인)
　　　　　 │
　　　　　 └ 녀=신예(영산인)

70) 『태종실록』 권29 태종 15년 5월 20일.

## 2) 정종비 경주김씨

태조 7년(1398) 1차 왕자의 난 이후 정종이 즉위하고, 경주인 김천서의
딸이 왕비에 오르니 정안왕후(1355~1412)이다. 김천서의 선조에 대한
사료 기록은『계행보』외에 확인 되지 않고『실록』에는 증문하좌시중贈門
下左侍中으로만 언급된다.

【경주김씨 김천서 가계도】 : 부록 **324**쪽 참조

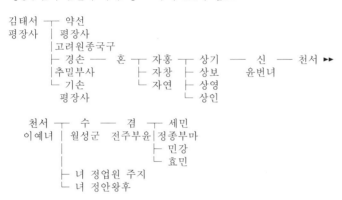

『한국인의 족보』
궤 ── 승무 ── 일 ── 견 ── 문중 ── 천서(좌시중, 월성부원군파)

3) 태종비 여흥민씨

정종 2년(1400) 1월 28일 회안대군 방간이 일으킨 2차 왕자의 난〔박포의 난〕 후 2월 1일에 정안군(태종)이 세자에 책봉되었다가 그해 11월 즉위하고 민제閔霽의 딸이 왕비에 오르니 원경왕후元敬王后이다.

민제의 증조 민종유閔宗儒(1245~1324)는 충렬왕 때 찬성사贊成事를 거쳐, 충선왕 때 첨의찬성사僉議贊成事 판선부사判選部事로 치사하고, 충숙왕 때 복흥군福興君의 봉호를 받았다.71) 여흥민씨 가문은 고려때 성리학에 조예가 깊었다.72) 곧 조부 민적閔頔(1269~1335)은 충렬왕 (1236~1308) 11년(1285) 과거에 급제하여 성리학을 도입하는 충선왕 (1275~1325)을 따라 중국 연경에서 4년 간 머물었으며, 밀직승지密直承旨 등을 역임하였다.73) 백부 민사평은 충숙왕 2년(1315) 과거에 급제하여74) 충숙왕·충정왕 때 성균관 대사성·찬성사 등을 역임하였고, 성리학에 조예가 깊었던 최해崔瀣와 교류하였다.75) 중부 민유閔愉는 성리학을 도입하는 안향安珦(1243~1306)의 증손녀와 혼인하였고, 충혜왕 1년 (1331)에 과거에 급제하였다가76) 고려가 곧 망할 줄을 알고 부원군府院君 으로서 향리鄕里에 퇴거退居한 다음, 조선에 들어와서도 벼슬을 하지 않고 살다가 졸하였다.77) 부친 민변閔忭은 충혜왕 1년(1331)에 과거에

---

71) 『고려사』 권108 열전21 민종유.
72) 임혜련, 2004, 「조선초 원경왕후의 정치적 역할과 생애」 『아시아여성연구』 43, 14쪽.
73) 『고려사』 권108 열전21 민종유.
74) 『登科錄前編』(한국학중앙연구원 한국역대인물종합정보시스템)
75) 임혜련, 2004, 「조선초 원경왕후의 정치적 역할과 생애」 『아시아여성연구』 43, 14쪽.
   『東文選』 卷125 「高麗 故 輸誠秉義協贊功臣, 重大匡都僉議 贊成事, 商議會議都監事, 進賢館大提學知 春秋館事, 上護軍贈諡文溫公閔公墓誌銘 幷序(민사평, 李達衷 撰)」(한국고전번역원 고전번역총서)
76) 『登科錄前編』(한국학중앙연구원 한국역대인물종합정보시스템).
77) 『송자대전』 권214 전傳 「용암龍巖 민성閔垶 전傳」

급제하여 여러 관직을 거쳐 좌사의대부左司議大夫가 되었다가, 충정왕忠定王(1337~1352) 초에 밀직대언으로 임명되고 공민왕恭愍王(1330~1374) 때에 여흥군驪興君의 봉호를 받았다.[78] 공민왕 7년(1357) 과거에 급제한 민제(1339~1408)는[79] 다른 신진 사대부들처럼 경사經史에 관심이 많았으며 이단異端과 음사淫祠를 배척한 인물로[80] 대표적인 성리학자라고 할 수 있다. 민제의 동생 민개閔開(1360~1396, 초명 치강致康)도 우왕 3년(1377) 문과에 급제하고[81] 성리학 명분에 따라 개국을 반대하여 절의를 지켰다.[82]

이렇듯 여흥민씨 가문은 성리학을 도입한 대표적인 가문이었다. 그리고 한편으로는 사위 태종이 개국을 주도하였기에 개국을 주도하는 세력과 연혼 관계를 맺었다. 민제(1339~1420)에게 외조부가 되는 허백許伯의 손자로 민제와는 외4촌간인 허금許錦(1340~1388)은 개국공신 조준趙浚(1346~1405)·위화도 회군공신이면서 원종공신인 윤소종尹紹宗(1345~1393) 등과 망년우忘年友 관계였다.[83] 민제와 친4촌간인 민경생閔慶生의 처남이 개국·정사공신開國定社功臣 이거이(1348~1412)이고, 처조카에 개국공신 조준(1346~1405)이 있으며, 민경생 자신의 사위에 개국·정사·좌명공신 조박(1356~1408)이 있다. 이런 연혼으로 이거이의 두 아들 이애과 이백강이 태조와 태종의 부마가 될 수 있었을 것이다.

민제는 4촌인 민경생의 사위 조박趙璞(1356~1408)을 다시 사위로 맞이한다. 그리고 동생 민개는 원종·좌명공신 권근權近(1352~1409)과

78) 『고려사』 권108 열전21 민종유.
79) 『登科錄前編』(한국학중앙연구원 한국역대인물종합정보시스템).
80) 임혜련, 2004, 「조선초 원경왕후의 정치적 역할과 생애」『아시아여성연구』 43, 15쪽.
81) 『登科錄前編』(한국학중앙연구원 한국역대인물종합정보시스템).
82) 『태조실록』 권 1 태조 1년 7월 17일.
83) 『고려사』 권118 열전31 조준.

는 동서간이다. 민제의 백부 민사평의 사위로 민제와는 4촌처남매부간인 김묘金昴의 사위가 개국1등공신 김사형金士衡(1341~1407)에게 형이 되는 김사안金士安(?~1391)과 최유경(1343~1413)이 있다. 최유경은 조준과는 동서간으로 위화도 회군 당시 이를 우왕에게 고변하였다 하여 일부 반대하는 자가 있었으나 이성계가 그 충의를 칭찬함으로써 개국원종공신에 서훈된 인물이다.84) 김묘의 손자 김오문은 개국·정사공신 정탁(1363~1423)의 형이면서 개국공신에 오른 정총(1358~1397)의 딸과 혼인하여 태종의 측근 이숙번(1373~1440)과는 동서간이기도 하였다.

민제의 아들인 민무질에게 장인이 되는 청주인 한상환의 동생 한상경이 개국공신이다. 민제 자신도 이방원을 사위로 맞고 개국을 반대한 동생 민개와 함께 원종공신에 올랐다. 민제의 아들들인 민무구·민무질 등도 개국에 역할을 수행하는 등 여흥민씨 가문은 개국을 주도한 가문과 폭넓게 연혼을 맺고 조선 개국에 힘썼으며, 개국 이후에는 1·2차 왕자의 난을 주도하는 등 태종의 핵심세력이 되었다.

그러나 태종 7년(1407) 민무구 옥사로 민무구·민무질 형제는 태종 10년(1410)에 자진하게 되고, 태종 16년(1416)에는 민무휼·민무회 형제마저 자진하였다.

---

84) 『태종실록』 권25 태종 13년 6월 24일.

【여흥민씨 민제 가계도】 : 부록 325쪽 참조

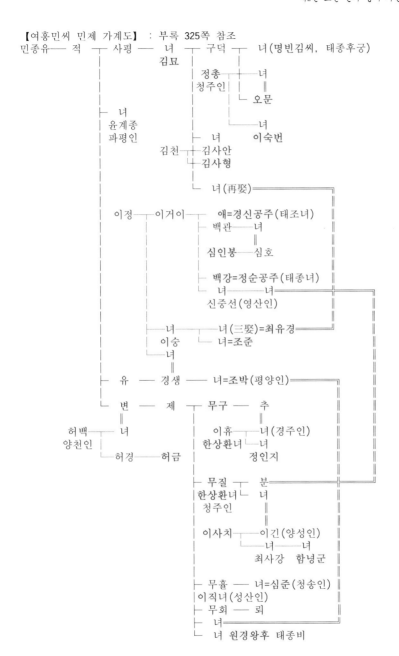

민종유── 적 ─┬─ 사평 ── 녀 ─┬─ 구덕 ─┬─ 녀(명빈김씨, 태종후궁)
　　　　　　　　김묘
　　　　　　　　　　　　정총 ─┬─ 녀
　　　　　　　　　　　　청주인 │
　　　　　　　　　　　　　　　└ 오문
　　　├ 녀
　　　윤계종
　　　파평인　　　　　　├ 녀　　　이숙번
　　　　　　　　김천 ─┬─ 김사안
　　　　　　　　　　　└─ 김사형
　　　　　　　　　　　└ 녀(再娶)════
　　　　　　　　이정 ─┬─ 이거이 ─┬─ 애=경신공주(태조녀)
　　　　　　　　　　　│　　　　　├ 백관　　 녀
　　　　　　　　　　　│　　　　　　　　　　║
　　　　　　　　　　　│　　 심인봉─ 심호
　　　　　　　　　　　│
　　　　　　　　　　　│　　　　　├ 백강=정순공주(태종녀)
　　　　　　　　　　　│　　　　　└ 녀　　　녀
　　　　　　　　　　　│　　 신중선(영산인)
　　　　　　　　　　　├ 녀 ─┬─ 녀(三娶)=최유경
　　　　　　　　　　　이숭 └ 녀=조준
　　　　　　　　　　　└ 녀
　　　　　　　　　　　　　 ║
　　　├ 유 ── 경생 ── 녀=조박(평양인)
　　　└ 변 ── 제 ─┬─ 무구 ── 추
　　　　　　　　　　　　　　　　 ║
허백 ─┬─ 녀　　　　├ 이휴 ─┬─ 녀(경주인)
양천인 │　　　　　한상환녀 └ 녀
　　　└ 허경 ── 허금　　　　　정인지
　　　　　　　　　　├ 무질 ─┬─ 분════
　　　　　　　　　　한상환녀 └ 녀
　　　　　　　　　　청주인　　　　║
　　　　　　　　　　├ 이사치 ─┬─ 이긴(양성인)
　　　　　　　　　　　　　　　 └ 녀 ── 녀
　　　　　　　　　　　　　　　 최사강　 함녕군
　　　　　　　　　　├ 무휼 ── 녀=심준(청송인)
　　　　　　　　　　이직녀(성산인)
　　　　　　　　　　├ 무회 ── 뢰
　　　　　　　　　　├ 녀
　　　　　　　　　　└ 녀 원경왕후 태종비

4) 세종비 청송심씨

태종 8년(1408)에 충녕대군(세종)과 혼인한 심온沈溫(1375~1418)의 딸은 태종 18년 6월 세종이 왕세자로 책봉되었다가 그해 8월 즉위하자 왕비에 오르니 소헌왕후昭憲王后이다.

심온의 고조 심홍부沈洪孚는 문림랑위위승文林郎衛尉丞을, 증조 심연沈淵은 합문지후閤門祗候를, 조부 심룡沈龍은 이조정랑吏曹正郎을 지냈다.[85] 부친 심덕부沈德符(1328~1401)는 충숙왕 말년에 음관으로 관직을 시작하여 우왕 때 요동정벌 당시 이성계(1335~1408)를 따라 회군하고, 개국 전 창왕을 폐하고 공양왕을 세울 때 이성계·정도전(1342~1398)·정몽주 등과 함께 9공신의 일원이 되는 등 태조와 정치적 입장을 함께하였다. 태조는 심덕부의 휘하인 조유趙裕가 자신을 살해하고자 한다는 고발을 듣고서 이를 심덕부에게 알려주는 등[86] 매우 친밀하게 지낸 것으로 보인다. 심덕부는 태조 2년(1393) 7월 회군공신 1등에 추록되며 청성백에 봉하여 지는 등 태조의 우대를 받았으며 태조 6년(1396) 판문하부사, 다음해 영삼사사領三司事를 거쳐, 정종 1년(1399)에 좌의정에 올랐다가 이듬해 치사하였다.[87]

이런 인연으로 심덕부의 아들로 심온의 동생이 되는 심종沈淙(?~1418)은 태조 2년(1393) 10월에 경선공주(태조 2녀)와 혼인하여[88] 왕실과

---

85) 『東文選』권117 「特進輔國崇祿大夫靑城伯沈公行狀(沈德符) 姜碩德撰」(한국고전 번역원 고전번역총서).
86) 『고려사』권116 열전 29 심덕부.
87) 『東文選』권117 「特進輔國崇祿大夫靑城伯沈公行狀(沈德符) 姜碩德撰」(한국고전번역원 고전번역총서). 심덕부는 처음 宋有忠의 딸과 혼인하여 沈仁鳳·沈義龜·沈道生 낳았고, 다시 門必大의 딸과 혼인하여 沈澄·沈溫·沈淙·沈泟을 두었다.
88) 『태조실록』권4 태조 4년 10월 10일.

인연을 맺었다. 우왕 12년(1386) 길재吉再(1353~1419)와 함께 과거에
급제한89) 심온(1375~1418)은 태조대에 병·공조의랑을, 정종대에는
대호군을 지내고90), 심종은 1차 왕자의 난으로 정사공신에 책록된다.91)
태종대에 들어서 심온의 장형 심인봉은 태종 7년(1407) 9월 중군총제中軍
摠制에 임명되었고92), 10월 동생 심정沈泟은 대호군大護軍에 임명되었으
며93) 심온 자신은 태종 7년 12월에 대언代言에 임명되었다.94)

【청송심씨 심온 가계도】: 부록 332쪽 참조

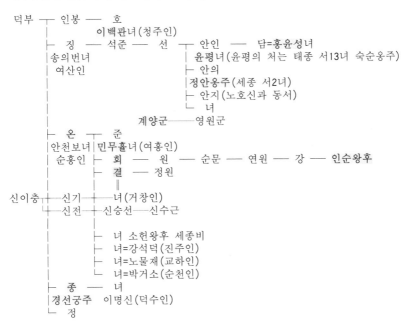

---

89) 『登科錄前編』(한국학중앙연구원 한국역대인물종합정보시스템).
90) 「沈溫神道碑(沈賀檀 撰, 영조 13년)」(국립문화재연구소 한국금석문종합영상정보시스템).
91) 『태조실록』 권15 태조 7년 9월 17일.
92) 『태종실록』 권14 태종 7년 9월 11일.
93) 『태종실록』 권14 태종 7년 10월 4일.
94) 『태종실록』 권14 태종 7년 12월 8일.

　　이후 심정은 태종의 의도로[95] 좌사위左司衛의 직임을 맡아 관속官屬의 장長이 되어 세자(양녕대군)를 보좌하였다.[96] 계속해서 심온은 태종 14년 형조판서에, 태종 15년 호조판서에 오른다.[97] 세종의 즉위 후 심온은 영의정에[98], 심인봉은 좌군총제左軍摠制[99]에, 심정은 중군동지총제中軍同知摠制에[100] 임명되었다.

　　그러다 심온옥사로 심온은 자진하고[101] 심정은 처형, 심인봉·심징沈澄 등은 유배되었다.[102] 심온의 부인과 딸들은 천인이 되었다.[103] 그 후 심온의 부인 안씨와 자녀들이 세종 8년에 천안賤案에서 면제되었다.[104] 그리고 문종 원년에 심온이 직첩을 돌려받았고[105] 자손들에게 사환仕宦의 길이 열렸다.[106] 세조찬탈 이후에 세조에게 심씨 가문은 외갓집이서 심온 자손들과 사위들은 고위직에 올랐다. 심온의 장남 심준沈濬은 일찍 죽어, 동생인 심회沈澮(1418~1493), 심결沈決(1419~1470)은 문종대 이래 등용되어 세조대 당상관에 오른다.[107] 이후 심온의 후손에서 명종 왕비를 배출한다.

95)『태종실록』권23 태종 12년 1월 16일.
96)『태종실록』권22 태종 11년 10월 4일.
97)『태종실록』권28 태종 14년 12월 3일. ;『태종실록』권29 태종 15년 5월 17일.
98)『세종실록』권1 세종 즉위년 9월 3일.
99)『세종실록』권1 세종 즉위년 8월 27일.
100)『세종실록』권1 세종 즉위년 8월 12일.
101)『세종실록』권2 세종 즉위년 12월 25일.
102)『세종실록』권2 세종 즉위년 11월 26일.
103)『세종실록』권2 세종 즉위년 12월 4일.
104)『세종실록』권32 세종 8년 5월 17일.
105)『문종실록』권8 문종 1년 7월 22일.
106)『문종실록』권9 문종 1년 8월 5일.
107)『세조실록』권7 세조 3년 3월 28일.

## 2. 왕비 가문의 성격

태조・정종・태종의 왕비는 고려말에, 세종비는 조선의 건국 후 태종
대에 혼인하였다. 태조 초비인 신의왕후는 충정왕 3년(1351)을 전후하여
태조와 혼인하였다가 개국 전에 돌아가 왕비로 추존되었고, 계비인 신덕
왕후가 개국 후 처음으로 왕비에 올랐다. 신덕왕후의 생년은 명확하지
않으나 무안대군이 우왕 7년(1381)에 태어나 그 전에 혼인하였다는 것을
알 수 있다.108) 정종비 정안왕후는 공민왕 23년(1373)경에, 태종비
원경왕후는 우왕 8년(1382)에 혼인하였다.

태조의 선대인 목조가 강계지역江界地域으로 이주한 후 원나라의 천호
千戶직을 획득하였고, 익조가 천호직을 습봉襲封 받아 토착적 기반을
구축하였으며, 도조 역시 천호직을 습봉하였다가 쌍성총관 조휘趙暉의
사위가 되어 실권을 구축하였다.109)

신덕왕후의 곡산강씨와 원경왕후의 여흥민씨 가문 모두 개국을 주도하
였지만 가문의 차이는 있었다. 신덕왕후 가문은 부원附元 세력으로 유력한
가문이었으며 태조가 강윤성의 딸과 혼인하게 된 것도 이 가문이 갖는
이러한 정치적 기반을 고려해서였을 것이다.110) 반면에 앞서 살핀 것처럼
원경왕후 여흥민씨 가문은 성리학을 주도하는 세력이었다.

한편 신덕왕후와 긴밀한 이들은 정도전・남은 등 조선의 개국과 태조대
를 주도한 세력이었다. 태조는 최고 관부인 도평의사사의 중심 인물로서

---

108) 무안대군의 동복누이인 慶順公主(?~1407)의 남편인 李濟(?~1398)가 고려말
　　　에 활약한다.
109) 박천식, 1985, 「朝鮮 建國功臣의 연구(政治勢力 규명의 일환으로)」(전남대 박사
　　　학위논문), 34~35쪽.
110) 정재훈, 1996, 「朝鮮初期 王室婚과 王室勢力의 形成」『한국사연구』95, 70쪽.

정도전鄭道傳(1342~1398)·조준趙浚(1346~1405)을 배치하여 그 둘을 양대 축으로 정치운영을 도모하였다.111) 신덕왕후는 태조가 조선왕조를 건국하는 과정에서 정치 일선에 크게 관여하기도 하고, 자기 소생을 세자로 책봉하는 솜씨를 보였다.112) 곧 태조의 즉위 다음달인 8월에 신덕왕후의 막내아들 방석이 태조의 의지와113) 배극렴·정도전의 동조로114) 원칙에 어긋나게 왕세자로 책봉되었다.115)

　정도전 등 이들 세력은 세자의 초취初娶 현빈유씨賢嬪柳氏가 태조 2년 (1393)에 폐출116)된 후 태조 3년(1394) 10월에 개국공신인 심효생沈孝生 (1349~1398)의 딸을 세자빈으로 맞아 세력을 강화하고 있었다. 그러다 신덕왕후가 태조 5년(1396) 8월 돌아가 세력이 약화되지만, 태조 6년 (1397) 8월 심효생의 장인이 되는 유습柳濕과는 4촌간인 유준柳濬의 딸이 태조의 후궁으로 들어가며 세력을 확장하고 있었다.

【고흥유씨 유준·유습, 심효생 혼맥도】 : 부록 327쪽 참조

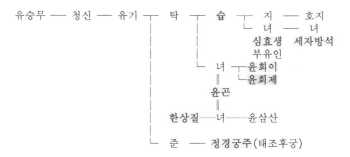

---

111) 최승희, 1987, 「朝鮮 太祖의 王權과 政治運營」, 『진단학보』 64, 150~159쪽.
112) 윤두수, 1989, 「神德王后에 관한 硏究」, 『석당논총』 15, 326쪽.
113) 유주희, 2000, 「朝鮮 太宗代 政治勢力 硏究」(중앙대 박사학위논문), 72쪽.
114) 『태조실록』 권1 태조 1년 7월 20일.
115) 지두환, 1984, 「조선전기 종법제도 이해과정」, 『태동고전연구』 창간호.
116) 당시 기록에 내수內竪 이만李萬을 목 베고, 세자의 현빈賢嬪 유씨柳氏를 내쫓았다는
　　기록만 나와 그 사유를 알 수 없다.

신덕왕후의 조카사위 정희계가 태종을 모함하고 있었다고 하며[117] 태조 7년에 들어 정도전 세력은 대외적으로는 요동정벌을 추진하여 정국을 혼란으로 몰아갔다. 이에 정도전과 함께 개국을 주도했던 조준이 요동정벌로 정도전과 대립되었다.[118] 앞 장에서 언급하였듯이 조준이 민제의 외4촌인 허금과 친하였으며 친4촌인 민경생의 조카 사위가 되는 혼맥이 있어 가능하였을 것이다.

정도전·남은 등은 세자 방석의 왕위 계승권을 확고히 하고자 하였으며, 왕위를 위협할 가능성이 있는 이방원(태종)을 비롯한 한씨 소생 왕자들이 소유한 군사력(시위패侍衛牌)을 혁파하는 조처를 취하였다.[119] 이는 태조 7년 1차 왕자의 난으로 이어져 신덕왕후의 두 왕자와 정도전·남은·심효생 등 신덕왕후의 핵심 세력은 처형되었다. 신덕왕후의 제부弟夫가 되는 신귀의 조카이면서 남은과는 친척이기도 한 신유정은 후일 다시 등용되기는 하지만 외방부처되는 등[120] 세력이 크게 약화되었다.

태종은 태조 7년(1398) 1차 왕자의 난 이후 주자성리학 이념에 따라 우선 개국을 함께 주도한 형인 영양군(방과, 정종)을 왕위에 올리게 된다. 정종이 즉위하자 태종과는 동서간이며 이거이에게 조카사위가 되는 조박(1356~1408)은 정종의 잠저시절 첩이었던 족매 유씨와 그 아들 불노佛奴를 궁에 맞이하여 불노가 원자로 칭해지고 있었다.[121] 이즈음 조박의 아들 조신언과 회안군(이방간)의 딸이 혼인하며[122] 세력을 넓혀가는 가운데 정종 2년 1월 이방간이 난을 일으키는 2차 왕자의 난이 일어났다.

---

117) 『태종실록』 권5 태종 3년 6월 5일.
118) 『태조실록』 권11 태조 6년 6월 14일.
119) 유주희, 2000, 「朝鮮 太宗代 政治勢力 硏究」(중앙대 박사학위논문), 26~27쪽 ; 49쪽.
120) 『태조실록』 권15 태조 6년 10월 2일.
121) 『태조실록』 권15 정종 즉위년 11월 7일.
122) 『정종실록』 권1 정종 1년 1월 9일.

【청주이씨 이거이 · 이애, 평양조씨 조박, 이방간 혼맥도 】 : 부록 327쪽 참조

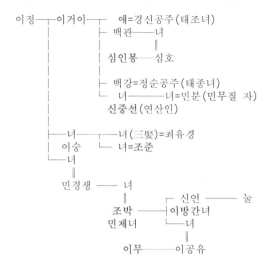

이에 정안군이 2차 왕자의 난을 진압하고 정종 2년(1400) 2월 세자가 되었다가 그해 태종으로 즉위하였다. 태종은 동왕 2년(1402) 3월에 정몽주 세력인 권홍의 딸을 후궁으로 맞이하여 명분 있는 가문으로 세력을 확대하는 중에, 11월에 신덕왕후의 조카사위 조사의趙思義가 난을 일으켜123) 조사의와 그 아들 조홍趙洪을 비롯하여 강윤충의 아들 강현康顯 등 16명이 복주伏誅되었다.124)

'조사의의 난' 이후 태종 4년(1404) 10월에 이거이李居易(1348~1412)가 태종 원년에 태종과 그의 왕자들을 제거하고 상왕(上王: 정종)을 다시 세우려는 역모逆謀를 꾀했다는 사실을 들춰내어, 이거이와 조영무趙英茂(?~1414)를 대질시켜 사실이 인정되자 이거이와 그 아들로 태조의 부마인 이애(초명 백경, 저)를 진주鎭州로 귀양보냈다.

---

123) 『태종실록』 권4 태종 2년 11월 5일.
124) 『태종실록』 권5 태종 3년 1월 16일.

　이처럼 회안군과 정종과 가까운 세력을 제거 하고, 태종 7년에 세자(양녕대군)의 빈嬪으로 태종 자신과 동방급제했던 김한로金漢老(1367~?)와 명분을 지킨 두문동 72현 중의 한 사람인 전오륜의 딸 사이에서 태어난 김씨를 세자빈으로 삼는다. 또 그해에 2남 효령대군孝寧大君(1396~1486)도 태종 자신과 동방급제한 정역鄭易(?~1425)의 딸과 혼인시키고, 다음해에는 충녕군(세종)의 부인으로 자신의 매부妹夫 심종沈淙의 조카가 되는 심온의 딸을 맞이하는 등 태종 자신과 가까운 세력을 끌어들여 세력을 확대해가고 있었다.

　그런 와중에 태종 7년 민무구 옥사가 일어나 결국 태종 10년 민무구·민무질 형제의 자결로 이어지는데, 이때 민무구 형제 이외에도 옥사에 연루되어 많은 인물들이 처벌받았다.[125] 신덕왕후의 제부弟夫인 신귀의 아들로 태종의 좌명공신이기도 했던 신극례辛克禮(?~1407)는 태종 7년 7월 유배되었다가 10월 유배지에서 졸하였다.[126] 그러다 태종 8년 태조의 승하 후 옥사가 확대된다. 태종 9년 10월 1차 왕자의 난 당시 민씨와도 가까워 살아남았던 이무는 참수당하게 된다.[127] 조박과 사돈간(이무의 아들 이종유가 조박의 사위)이기도 한 이무는 태조대 정도전·남은의 당여로서 한씨 소생 왕자들을 제거하려는 모의에 참가하고 있어, 정도전 일파의 모의 사실을 이방원에게 알린 인물이었다.[128] 계속해서 12월에는 이미 졸한 조박과 1차왕자의 난으로 죽임을 당한 정도전·심효생 등의 공신녹권은 추탈된다.[129]

125) 양웅열, 2003, 「太宗代 閔無咎 獄事를 前後한 政治勢力의 變遷과 性格 - 王室 親姻戚 家門과 關聯하여-」(국민대 석사학위논문).
126) 『태종실록』 권14 태종 7년 10월 30일.
127) 『태종실록』 권18 태종 9년 10월 5일.
128) 유주희, 2000, 「朝鮮 太宗代 政治勢力 研究」(중앙대 박사학위논문), 49~50쪽.
129) 『태종실록』 권18 태종 9년 12월 19일. 1차 왕자의 난으로 죽은 정도전은 태종

【단양이씨 이무, 파평윤씨 윤승순·윤목, 능성구씨 혼맥도】 : 부록 328쪽 참조

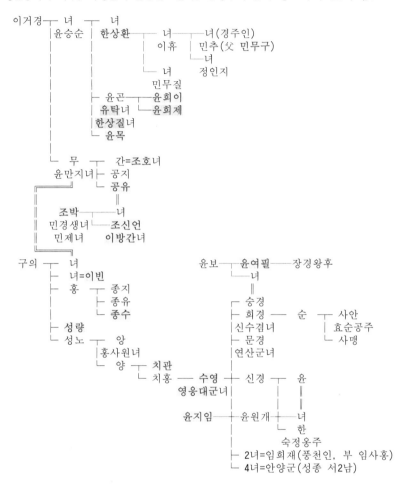

　　이때 이무와 연계된 윤목 등 파평윤씨와, 문화유씨, 청주한씨, 능성구씨 등의 인물들도 함께 처벌되었다. 이무의 처조카 능성인 구종수具宗秀는

---

11년 이색비문사건으로 황거정 손흥정을 사주하여 이숭인 등을 교살하는 내용이 알려져 폐서인되고 그 자손은 금고되었다.

태종 9년(1409) 관직이 삭탈되고 울진으로 유배되었다.130) 계속해서 태종 10년 1월에 파평인 윤목尹穆, 문화인 유기柳沂 등이 참수되었고 2월에는 방석의 장인 심효생과는 처가로 4촌간인 파평인 윤회이尹希夷와 윤희제尹希齊는 유배되었다. 또 유기의 아버지 유후柳厚, 아들 유방선柳方善·유방경柳方敬도 유배되었으며, 청주인 한상환의 처인 파평인 윤승순의 딸은 노비가 되었다.131) 그해 3월 태종의 처남들인 민무구, 민무질이 자결하는 것으로 민무구 옥사는 일차 마무리 된다.

　민무구 옥사로 참수된 유기柳沂는 조선 개국을 반대하여 귀양가지만132) 건국 후 명분을 거스르며 정계에 등장하여 좌명공신에 올랐으며133) 개국을 전후하여 비슷한 정치 행적을 보인 하륜河崙(1347~1416), 권근權近(1352~1409)과는 혼맥으로 가까웠다.

【한산이씨 이색, 문화유씨 유기, 하륜, 권근·권람, 박은 혼맥도】 : 부록 329쪽 참조

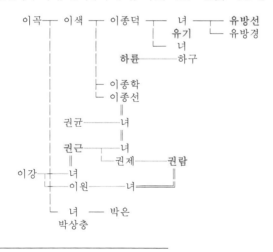

---

130)『태종실록』권18 태종 9년 10월 2일.
131)『태종실록』권19 태종 10년 2월 7일.
132)『태조실록』권1 태조 1년 7월 28일.
133)『태종실록』권1 태종 1년 1월 15일.

반면 심온 형제들은 크게 성장한 것으로 보인다. 태종 11년 심정이 세자에게 매와 기생을 바쳐 사간원의 탄핵을 받았는데, 이때 심온의 형제들이 권요를 차지하고 있었다고 했다.

 ……"상호군上護軍 심정이 일찍이 좌사위左司衛의 직임을 맡아 관속의 장이 되어 조석으로 항상 옆에서 아양 부리는 태도로 기이하고 교묘한 일들을 난잡하게 바치니, 신 등은 세자가 음벽淫僻한 행동에 동화同化될까 두렵습니다. 원컨대, 심정을 파직하여 내쫓아서 간사한 소인들의 아첨하는 풍습을 막으소서." 처음에 심정이 응鷹과 기생을 바쳐 세자를 즐겁게 해주니, 빈객 이래李來 등이 헌사憲司에 간하여 탄핵하고자 하였으나, 심정이 형 심인봉沈仁鳳·심종沈淙·심온沈溫이 모두 권요權要가 되었으므로 탄핵하지 못하였는데, 이에 이르러 임금이 소疏를 보고 간관諫官을 불러 말하기를, "인군人君이 된 자는 간諫하는 것을 좇지 않을 수 없고, 간관이 된 자는 말을 다하지 않을 수 없으니, 큰 일은 소를 갖추어 아뢰고 작은 일은 승정원承政院에 말하여 진달하게 하라. 지금 심정이 과연 경 등의 말과 같다면, 어찌 한 사람을 아끼겠는가?" 곧 그 직을 파면하였다. …134)

이 일로 심정은 파직되지만135) 근신하지 않고 다음해 1월 세수歲首에 알현謁見한다고 동궁에 몰래 들어갔다가 사간원의 탄핵을 받았다. 태종은 단순한 세알歲謁 뿐이었다는 세자의 진달로136) 사간원의 관리들을 귀양 보내고137) 오히려 간원에 대한 죄를 청하지 않는다고 사헌부를 질책한

---

134) 『태종실록』 권22 태종 11년 10월 4일.
135) 『태종실록』 권22 태종 11년 10월 4일.
136) 『태종실록』 권23 태종 12년 1월 12일.
137) 『태종실록』 권23 태종 12년 1월 12일.

다.138) 그러자 세자는 이숙번을 통해 사헌부의 간관諫官에 대한 논죄의
정지를 청하도록 하여 허락되었다. 이때 태종은 세자를 불러 이숙번이
아뢴 사유를 물으니 태종에게 사실대로 대답하지 않았는데, 심정이 몰래
꾀었기 때문이었다고 한다.139) 심정은 태종 12년 2월 다시 상호군에
제수된다.140)

이후 태종 15년(1415)에는 민무구 형제의 동생들인 민무휼·민무회의
옥사가 일어나 다음해 1월 두 형제가 모두 자결한다.141) 이때 민무질의
장인이자 태종 10년 부인이 노비가 된 한상환은 서인庶人이 되었고,
민무구 옥사로 유배갔다 죽은 신극례와는 4촌간인 신유현의 처 조씨는
딸을 민무질 아들과 혼인시켰다가 작첩이 거두어졌다.

전 한성부윤漢城府尹 한상환韓尙桓과 전 개성 유후사 단사관開城留後
司斷事官 원순元恂·전 정주 도호부사定州都護府使 안승경安升慶·전
병마사兵馬使 박동미朴東美 등을 폐하여 서인庶人으로 만들었다. 신유
현辛有賢의 처 조씨趙氏, 김사지金四知의 처 왕씨王氏, 이사치李思恥의
처 한씨韓氏(한방신 딸) 등의 작첩爵牒을 거두어 들이고 노비奴婢를
모두 속공屬公하였으니, 사헌부의 청을 따른 것이었다. 처음에 안승경
이 중매가 되어 원순에게 권하여 딸을 민무구의 아들 민추閔蟲에게
시집보내게 하였고, 조씨는 딸을 민무질의 아들 민촉閔蠾에게 시집보
냈으며, 왕씨는 그 아들 김영륜金永倫으로 하여금 민무질의 장녀에게
장가들게 하였고, 한씨는 그 아들 이긴李緊으로 하여금 민무질의 차녀
에게 장가들게 하였으며, 박동미의 어미는 민촉을 중매하였으나 박동

138)『태종실록』권23 태종 12년 1월 16일.
139)『태종실록』권23 태종 12년 1월 18일.
140)『태종실록』권23 태종 12년 2월 14일.
141)『태종실록』권31 태종 16년 1월 13일.

미가 금하지 않았으며, 또 민무질의 아들이라 하여 애중하니 양자였던
까닭이었다. 이긴과 김영류은 당역黨逆과 결혼한 죄에 연좌되어 처참
處斬에 해당하였으나, 임금이 모두 용서하고 감등하여 시행하였
다.142)

계속해서 민무구 옥으로 유배갔다 풀려난 구종수는 태종 16년에 뒷날
을 도모하여 세자(양녕대군)에게 환심을 사고자 문제를 일으켜 귀양에
처해졌다.143) 구종수는 세자궁에 야음을 이용하여 담을 넘어가 주연을
베풀고 세자를 그의 집에 여러 차례 초청하고 주색으로 향응하고 매와
비단 등을 뇌물로 바쳤다.144) 태종 16년(1416) 11월에는 이무의 사돈이
어서 처형된 조호와 친하게 지내면서 민제閔霽(1339~1408)와는 친구이
기도 하여145) 민씨 형제를 항상 옹해해 주고, 이무를 비호하던146) 하륜
(1347~1416)도 태종의 신임을 잃은 가운데 졸하였다.147)

민무휼 옥사와 구종수 문제 후 태종 16년(1416)에는 심온의 다른
동생 심종이 3년 전에 방간(회안대군)이 보낸 생강을 받고도 보고하지
않아 탄핵당한 일이 있었는데148) 이를 들추어 직첩職牒과 공신녹권功臣錄
券이 거두어지고, 서인庶人이 되어 외방에 자원안치自願安置되었다.149)
계속해서 12월 2일에는 방간 부자의 공신녹권과 직첩을 환수당하였
다.150) 아울러 구종수와 사통私通한 이숙번은 외방에 안치되었으며151)

---

142) 『태종실록』 권31 태종 16년 1월 17일.
143) 『태종실록』 권32 태종 16년 9월 25일.
144) 『태종실록』 권32 태종 16년 9월 24일.
145) 『태종실록』 권3 태종 2년 1월 17일.
146) 『태종실록』 권18 태종 9년 10월 1일.
147) 『태종실록』 권32 태종 16년 11월 6일.
148) 『태종실록』 권27 태종 14년 4월 19일.
149) 『태종실록』 권32 태종 16년 11월 22일.

구종수와 함께 두 형도 참수되었다.152)

태종 18년(1418) 6월 결국 양녕대군이 폐세자되고 충녕대군(세종)이 세자가 되었다. 세자가 된 충녕대군은 8월에 즉위하였고 태종은 상왕이 되었다. 세종 즉위년 8월 병조참판 강상인을 상왕에게 아뢰지 아니하고 먼저 임금에게 아뢰므로 의금부에 잡아 가두었고153) 병조판서 박습도 같은 이유로 국문을 받았다.154) 이때 강상인과 함께 박습이 처형되었는데, 박습은 태종 15년(1415) 형조판서로 있던 심온의 상언으로 전라도 관찰사에 오른 전력이 있었으며155) 김한로와는 동서가 되는 인물이다. 박습의 아들 박의손朴義孫은 권근權近의 아들인 권제權踶(1387~1445)의 사위였으며 관노官奴가 되어 세종 4년(1422)에 참형을 당하였다. 박의손의 아들 박신동朴信童의 장인은 민무구 옥으로 유배에 처해진 유방경이다. 강신인에게 앞슬형을 가하여 결국 주모자가 구종수와도 친하게 지내기도 한156) 심온이라는 자백을 받아내어157) 심온옥사로 이어졌다. 심온옥사로 심온은 사약을 받았고 형제들은 유배갔으며158) 심온의 부인과 자녀들은 천인이 되었다.159)

---

150) 『태종실록』 권32 태종 16년 12월 2일.
151) 『태종실록』 권33 태종 17년 3월 3일.
152) 『태종실록』 권33 태종 17년 3월 5일.
153) 『세종실록』 권1 세종 즉위년 8월 25일.
154) 『세종실록』 권1 세종 즉위년 8월 26일.
155) 『태종실록』 권15 태종 15년 2월 19일.
156) 『태종실록』 권33 태종 17년 2월 24일.
157) 『세종실록』 권1 세종 즉위년 11월 23일.
158) 『세종실록』 권2 세종 즉위년 11월 16일. :
   " … 심청의 형 승僧 도생道生을 옹진으로, 심인봉沈仁鳳을 해진으로, 심징沈澄을 동래로, 조카 심석준沈石儁을 낙안으로 귀양보내고, 심온의 서자庶子 침장수沈長守를 사천으로, 성달생을 삼척으로 귀양보냈다. … "
159) 『세종실록』 권2 세종 즉위년 12월 4일.

【함양박씨 박습·광산김씨 김한로·유방경 혼맥도】 : 부록 329쪽 참조

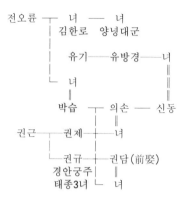

　　이처럼 1차 왕자의 난으로 신덕왕후 세력과 연계된 정도전, 남은, 심효생 세력이 몰락하였다. 또 민무구 옥사와 심온 옥사로 여흥민씨와 청송심씨 등 개국을 주도하는 세력 역시 밀려났다. 이때 정도전 세력으로 여흥민씨와 연계되어 살아남은 이무·조박 세력과 함께 조선 개국을 반대하였다가 다시 진출한 하륜, 유기 등 세력도 밀려 났다.

　　민무구 옥사, 민무휼 옥사 이후 여흥민씨 가문은 가문의 세습적 지위가 더 이상 이어지지 못하여서 조선초기 유력가문임을 알수 있는『동국여지승람』인물조에 등재된 인물이 없었다.160) 그러나 청송심씨는 문종대·세조대 다시 등장하게 된다.

160) 이태진, 1976, 「15세기 후반기의 '거족'과 명족의식」『한국사론』 3, 240쪽.

심온 묘비

청천부원군 증시 안효심공지묘 靑川府院君贈諡安孝沈公之墓

# 제2장 세종대 중반~성종대 초반 왕비 가문

## 1. 세종대 중반~성종대 초반 왕비 가문

### 1) 문종비 안동권씨(추존), 단종비 여산송씨

세종대 두 차례 폐빈이 있었다. 세종 9년 안동인 김오문金五文의 딸이
세자빈이 올랐다가[161] 세종 11년 폐빈되었고, 그해 다시 하음인 봉여奉
礪[162]의 딸이 세자빈에 올랐으나 세종 18년(1436)에 역시 폐빈되었다.

이에 세종 13년(1431) 1월 안동인 권전權專의 딸이 정갑손鄭甲孫・홍심
洪深의 딸과 함께 선발되어 승휘承徽에 봉해졌다가 세종 19년(1437)
2월 양원良媛에서 왕세자빈으로 책봉되었다. 그러나 세종 23년(1441)
7월 단종을 낳다 돌아가고 문종이 즉위하여 추숭되니 현덕왕후顯德王后이
다.[163] 현덕왕후 가문은 명문 벌족이라고 하였지만[164] 권전의 선대인
조부, 백부, 부친의 기록은 자세히 확인되지 않는다. 현덕빈의 지문에
권전의 조부는 권정평權正平, 부친은 권백종權伯宗이며, 모친은 최충崔冲

---

161) 김오문의 할머니는 민사평의 딸로 민제와 4촌간이었고, 누이는 태종 11년(1411)
    태종의 후궁으로 간 명빈김씨로 성종 10년까지 장수하였다. 김오문은 개국공신
    정총의 사위로 태종의 측근 이숙번과는 동서간이고, 김오문의 고모는 원종공신
    최유경과 혼인하였다. 김오문의 아들 金仲淹은 개국공신 조준의 손녀사위이자
    태종 부마 조대림의 사위이다.

162) 봉여는 음직蔭職으로 벼슬하고 사헌부 감찰監察, 창녕현감을 역임하다 딸이 세자빈
    에 책봉되고 형조・이조참판에 올랐다. 봉여의 셋째 고모부가 의안대군의 아들
    완천군 이숙李淑이다. 이때는 의안대군과 완천군은 이미 졸하였다. 봉여의 조카
    봉여해는 성삼문 형제와 함께 박중림에게서 수학하였고 박팽년의 부친 박중림의
    사위가 되었다.

163) 『문종실록』 권2 문종 즉위년 7월 1일.

164) "… 양원(권전의 딸)과 승휘(홍심의 딸)는 모두 명문 벌족 중에서 골라 뽑아서 내직의
    자리를 갖추 차지하고 있으니 …"(『세종실록』 권75 세종 18년 12월 28일)

의 12세손인 서운부정書雲副正 최용崔鄘의 딸이라고 기재되었다.165)

【안동권씨 권전 가계도】 : 부록 336쪽 참조

권전은 지가산군사知嘉山郡事를 지내다 딸이 문종의 승휘에 뽑힌 이후 공조판서・판한성부사 등을 역임하다 세종 23년 졸하였다.166) 권전의 조카 권자홍은 세종 9년 문과에 급제하고167) 대교待敎・우정언・좌정 언・지평 등을 지냈으며168) 현덕빈이 돌아가자 상장제사喪葬諸事를 맡았 고169) 이후 수사헌집의守司憲執義를 지냈다.170) 권전의 아들 권자신은 단종대 좌부승지左副承旨・호조참판을 지냈다.171)

세조찬탈 이후 권전의 부인과 권자신을 비롯하여 사위들인 두문동 72현 중 한 명인 조견趙狷의 손자 권자신・권산해權山海・윤영손尹鈴孫 등 여러 친인척들이 죽임을 당하였다.172)

---

165) 『세종실록』 권93 세종 23년 9월 21일.
166) 『세종실록』 권94 세종 23년 윤11월 18일. 권전 졸기. : 졸기에는 아들로 권자신만이 언급된다.
167) 『登科錄前編』(한국학중앙연구원 한국역대인물종합정보시스템) : 등과록에는 부 친이 권시權恃로 기재되었다.
168) 『세종실록』 권49 세종 12년 8월 10일. ; 『세종실록』 권66 세종 16년 12월 2일. ; 『세종실록』 권66 세종 16년 12월 26일. ; 『세종실록』 권79 세종 19년 10월 24일.
169) 『세종실록』 권93 세종 23년 7월 25일. : 권자홍은 종형으로 언급되어 4촌오빠였다.
170) 『세종실록』 권118 세종 29년 12월 22일.
171) 『단종실록』 권10 단종 2년 3월 15일. ; 『단종실록』 권14 단종 3년 윤6월 10일.
172) 안승배, 2007, 「장릉 배식단 배향 인물 연구-세조찬탈과 단종복위운동과 관련하여」

문종이 즉위 2년 만에 승하하고 단종이 어린나이로 즉위하자 단종 1년(1453) 세조가 계유정난을 일으켰다. 실권을 쥔 수양대군은 문종의 3년 상이 끝나지 않았는데도 단종 2년에 여산인礪山人 송현수宋玹壽의 딸로 왕비를 정하니173) 정순왕후定順王后이다.

송현수의 4촌이 되는 송연손의 신도비에서 선조에 대한 기록을 찾을 수 있지만 다른 사료에서는 확인되지 않는다. 송현수의 고조 송교宋郊는 판밀직사사判密直寺事를, 증조 송희宋禧는 가선대부嘉靖大夫 공조전서工 曹典書를 지냈다. 조부 송계성宋繼性은 통정대부通政大夫 연산도호부사延 山都護府使를 역임하였고174) 우왕 때 삼사우사三司右使를 역임한 김득제 金得齊175)의 딸과 혼인하였다. 부친 송복원宋復元은 좌명공신 김승주金承 霍(354~1424)의 사위가 되어 세종 12년(1430)에 직장直長으로 재임하였 다는 기록이 있다.176)

송복원의 매부가 정종후궁 숙의윤씨 소생 수도군守道君(?~1449)으로 왕실과 연혼을 맺는 후, 송복원의 딸이 세종 27년 세조찬탈을 동조한 영응대군의 부인이 되어, 송복원은 4품에 올려 가자加資 되는 등177) 가문이 점차 세력을 신장하였다. 송현수의 장모는 민무구 옥사 때 처형된 이무에게 처제가 되는 구성량의 딸이다.178) 구성량이 민무구 옥으로 귀양갔다가179) 그후 풀려났다. 구성량의 조카 구종수도 울진으로 유배되

---

(국민대 석사학위논문)
173) 『단종실록』 권10 단종 2년 1월 10일.
174) 『企齋集 原集(申光漢)』 권3 「贈吏曹判書礪原君宋公神道碑銘(宋演孫)」 (한국문집총간).
175) 『태조실록』 권11 태조 6년 5월 29일.
     『고려사』 권114 열전27 우인열.
176) 『세종실록』 권49 세종 12년 8월 10일. ; 『세조실록』 권2 세조 2년 12월 27일.
177) 『세종실록』 권107 세종 27년 3월 9일.
178) 『태종실록』 권18 태종 9년 9월 28일.
179) 『태종실록』 권18 태종 9년 10월 2일.

었다가180) 그 후 풀려났지만 태종 16년(1416)에 폐세자 사건으로 두 형 구종지·구종유와 함께 참수당하게 되었음을 전술하였다. 이처럼 처가가 민무구 옥사와 폐세자로 처형된 집안이었다. 송현수는 한명회 (1415~1487)와는 처가로 4촌동서사이고 수양대군(세조)과는 어려서 친구였다.181)

【여산송씨 송현수 가계도】 : 부록 337쪽 참조

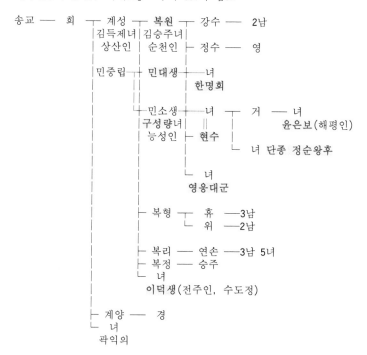

180)『태종실록』권18 태종 9년 10월 2일.
181)『세조실록』권4 세조 2년 6월 13일.

## 2) 세조비 파평윤씨, 덕종(추존)비 청주한씨

세종 10년 파평인坡平人 윤번尹璠의 딸이 수양대군(세조)과 혼인하였다
가, 세조가 왕위를 찬탈하여 왕비에 오르니 정희왕후貞熹王后이다.

윤번의 조부 윤척尹陟(1315~1384)은 공민왕 12년(1363) 군부판서軍
簿判書로서 앞서 홍건적이 침입하였을 때 개경을 수복한 공으로 2등공신
이 되었다가[182] 영평군鈴平君에 봉해졌다. 윤번의 백부 윤승순尹承順(?~
1392)은 고려말에 문하평리門下評理를 역임하고 권근(1352~1409)과 함
께 명나라에 사신으로 가서 창왕을 폐하고 공양왕을 세우는 것에 대한
명분을 얻어 돌아왔다가[183] 개국 전에 졸하였다. 부친 윤승례尹承禮는
판도판서版圖判書를 역임하였으며[184] 정종 1년 기록에 상을 당한지 1년
이 겨우 넘었다고 하는 것으로 보아[185] 태조 7년 경에 죽은 것 같다.

윤번과는 4촌간인 윤곤尹坤(?~1421)은 정종대 대장군大將軍을 역임하
였으며[186], 동생 윤목(?~1410)과 함께 좌명공신에 올랐다.[187] 이후
윤곤은 태종대 좌군도총제左軍都總制・세종대 이조판서를 지냈다.[188]
윤목은 태종대 한성부윤漢城府尹・평양부윤平壤府尹 등을 역임하였
고[189], 윤곤의 동생 윤향尹向(1374~1418)은 태종대 우부대언・이조참
의를 지내다가 형조판서에 올랐다.[190] 윤번(1384~1448)의 이복형인

---

182) 『고려사』 권40 세가40 공민왕 12년 윤3월. ; 『고려사』 권135 열전48 우왕 10년 3월.
183) 『태조실록』 권1. 총서.
184) 『성종실록』 권155 성종 14년 6월 12일. 정희왕후 지문.
185) 『정종실록』 권1 정종 1년 1월 9일. 학생學生 윤문수노尹文殊奴가 아버지 상을
    치른지 1년이 겨우 지났는데도 도승지 이문화의 딸과 혼인하여 문제가 되었다.
    모친은 권씨로 나온다. 윤문수노가 윤번인 것 같다.
186) 『정종실록』 권1 정종 1년 6월 27일.
187) 『태조실록』 권2 태조 1년 10월 9일.
188) 『태종실록』 권11 태종 6년 2월 11일. ; 『세종실록』 권5 세종 1년 9월 25일.
189) 『태종실록』 권6 태종 3년 7월 16일. ; 『태종실록』 권14 태종 7년 10월 9일.

윤규尹珪(1365~1414)는 우왕禑王 9년에 태종과 동방급제同榜及第하여 태조대 예조정랑을 역임하고 태종의 후한 대우를 받으며 좌부대언・이조참의 등을 지냈다.191) 윤번에게 고모부가 되는 이무李茂는 고려말 이인임李仁任의 당으로 몰려 유배되었다가 조선의 개국 후 원종공신에 오르고192) 태조 6년(1397) 참찬문하參贊門下를 지냈으며193) 정도전에 당부黨附 하였기 때문에194) 태조 7년에 정도전・남은 등이 반란을 모의한 사실을 알고 이방원(태종)에게 알려195) 정사공신定社功臣에 올랐다.196) 이처럼 파평윤씨 가문은 태종대 중반까지 정계에 폭넓게 진출하였다.

---

190) 『태종실록』 권12 태종 6년 8월 22일. ; 『태종실록』 권7 태종 7년 7월 10일. : 『태종실록』 권35 태종 18년 1월 11일.
191) 『태종실록』 권28 태종 14년 11월 26일. 경승부윤 윤규 졸기.
192) 『태종실록』 권1 태종 1년 1월 15일.
193) 『태조실록』 권11 태조 6년 9월 27일.
194) 『정종실록』 권5 정종 2년 7월 2일.
195) 유주희, 2000, 「朝鮮 太宗代 政治勢力 硏究」(중앙대 박사학위논문). 49쪽.
196) 『태조실록』 권15 태조 7년 10월 1일.

【파평윤씨 윤번 가계도】: 부록 338쪽 참조

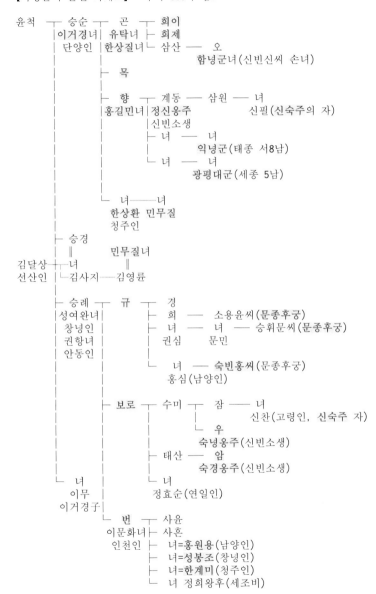

윤척 ┬ 승순 ┬ 곤 ┬ 희이
　│ 이거경녀 │ 유탁녀 ├ 희제
　│ 단양인 │ 한상질녀 └ 삼산 ─── 오
　│ 　│ 　　　　　　함녕군녀(신빈신씨 손녀)
　│ 　│ ├ 목
　│ 　│
　│ 　│ ├ 향 ─── 계동 ─── 삼원 ─── 녀
　│ 　│ 홍길민녀 │ 정신옹주　　　　신필(신숙주의 자)
　│ 　│ │ 신빈소생
　│ 　│ ├ 녀 ─── 녀
　│ 　│ │ 　　익녕군(태종 서8남)
　│ 　│ └ 녀 ─── 녀
　│ 　│ 　　광평대군(세종 5남)
　│ 　│
　│ 　└ 녀──녀
　│ 　한상환 민무질
　│ 　청주인
　│
　├ 승경
　│ 　‖ 　　　민무질녀
김달상 ┬ 녀 　　　‖
선산인 │ └ 김사지 ─── 김영륜
　│
　├ 승례 ┬ 규 ┬ 경
　│ 성여완녀 │ ├ 희 ─── 소용윤씨(문종후궁)
　│ 창녕인 │ ├ 녀 ─── 녀 ─── 승휘문씨(문종후궁)
　│ 권항녀 │ 권심　　문민
　│ 안동인 │ └ 녀 ─── 숙빈홍씨(문종후궁)
　│ 　│ 　　홍심(남양인)
　│ 　│
　│ 　├ 보로 ┬ 수미 ┬ 잠 ─── 녀
　│ 　│ │ │ 　　신찬(고령인, 신숙주 자)
　│ 　│ │ └ 우
　│ 　│ │ 숙녕옹주(신빈소생)
　│ 　│ ├ 태산 ─── 암
　│ 　│ │ 숙경옹주(신빈소생)
　└ 녀 │ └ 녀
　이무 │ 정효순(연일인)
　이거경子 │
　　　└ 번 ┬ 사윤
　　　이문화녀 ├ 사흔
　　　인천인 ├ 녀=홍원용(남양인)
　　　　　├ 녀=성봉조(창녕인)
　　　　　├ 녀=한계미(청주인)
　　　　　└ 녀 정희왕후(세조비)

　　파평윤씨 가문은 민무구 옥에 연루된 단양이씨·청주한씨 가문과 겹사
돈 간이었다. 윤승순은 이거경李居敬의 딸과 윤승순의 누이는 이거경의
아들로 민무구 옥으로 처형된 이무와 혼인하였다. 앞장에서 살폈듯이
윤곤은 초취로 방석의 장모(심효생의 처)에게 고모부가 되는 유탁柳濯
(1311~1371)의 딸과, 재취로 개국공신 청주인 한상경韓尙敬(1360~
1423)의 백형伯兄인 한상질의 딸과 혼인하였다. 윤곤의 누이는 한상환韓
尙桓과 혼인하였고, 윤번의 딸이 한상경의 손자로 한명회와 6촌간인
한계미韓繼美(1421~1471)와의 혼인으로 이어졌다. 아울러 남양홍씨와
도 겹사돈간이었다. 윤향尹向(1374~1418)은 개국공신 홍길민洪吉旼
(1353~1407)의 딸과 혼인하였고, 윤번의 딸로 정희왕후의 언니는 홍길
민의 손자 홍원용洪元用(1401~1466)과 혼인하였다. 홍원용은 한확韓確
(1403~1456)과는 처남매부사이고, 정희왕후는 한확의 딸을 며느리로
맞는다.

【파평윤씨·남양홍씨·청주한씨 혼맥도】 : 부록 341쪽 참조

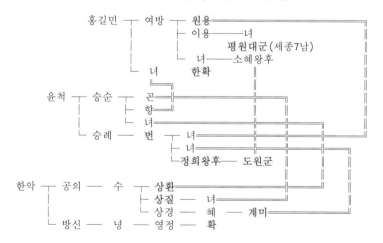

한편 태종 10년에 윤번의 4촌 윤목(?~1410)은 전년 사행使行 중 민무구 형제를 두둔하고 태종을 비판한 것이 알려져197) 처형되었고198), 한상환에게 시집간 윤목의 누이는 노비가 되었으며199), 태종 16년에 한상환도 서인庶人이 되었다.200) 조박과는 사돈 간이기도 한 이무도 처형되었고, 이무의 아내와 딸은 종이 되었다.201) 그리고 윤번과 4촌간인 윤곤의 아들로 신덕왕후 방석의 장인 심효생과는 처가로 4촌간인 윤희이와 윤희제는 유배되었다.202) 또 윤번의 장인 이문화李文和(1358~1414)는 태종 9년(1409) 9월 사헌부 대사헌에 이르렀으나 민무구 사건을 미온적으로 처리하여 대간의 탄핵을 받아 10월 면직免職되기도 하였다.203) 다만 윤목의 형 윤곤은 좌명공신이었고, 동생 윤향은 태종의 배려로 용서가 되었다.204)

한편 윤승례의 초취는 창녕인 성여완成汝完의 딸이고, 성여완의 증손인 성봉조成奉祖(1401~1474)가 윤번의 딸과 혼인하였다. 파평윤씨 가문은 민무구 옥으로 흠결이 되었으나 윤번의 사위 성봉조에게 숙부가 되는 성억成抑(1386~1448)의 딸은 태종 14년에 태종 4남 성녕대군과 혼인하여 왕실과 연혼이 닿았다. 이렇게 윤번의 사위가 왕실과도 연혼이 맺게 된 이후 태종 18년에는 윤향尹向(1374~1418)의 아들 윤계동尹季童(?~1454)이 정신옹주貞信翁主와205), 윤번尹璠(1384~1448)의 중형이

---

197) 『태종실록』 권18 태종 9년 9월 8일.
198) 『태종실록』 권19 태종 10년 1월 30일.
199) 『태종실록』 권19 태종 10년 2월 7일.
200) 『태종실록』 권31 태종 16년 1월 17일.
201) 『태종실록』 권18 태종 9년 10월 5일.
202) 『태종실록』 권19 태종 10년 2월 7일.
203) 『태종실록』 권18 태종 9년 9월 28일. ; 『태종실록』 권18 태종 9년 10월 11일.
204) 『태종실록』 권18 태종 9년 10월 5일.
205) 『태종실록』 권35 태종 18년 1월 26일.

되는 윤보로尹普老(1371~1443)의 손자 윤우尹愚(?~1433)가 세종 7년에 숙녕옹주와 혼인하여206) 왕실과 직접 혼맥을 맺었다.

윤번은 음보蔭補로 벼슬하여 세종 6년(1424) 신천현감으로 있으면서 현감 왕효건王孝乾 등과 서로 짜고 칠漆 값을 올려 받는데 가담하여 곤장 80대를 맞고207) 직첩職牒이 거두어진 듯 하다. 세종 10년 딸이 수양대군과 혼인하는 4개월쯤 전에 직첩을 환급還給 받고208) 군기부정軍器副正에 재임하는 중에 딸이 수양대군과 혼인하였다.209) 이후 세종대 이조참의·공조판서·판중추원사判中樞院事 등을 역임하였다가 세종 30년 돌아갔다.210) 윤보로의 다른 손자 윤암尹巖(1422~1461)은 세종 14년에 숙경옹주와 혼인하는 등 왕실과의 연혼 관계가 계속되었다. 이후 파평윤씨에서 성종대 1명, 중종대 2명의 왕비를 배출한다.

---

206) 『세종실록』 권27 세종 7년 3월 23일.
207) 『세종실록』 권24 세종 6년 5월 11일.
208) 『세종실록』 권40 세종 10년 6월 13일.
209) 『세종실록』 권42 세종 10년 10월 13일.
210) 『세종실록』 권121 세종 30년 9월 5일.

　세조의 잠저 시절에 도원군과 혼인한 한확(1403~1456)의 딸이 1455
년 윤6월 세조의 즉위 후 7월에 세자빈이 되었다. 세조 3년 9월 세자가
돌아갔는데, 후일 2남인 성종의 즉위로 한확의 딸은 인수왕대비가 되었
고211), 도원군은 왕으로 추존되었다. 인수대비는 연산군 10년에 돌아간
다.

　한확의 증조 한방신韓方信은 수문전태학사修文殿太學士를 지냈고, 조부
한령韓寧은 신호위녹사神虎衛錄事를, 부친 한영정韓永矴은 후일 한명회의
조부가 되는 한상질과는 6촌 간으로 순창군수淳昌郡守를 지냈다.212)
한영정은 태종 좌명공신인 김영렬金英烈(?~1404)의 딸과 혼인하였는데,
김영렬은 태조대 수군첨절제사水軍僉節制使, 태종대 수군도지휘사水軍都
指揮使213) 등을 역임한 무관이었다. 한영정의 고모인 이사치의 처는
태종 16년 민무질의 2녀를 며느리로 맞아 작첩爵牒이 거두어졌다.214)
한확의 아우 한전韓磌·한질이 모두 일찍 죽어215) 한확 가문은 당대에
크게 두각을 드러내지는 못하였다.

　그러나 한확은 대대로 거부鉅富여서 노비가 천여 명이나 된 개국공신
홍길민(1353~1407)216)의 아들인 홍여방洪汝方(1381~1438)의 딸과 혼
인하였고 한확의 여동생 한명은 명나라 문황제의 후궁이, 다른 여동생은
선종황제宣宗皇帝의 후궁이 되었다.217)

---

211) 『성종실록』 권51 성종 6년 1월 6일.
212) 『四佳集』(서거정) 사가문집보유 권1 「旌善郡夫人韓氏墓碑銘(桂陽君妻)」(한국
　　고전번역원 고전번역총서).
213) 『태조실록』 권6 태조 3년 6월 1일. ; 『태종실록』 권8 태종 8년 8월 8일.
214) 『태조실록』 권31 태종 16년 1월 17일.
215) 『세조실록』 권5 세조 2년 9월 11일. 한확 졸기.
216) 『태종실록』 권13 태종 7년 2월 15일.
217) 『세종실록』 권69 세종 17년 7월 20일. ; 『태종실록』 권34 세종 17년 8월 6일.
　　 : 이때 한확이 18세여서 동생인 것으로 보인다.(지두환, 2008, 『세조대왕과 친인척』 244쪽).

【청주한씨 한확 가계도】 : 부록 342쪽 참조

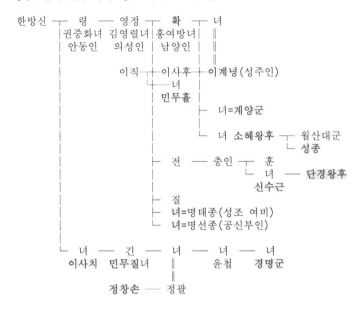

또 한확의 장인 홍여방에게 매부가 되는 윤향의 아들 윤계동이 태종 18년(1418)에 정신옹주와 혼인하였고[218] 한확의 1녀는 이계녕李繼寧 (1412~1476)과 혼인하였는데, 이계녕의 형 이정녕李正寧(1411~1455) 은 세종 7년(1425) 태종후궁 소빈노씨 소생 숙혜옹주淑惠翁主와 혼인하였 고[219] 2녀(1426~1480)는 세종 19년 세종후궁 신빈김씨 소생 계양군 (1427~1464)과 혼인하여 왕실과의 혼맥도 가졌다. 이런 상황에서 6녀(소 혜왕후昭惠王后, 1437~1504)가 수양대군(세조)의 아들 도원군과 혼인하 게 된 것이다.

청주한씨에서도 소혜왕후 이외에도 3명의 왕비를 배출한다.

218)『태종실록』권34 태종 17년 9월 21일. ;『태종실록』권35 태종 18년 1월 26일.
219)『세종실록』권27 세종 7년 3월 23일.

3) 예종비 청주한씨(추존) · 예종계비 청주한씨, 성종비 청주한씨

세조 6년(1460)에 청주인淸州人 한명회韓明澮의 딸이 세자빈으로 정해
졌다가 다음해에 원자를 낳다 돌아가고 예종이 즉위하자 왕비에 추존되니
장순왕후章順王后이다. 예종은 즉위 1년 2개월 만에 승하하고 만다. 이에
제안대군은 어리고 월산군은 병이 들었다는 이유로 자을산군(성종)이
즉위하고 다시 한명회의 다른 딸이 왕비에 오르니 공혜왕후이다.

증조부 한수韓脩(1333~1384)는 이색李穡(1328~1396)과 교류하며220)
판후덕부사判厚德府事를 역임하였다. 한수의 네 아들 중 2남 한상질, 3남
한상경, 4남 한상덕이 고려 과거에 급제하였다.221) 한명회의 조부 한상질
韓尙質은 우왕 6년(1380)에 과거에 급제하고 공양왕 때 예문관제학을
지냈으며, 조선 건국 후 예문관학사藝文館學士로서 국호國號를 정하는
사신을 자청하여 '조선朝鮮'으로 정하는 임무를 수행하여,222) 태조가
크게 기뻐하였다.223) 한명회의 숙조부 한상경韓尙敬(1360~1423)은 개국
공신에 올랐고, 한상환 형제의 매부가 개국공신 안경공安景恭(1347~
1421)의 동생 안경검이다.

한수가 충목왕 3년(1347)에 민제의 외조부 허백과 이색의 부친 이곡이
주관하는 과거에 급제한 인연이 있었으며224) 한명회의 조부 한상환韓尙
桓은 윤승순의 딸과 혼인하여 민제의 아들로 좌명공신에 오른 민무질閔無

---

220) 『牧隱集(이색)』 목은유고 권10 「韓氏四子名字說」(한국고전번역원 고전번역총서)
    : 한수가 친구인 이색에게 네 아들의 字에 대한 해설을 부탁하자 이색이 이에
    따라 字의 뜻을 해설하여 교류하고 있었다.
221) 『牧隱集(이색)』 목은유고 권15 「韓文敬公墓誌銘(韓脩)」(한국고전번역원 고전번역총서).
222) 『태조실록』 권2 태조 1년 11월 29일.
223) 『태조실록』 권3 태조 2년 2월 3일.
224) 『登科錄前編』(한국학중앙연구원 한국역대인물종합정보시스템).

疾을 사위로 맞았고, 한상질은 윤승순의 아들로 태종 좌명공신인 윤곤尹坤을 사위로 맞았다.

그러나 한상질은 정종 2년(1400)에 일찍 돌아갔고, 또 민무구 옥사로 백조모가 되는 윤승순의 딸(한상환 처)은 노비가 되었고225), 한상환은 태종 16년 1월 서인이 되었다가226) 6월 직첩職牒을 환급받지만227) 크게 두각을 드러내지 못하고 세종 15년에 졸하였다.228) 다만 한상경 모친의 가비家婢 파독波獨이 민제의 집에 인연하여 궁궐에 들어가 시녀가 되었는데, 태종이 사랑하였다고 한다.229) 또 겹사돈을 맺은 파평윤씨가 왕실과 혼맥이 많았고, 같은 청주한씨의 한확이 중국 황제와의 연계로 청주한씨는 태종 말년 크게 부각되었다. 이런 상황에서 한상경은 태종 18년 영의정까지 올랐다가 세종 5년에 졸하고230), 한상덕(?~1434)은 태종 14년 우대언을 거쳐, 세종 9년(1427) 호조 참판을 지냈다.231)

한명회(1415~1487)는 태종 15년에 태어나 부모가 일찍 돌아가 한상덕에게 의지하여232) 세종대 처음 민대생閔大生(1372~1467)의 딸과 혼인하였다. 민대생의 제수弟嫂(민소생 처)가 구성량의 딸이고 구성량은 이무의 처제이다. 민소생의 사위로 단종비 정순왕후의 부친 송현수가 들어와 4촌동서사이가 되었다. 한명회는 권근의 손자 권람權擥(1416~1465)과

---

225) 『태종실록』 권19 태종 10년 2월 7일.
226) 『태종실록』 권31 태종 16년 1월 17일
227) 『태종실록』 권31 태종 16년 6월 10일.
228) 『세종실록』 권59 세종 15년 3월 29일.
229) 『태종실록』 권14 태종 14년 6월 1일.
230) 『태종실록』 권35 태종 18년 6월 5일.
231) 『태종실록』 권27 태종 14년 6월 1일. ; 『세종실록』 권35 세종 9년 3월 20일.
232) 『東文選』 卷20 속동문선 「議政府領議政上黨府院君韓公神道碑銘」(한국고전번역원 고전번역총서) : " …… 早年에 부모를 여의고 낙척하여 일어서지 못하므로 증조부 叅判 尙德에게 가서 의지하니 …… "

친분을 맺고233), 동생 한명진韓明溍(?~1452)은 권람의 누이이자 권근의
손녀인 권제權踶(1387~1445)의 딸과 혼인하여 인맥도 돈독히 하였다.
이런 인연으로 수양대군과 연계되어 세조찬탈을 주도하였다. 이 후 한명
회와는 6촌간인 한상경의 손자 한계미韓繼美(1421~1471)는 세조비 아버
지 윤번의 사위가 되었고, 한명회는 세종의 부마 파평윤 윤사로(1423~
1463), 고령인 신숙주(1417~1475)234) 등 가문과 사돈을 맺었다.

한상경의 후손에 인조의 초비初妃 인열왕후가 있다.

【청주한씨 왕비 계보도】: 부록 432쪽 참조

한악 ┬ 공의 ── 수 ── 상질 ── 기 ── 명회 ┬ 장순왕후=예종
 │ └ 공혜왕후=성종
 └ 방신 ┬ 휴 ── 계복 ── 창 ── 백륜 ── 안순왕후=예종
 └ 령 ── 영정 ── 확──소혜왕후──성종
 덕종

---

233) 『세조실록』 권7 세조 3년 4월 4일.
 『세조실록』 권35 세조 11년 2월 6일. 권람 졸기.
 『성종실록』 권209 성종 18년 11월 14일. 한명회 졸기.
234) 신숙주의 장남 신주의 부인은 한명회의 딸로 신숙주와 한명회는 사돈간이었다.
 신주의 누이가 세조후궁 숙원신씨이다.

【청주한씨 한명회 가계도】: 부록 343쪽 참조

```
한사기 ── 악 ── 공의 ┬ 수 ── 상질 ── 기 ── 명회
                    ├ 리 ── 승순 ── 서구
                    └ 녀          권람녀
                      염흥방
```

```
한수 ┬ 상환 ┬ 녀 ┬ 녀
권적녀 │윤승순녀│ 이휴 │ 민추(여흥인)
     │      │      └ 녀(後配)
     │      │        정인지(동래인)
     │      └ 녀 ── 녀
     │        민무질 이긴(양성인)
     │        여흥인
     │
     ├ 상질 ┬ 기 ┬ 명회 ┬ 보 ┬ 경기 ── 협
     │      │   │민대생녀│     ├ 경종 ── 녀
     │      │   │정종화녀│     │          윤흥의(윤임 子)
     │      │   │      │     └ 경침=공신옹주(성종부마)
     │      │   │      │
     │      │   │      ├ 녀=신주(신숙주 子)
     │      │   │      ├ 녀=윤반(파평인, 윤사로 子)
     │      │   │      ├ 녀 장순왕후 예종비
     │      │   │      └ 녀 공혜왕후 성종비
     │      │   │
     │      │   └ 명진=권제녀
     │      │
     │      └ 녀 ── 윤삼산 ── 윤호 ── 녀(정현왕후 성종비)
     │        윤곤(파평인)
     │
이이민 ┬ 이직 ── 녀=민무휼
성주인 │ └ 이수 ── 녀
     │           ‖
     ├ 상경 ── 혜 ┬ 계미 ── 절 ── 형윤 ── 기(정혜옹주)
     │           │윤번녀              성종부마
     │           ├ 계희
     │           └ 계순
     ├ 상덕 ── 2녀
     └ 녀=안경검(순흥인, 형 안경공은 개국공신)
```

세자빈인 한명회의 딸이 돌아간 후, 한명회와는 10촌 아우가 되며, 소혜왕후와는 8촌간이 되는 사옹별좌司饔別坐로 있던 한백륜의 딸이 세조 9년 동궁에 들어가 소훈昭訓이 되었다가 예종이 즉위하고 왕비에 책봉되니 안순왕후安順王后이다.

한백륜의 조부 한계복韓季復은 태종 17년 임피현령臨坡縣令으로 한차례 언급되고, 부친 한창韓昌(1410~1451)은 세종 26년 사헌장령·세종 29년 판선공감사判繕工監事를 역임하였으며, 한백륜은 처음 내시별감內侍別監이어서 비교적 두각을 나타내지 못하였다. 그러다 한백륜韓伯倫(1427~1474)의 딸이 귀성군龜城君(1441~1479)과 혼인하여[235] 세조찬탈에 협조한 임영대군(1418~1469)과는 사돈이 되고, 다른 딸이 왕세자(예종)의 소훈이 된[236] 이후인 세조 14년(1468) 한백륜이 공조정랑에 올랐으며 성종대 우의정까지 이르는 등 크게 성장하였다.

【청주한씨 한백륜 가계도】: 부록 **344**쪽 참조

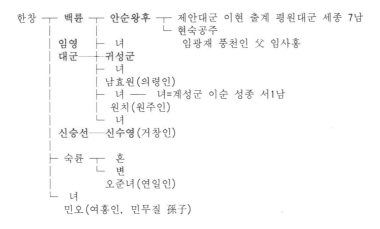

```
한창 ┬ 백륜 ─ 안순왕후 ─┬ 제안대군 이현 출계 평원대군 세종 7남
    │       │         └ 현숙공주
    │   임영 ├ 녀              임광재 풍천인 父 임사홍
    │   대군 ┼ 귀성군
    │       ├ 녀
    │       │ 남효원(의령인)
    │       ├ 녀 ── 녀=계성군 이순 성종 서1남
    │       │ 원치(원주인)
    │       └ 녀
    │   신승선 ─ 신수영(거창인)
    │
    ├ 숙륜 ┬ 혼
    │      └ 변
    │        오준녀(연일인)
    └ 녀
       민오(여흥인, 민무질 孫子)
```

---

235) 족보에는 안순왕후가 1녀로 나오지만 귀성군은 1441년 생으로 단종~세조 초반에 혼인 한 것으로 보인다.
236) 『세조실록』권31 세조 9년 윤7월 6일.

## 2. 왕비 가문의 성격

세종 9년(1427)과 18년(1436) 두 차례 세자빈에 대한 폐빈 후 세종 19년(1437) 양원良媛으로 있던 권전權專의 딸(현덕왕후)이 문종의 세자빈에 올랐다가[237] 세종 23년(1441) 단종을 낳다 돌아가 문종의 즉위 후 왕비로 추존된다. 문종이 재위 2년 3개월만에 일찍 돌아가 어린 단종이 즉위하고, 단종 1년(1453) 세조가 계유정난을 일으키고 문종의 3년 상이 끝나지 않았는데도 단종 2년에 송현수宋玹壽의 딸(정순왕후)이 왕비로 간택되어 왕비에 올랐다. 그러다 단종 3년에 세조가 선위를 빌어 왕위를 찬탈하여 즉위하니 파평인 윤번의 딸(정희왕후)이 왕비에 올랐다. 이후 찬탈을 주도한 한명회가 정계를 주도하듯 청주한씨에서 세자빈과 왕비를 계속해서 배출하였는데, 도원군(덕종 추존)의 비(소혜왕후), 예종의 초비(장순왕후)와 계비(안순왕후), 성종의 초비(공혜왕후)가 모두 청주한씨였다.

앞장에서 전술하였듯이 개국을 주도한 세력은 세종 초반까지 왕자의 난, 민무구 옥사, 양녕대군 폐세자, 심온옥사 등 계속된 사건으로 크게 밀려났고, 개국을 주도한 인물들도 점차 졸하였다. 태종대 민무구 옥사를 전후하여 개국을 반대하였다가 명분을 거스르며 다시 등장하는 하륜·권근·유기 등 세력도 밀려났다.[238] 이런 가운데 세종대를 거치며 허조許稠와 두문동 후손들의 신진 세력이 이들을 대신해 점차 진출하고 있었다.[239] 이런 분위기에서 개국을 반대하였지만 절의를 지켜 태종 1년에

---

237) 『세종실록』 권76 세종 19년 2월 28일.
238) 양웅열, 2003, 「太宗代 閔無咎 獄事를 前後한 政治勢力의 變遷과 性格 - 王室 親姻戚 家門과 關聯하여-」(국민대 석사학위논문)
239) 유영옥, 1994, 「集賢殿의 運營과 思想的 傾向」『부대사학』18, 404~408쪽.

영의정으로 추증된 정몽주는 세종 12년에는 충신忠臣으로, 길재吉再는 절의지사節義之士로 인정되었다.240) 다음해인 세종 13년에 정몽주는 『삼강행실도三綱行實圖』충신도忠臣圖에 얼굴이 실리는 등241) 개국을 전후하여 명분을 지킨 세력의 위상이 크게 강화되었다. 반면에 하륜(1347~1416)과 권근(1352~1409)의 스승인 이색(1328~1396)242)은 절의를 지키지 못한 신하로 평가되었다.243)

한편 하륜과 권근으로부터 배운 변계량卞季良(1369~1430)은 신숙주의 부친 신장申檣(1382~1433)244)과 유기의 아들 유방선(1388~1443)에게 학문을 전수하였다.245) 민무구 옥사로 태종 10년(1410) 유배 갔던 유방선은 유배에서 풀려나 원주에 정착해서246) 동서가 되는 권근의 손자 권람(1416~1465)을 비롯하여 권근의 외손자 서거정徐居正(1420~1488)과 한명회(1415~1487) 등을247), 파평윤씨 윤번의 조카 윤경尹炅(1388~1453)은 노사신盧思愼(1427~1498) 등 세조찬탈 세력을 기르고 있었다.248)

---

240) 『세종실록』 권50 세종 12년 11월 23일.
241) 『세종실록』 권54 세종 13년 11월 11일.
242) 『태종실록』 권21 세종 11년 6월 29일. : 이색의 문인으로 하륜과 권근이 대표적이다.
243) 『세종실록』 권50 세종 12년 11월 23일.
244) 『세종실록』 권5 세종 5년 6월 23일.
245) 『사가집(서거정)』 권6 「泰齋集序」(한국문집총간).
246) 『세조실록』 권2 세조 1년 8월 26일. : 세종 10년에 경외에서 임의로운 거주가 허용되었다.
247) 『대동야승』「필원잡기」(한국고전번역원 고전번역총서) : " 내가 과거에 오르기 전에 길창부원군 권람과 상당부원군 한명회와 더불어 선생에게 수업하기를 4・5년 했다".
248) 『경기금석대관』5「盧思愼神道碑」(1992, 경기도).

【고성이씨 이원·윤삼산·유방선·권람 혼맥도】: 부록 330쪽 참조

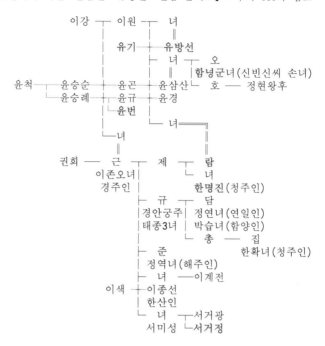

　　한편 두 차례의 폐빈으로 세종대 세자(문종)의 혼인이 늦어져 세종
13년 궁에 들어간 권전의 딸이 세종 19년(1437) 세자빈으로 책봉되었다.
세종은 첩妾을 처妻로 삼는 것을 경계했으나 현실적으로 두 차례 폐빈이
있어서 불가피하다고 여겼으며, 검증되지 않은 규수를 간택하기보다는
검증된 후궁을 정비正妃로 올리는 것이 낫다고 판단했던 것이다.249)
또한 권승휘權承徽는 세종 15년에 1살이 못되어 죽긴 하였지만 딸을
출산한 경험이 있었고250) 당시에도 임신 중이이었던251) 점도 고려되었

249) 윤혜민, 2012, 「조선 전기 계비 선정의 변천과 그 의미」(건국대 석사학위논문) 14쪽.
250) 『세종실록』 권59 세종 15년 3월 3일.
251) 『세종실록』 권75 세종 18년 10월 26일.

을 것이다. 그러나 세자빈에 오른 권전의 딸은 세종 23년(1441) 7월 단종을 낳다 돌아가 왕실에서 단종을 보호하는 세력이 형성되지 못하였다.

앞 가계도에서 지적하였듯이 윤번尹璠(1384~1448)의 사위 성봉조成奉祖(1401~1474)에게 숙부가 되는 성억成抑(1386~1448)의 딸은 태종 14년(1414)에 태종의 4남 성녕대군과 혼인하여, 성봉조(1401~1474)는 성녕대군(1405~1418)과는 4촌처남매부가 되었다. 파평윤씨 가문의 사위가 왕실과 연계를 가지면서 태종 17년에는 윤계동尹季童(?~1454)이, 세종 7년에는 윤우尹愚(?~1433)가 태종의 부마가 되었다. 이처럼 수양대군이 윤번의 딸과 혼인을 하는 세종 10년을 전후하여 파평윤씨의 많은 인물이 계속해서 왕실과 혼인을 하였다. 세종 13년 윤번의 백형 윤규의 외손녀인 홍심洪深(1398~1456)의 딸이 후일 단종의 생모가 되는 현덕왕후와 함께 왕세자(문종)의 후궁(숙빈홍씨)으로 입궐하였고, 세종 14년 (1432)에도 윤암尹巖(1422~1461)이 태종의 부마가 되었으며, 윤향尹向 (1374~1418)의 외손녀는 세종 16년 태종후궁 숙빈안씨 소생 익녕군과, 다른 손녀는 세종 18년 세종 5남 광평대군과 혼인하였다. 계속해서 세종 23년에는 윤규의 외증손녀가 되는 문민文敏의 딸이 문종의 후궁(승휘문씨)으로, 세종 30년에는 윤규의 3남 윤희尹熺의 장녀가 문종의 후궁(소훈윤씨)으로 각각 입궐하였다. 특히 숙빈홍씨는 문종의 승하 후 단종 세력인 혜빈양씨를 견제하고 내정을 주장하는 등252) 왕실에서 위치를

---

252) 『단종실록』 권2 단종 즉위년 8월 7일.
　　또한 숙빈홍씨의 오빠인 홍심의 아들 홍응은 문종대 관직을 시작하여 세조대 권람의 천거로 승지에 오르며 세조 12년에는 아들 홍상이 의경세자(덕종)의 딸과 결혼하게 되는 등(『세조실록』 권40 세조 12년 12월 16일.) 총애를 받고 성종대 좌의정까지 올랐다.(『성종실록』 권264 성종 23년 4월 4일.)

확고히 하였다.

혼맥도에서 보이듯이 윤계동·윤우·윤암 모두 태종후궁 신빈신씨 소생과, 윤곤尹坤(?~1422)의 손자이자 윤삼산의 아들 윤오尹塢도 신빈신씨의 손녀와 혼인하였다. 신빈신씨는 태종비 원경왕후의 종으로 있다가 후궁에 올랐는데[253], 슬하에 3남 7녀의 많은 자녀를 두었다. 신빈의 아버지 신영귀에게는 6촌 형이 되는 신귀는 신덕왕후의 제부弟夫였다. 신빈은 신귀의 자손들이 태종대 왕자의 난과 '조사의의 난'으로 밀려났고, 역시 태종대 민무구 옥으로 흠결이 있었던 파평윤씨와 연혼을 맺게 되는 것 같다.

【영산신씨 신빈신씨 자녀 혼맥도】 : 부록 331쪽 참조

신빈신씨 ┬ 함녕군 ── 녀=윤오(파평인)
　　　　　├ 온녕군=박안명녀(순천인)
　　　　　├ 근녕군=허지혜녀(하양인)
　　　　　├ 정신옹주=윤계동(파평인)
　　　　　├ 정정옹주=조선(양주인)
　　　　　├ 숙정옹주=
　　　　　├ 소선옹주=변효순(원주인)
　　　　　├ 숙녕옹주=윤우(파평인)
　　　　　├ 숙경옹주=윤암(파평인)
　　　　　└ 숙근옹주=권공(안동인)

정진 ┬ 정효손=홍여방녀
연일인 ├ 정효순=윤보로녀
　　　└ 정효전=

253) 『태종실록』 권27 태종 14년 1월 13일.

신빈신씨의 사위 정효전·변효순도 파평윤씨와 혼맥이 닿았다. 윤번의 사위 홍여방과는 처남매부간인 정효손鄭孝孫의 동생 정효순鄭孝順이 윤보로의 사위였고, 다른 동생 정효전鄭孝全(?~1453)은 세종 4년에 신빈신씨 소생 숙정옹주淑貞翁主와 혼인하였다.254) 또 변효순邊孝順(1416~1457)은 세종 10년 경 소선옹주와 혼인하였는데255), 매부가 윤계동(?~1454)의 아들 윤삼원尹三元이다.

【원주변씨 변효순·윤계동 혼맥도】 : 부록 331쪽 참조

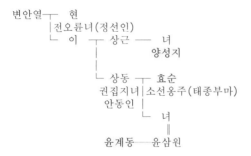

윤번의 사위가 되는 홍여방의 누이가 세종 초에 한확韓確(1403~1456)과 혼인하였는데, 한확은 누이들이 명나라 황제들의 후비였다. 문황제의 후궁이 된 한확의 여동생이 태종 17년에 중국으로 가서 황제의 총애를 받았는데, 세종이 즉위하였을 때 명나라 황제는 영화를 보여주기 위하여 한확을 북경으로 불러들여 고명을 내려주기까지 하였다.256) 다른 여동생도 세종 10년(1428) 명나라로 가게 되어257) 한확이 수차례 명나라에 가며 황제의 총애를 받았다. 아울러 한확은 세종 19년에 한 딸을 세종후궁

254)『세종실록』권15 세종 4년 1월 18일.
255) 세종 10년(1428) 10월 19일 변효순이 종2품 가선대부 유천군柔川君에 임명되었다.
256)『세종실록』권3 세종 1년 1월 19일.
257)『세종실록』권42 세종 10년 10월 4일.

신빈김씨 소생으로 수양대군의 측근이 된 계양군桂陽君(1427~1464)과 혼인시키고258) 다른 딸은 세조의 1남인 도원군과 혼인시켜259) 청주한씨에서도 왕실과 혼맥을 굳건히 하였다. 이런 상황에서 세조가 찬탈을 단행한다.

문종이 삼년상을 치르지 못하고 1452년 어린 단종이 즉위하자 수양대군(세조)은 단종 1년(1453) 10월 10일 계유정난을 일으켜 정권을 잡고 11월 자신과 친구인 송현수(?~1457)의 딸을 왕비로 결정하니 정순왕후이다. 세조의 즉위 후 사육신의 단종 복위 사건으로 송현수는 죽임을 당하였고260) 많은 충신들이 처형되었다.261) 이런 가운데 유방선·유방경의 자손들이 세조 1년에 부시赴試가 허락되었고262) 민무질의 손자 민기도 부시가 허락되었으며263), 다른 손자 민오閔晤는 한백륜의 누이와 혼인하여 감찰監察에 오르는264) 등 민무구 옥사로 처벌 받은 이들도 용서가 되었다.

세조의 즉위로 윤번의 딸이 왕비에 오르고, 한확의 딸이 세자빈에 올랐다가 세자(도원군)가 세조 3년(1457) 돌아갔다. 이에 해양대군(예종)이 세자에 책봉되고 세조 6년(1460)에 한명회의 딸이 세자빈이 되었다.

---

258) 『세종실록』권79 세종 19년 12월 9일.
259) 서거정, 『사가집』 사가문집보유 卷1 「旌善郡夫人韓氏 墓碑銘(한확의 딸, 계양군부인)」(한국고전번역원 고전번역총서) : 세조가 잠저潛邸시절에 도원군과 한확의 딸이 혼인하였다고 하였다.
260) 송현수는 죽임을 당하였지만 송현수의 아들 송거宋琚는 성종대 무과에 급제하여 선전관이 되었고 조카 宋瑛은 세조대 감찰에 임명되는 등 부父와 처자들은 연좌되지 않았다. (『성종실록』권136 성종 12년 12월 15일.) ; 『성종실록』권136 성종 12년 12월 18일.)
261) 안승배, 2007, 「莊陵 配食壇 配享 人物 硏究」(국민대 석사학위논문).
262) 『세조실록』권1 세조 1년 8월 26일.
263) 『세조실록』권1 세조 1년 10월 25일.
264) 『성종실록』권11 성종 2년 7월 14일.

그러나 세자빈이 세조 7년에 돌아가 다시 세조 9년 한명회에게 10촌 아우가 되는 한백륜의 딸이 세자빈에 간택되어 예종이 즉위하자 왕비에 오르니 안순왕후이다.

예종이 1년 2개월 만에 승하하여 한명회의 사위 성종이 13세로 즉위하여 세조비가 수렴청정을 하였고, 한명회·신숙주 등은 원상院相이 되어 주도하였다.

단종대부터 성종대 초반까지 파평윤씨와 청주한씨 가문의 친인척은 제외 하더라도 본가의 많은 인물들이 공신에 책봉되었으며265), 세조대 이후에는 청주한씨에서 계속해서 세자빈과 왕비를 배출하였던 특징이 있었다.

---

265) 鄭斗熙, 1981, 「朝鮮 世祖-成宗朝의 功臣硏究」『진단학보』15.
　　단종 1년 정난공신으로 尹士昀·韓確·韓明澮·韓明溍·韓瑞龜(한명회 6촌)가, 세조 1년 좌익공신으로 尹師路·尹士昀·尹巖·尹炯(추서됨)·한확·한명회·韓終孫(한서귀 사위)·韓繼美가, 세조 14년 적개공신(이시애 난)으로 尹弼商·韓繼美가, 예종 즉위년 翊戴功臣(남이 옥사)으로 尹繼謙·한명회·韓繼純·韓伯倫·韓繼禧가, 성종 좌리공신으로 尹士昕·尹繼謙·尹弼商·한명회·韓伯倫·韓繼美·韓繼禧·韓繼純·韓致亨·韓致仁·韓致義·韓堡(한명회 아들)·韓致禮(한확 아들)·韓巘(한계미 아들)

# 제3장 성종대 중반~중종대 전반 왕비 가문

## 1. 성종대 중반~중종대 전반 왕비 가문

### 1) 성종폐비 함안윤씨, 성종계비 파평윤씨

성종의 초비인 공혜왕후(한명회 녀)가 성종 5년(1474) 돌아갔다. 이에
앞서 성종 4년에 정희왕후의 의지懿旨로 함안인 윤기견의 딸이 파평인
윤호의 딸과 함께 성종의 후궁으로 결정되어266) 숙의淑儀로 입궐하였
다.267) 성종 7년 8월 윤기견의 딸이 왕비에 오르지만 성종 10년 6월에
폐서인 되었다가 성종 13년 8월 사약을 받고 돌아가니 폐비윤씨이다.

윤기견의 숙부 윤정尹定(1376~?)이 태조 2년 문과에 급제하였으나
다른 내력은 확인되지 않는다.268) 부친 윤응尹膺은 권소의 사위로 한명회
의 7촌 족부가 되는 한서봉과는 동서간이 된다. 윤응은 지평현감砥平縣監
을 역임하였다. 그러나 부친과 고모부들이 심온 옥사로 문제가 되었다.
태종은 윤응의 매부妹夫 장윤화에게 그의 동서가 되는 전사리가 심온과
상통한다 하여 해임시키라는 밀지를 내렸는데, 장윤화가 밀지를 누설하
였다. 윤응은 장윤화의 말을 듣고 전사리에게 통서通書 하였다가 직첩을
회수당하고 속장贖杖 1백 대에 처해졌고269) 전사리는 처음 관노가 되었다
가 다음해 외방外方에 자원부처自願付處되었다.270) 남은의 친척 관계이

---

266) 『성종실록』 권26 성종 4년 1월 13일.
267) 『성종실록』 권28 성종 4년 3월 19일.
268) 『태조실록』 권3 태조 2년 6월 3일.
269) 윤기견의 문과방목에는 尹應으로 나오나 실록에는 尹膺으로 나온다.(『세종실록』
    권3 세종 1년 4월 17일 ; 收砥平縣監尹膺職牒, 贖杖一百 以膺聽妹夫張允和言,
    通書于田思理也).

기도 한 장윤화는271) 곤장을 맞았지만 태종의 배려로 용서되어 병조참의
로 등용되었다가272) 이후 다시 비리로 귀양갔다가 죽었다.273) 이처럼
윤기견의 부친대에서 심온 옥사로 흠이 있었다.

【함안윤씨 윤기견 가계도】 : 부록 344쪽 참조

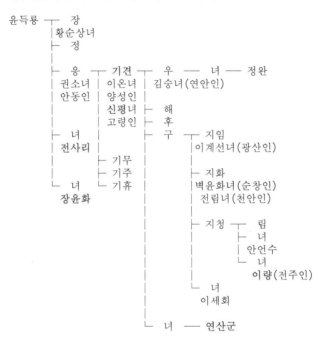

---

270)『세종실록』권3 세종 1년 4월 8일. ;『세종실록』권8 세종 2년 4월 4일.
271)『세종실록』권13 세종 3년 10월 19일.
272)『세종실록』권4 세종 1년 5월 9일. ;『세종실록』권4 세종 1년 5월 10일.
273)『세종실록』권16 세종 4년 5월 6일. 장윤화졸기.

윤기견은 세종 21년 문과에 급제하여274) 문종대 홍문관 부수찬을275) 지내고, 단종 1년에 사헌지평司憲持平에 임명되었다가276) 딸이 궁에 입궁하기 전에 졸하였다.277) 윤기견은 처음 이온李蒕의 딸과 혼인하였는데, 이온의 백모가 되는 이사치의 처는 한확에게 대고모大姑母가 된다. 앞서 이사치의 처는 민무질의 2녀를 며느리로 맞아 작첩爵牒이 거두어졌음을 지적하였다. 민무질과 사돈간인 이긴은 며느리에 정창손의 형이 되는 정갑손의 딸이, 사위에 정창손의 아들 정괄鄭佸이, 조카사위에 태종 후궁 신빈신씨 소생 함녕군・권근의 손자 권총權聰(1413~1480) 등이 있다. 윤기견의 매부妹夫 이승소李承召(1422~1484)는 정충석鄭忠碩의 딸과 혼인하여 처고모부에 효령대군과 권근의 아들 권준權蹲이 있고, 영응대군과는 4촌동서간이 된다. 또한 이승소에게 처외조부가 되는 정종성은 한명회 측실의 부친이다. 이승소李承召는 세조 원종공신에, 성종의 즉위 후 좌리공신에 책봉되었다. 이처럼 윤기견의 처가가 세조찬탈 세력과 가까웠다.

폐비윤씨는 왕비에 오른 4개월 뒤인 성종 7년 11월에 연산군이 태어나서278) 왕비에 오르기 전에 임신 중이었음을 알 수 있다.

---

274) 『문과방목』(한국학중앙연구원 한국역대인물종합정보시스템)
275) 『문종실록』 권3 문종 즉위년 9월 7일.
276) 『단종실록』 권9 단종 1년 11월 8일.
277) 『성종실록』 권4 성종 4년 3월 19일. : 딸이 입궁할 때 윤기견에 대해 "故 判封常寺事"로 언급하여 이미 졸한 것 같다.
278) 『성종실록』 권73 성종 7년 11월 7일.

【양성이씨 이온·이승소, 윤기견, 한명회 혼맥도】 : 부록 345쪽 참조

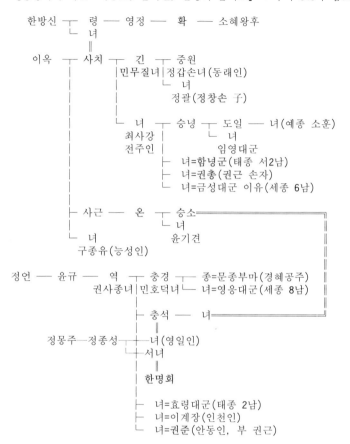

윤기견은 한명회와 사돈인 신숙주에게 숙부가 되는 신평의 딸과 두번째
혼인하여 후일 폐비가 되는 윤씨를 낳았는데, 신숙주와 폐비윤씨의 모친
과는 4촌간이다. 윤기견은 앞서 문과에 신숙주와 함께 급제한 인연도
있었다. 신숙주는 한명회, 윤삼원尹三元(정희왕후의 7촌 조카)·윤잠尹
岑·윤암尹巖(정희왕후 5촌 조카), 권람의 손녀와 혼맥이 있었다.

【고령신씨 신평·신숙주, 윤기견, 한명회 혼맥도】: 부록 345쪽 참조

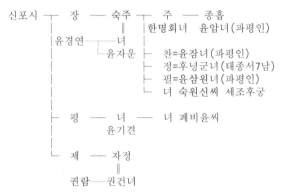

윤기견의 딸이 사약 받은 다음날인 성종 13년 8월 윤구尹遘·윤후尹
逅·윤우尹遇가 유배되었다가279) 연산군 1년 방환되었다.280) 이후 다시
관직에 나아가 윤구는 사복시첨정司僕寺僉正을, 윤우는 사섬시주부司贍寺
主簿를, 윤후는 예빈시직장禮賓寺直長을 역임하였다.281) 이후 윤구·윤
우는 당상관에, 사위 이세회李世薈는 4품에 올랐다.282) 그러나 중종반정
으로 윤구의 아들 사위 등이 원방에 부처되었다.283)

279)『성종실록』권144 성종 13년 8월 17일.
280)『연산군일기』권9 연산군 1년 9월 20일.
281)『연산군일기』권39 연산군 6년 9월 26일.
282)『연산군일기』권61 연산군 12년 1월 4일.
283)『중종실록』권1 중종 1년 9월 3일.

폐비 이후 앞서 정희왕후의 의지懿旨로 윤기견의 딸과 함께 후궁에 간택된 윤호의 딸이 성종 11년 왕비에 오르니 정현왕후이다.284) 파평윤 씨 가문에서 정희왕후 이후 두번째로 왕비를 배출한 것이며, 중종대 다시 2명의 왕비가 배출된다.

윤호는 태종의 좌명공신을 역임한 윤곤의 손자로, 윤곤은 한명회에게 고모부가 되고 정희왕후 아버지 윤번과는 4촌형제간이다. 윤호의 부친 윤삼산尹三山(1406~1457)은 정희왕후와는 6촌간이며, 권람權擥(1416 ~1465)과는 동서간이다. 윤삼산은 세종대 종을 죽여 물의를 일으키기도 하였는데285) 하연河演의 5촌 친척이 되고286) 황보인皇甫仁과는 사돈 간이 어서 문제가 되었지만 정희왕후와 가까운 인척이어서 이후 등용되어287) 세조 2년(1456) 겸지병조사兼知兵曹事 등을 역임하였다.288) 윤호尹壕 (1424~1496)는 후궁 간택시 병조참지兵曹參知로 재임하였으며289) 병조 참판兵曹參判 등을 거쳐290) 딸이 왕비로 책봉된 이후 성종 25년 영의정에 올랐다.291)

윤호의 처가에서 보면 정희왕후(1418~1483)에게 형부가 되는 홍원용 洪元用(1401~1466)의 동생 홍이용洪利用(?~1446)이 윤호와는 동서간이 되고, 홍이용이 소혜왕후에게는 외삼촌이 된다.

---

284) 『성종실록』 권31 성종 11년 10월 4일.
285) 『세종실록』 권64 세종 16년 6월 3일.
286) 『세종실록』 권95 세종 24년 1월 7일. ; 『세종실록』 권95 세종 24년 1월 15일.
287) 『세조실록』 권4 세조 2년 7월 27일.
288) 『세조실록』 권5 세조 2년 12월 15일.
289) 『성종실록』 권31 성종 4년 6월 14일.
290) 『성종실록』 권110 성종 10년 윤10월 22일.
291) 『성종실록』 권289 성종 25년 4월 19일.

【파평윤씨 윤호 가계도】: 부록 339쪽 참조

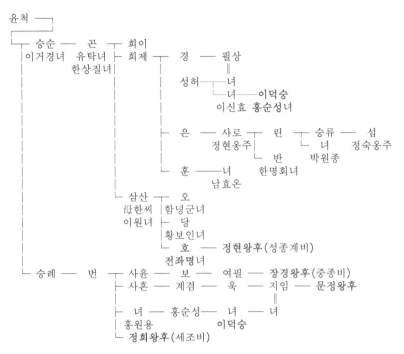

【남양홍씨 홍이용·윤호 혼맥도】: 부록 341쪽 참조

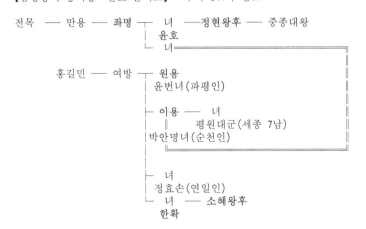

2) 연산군 폐비 · 중종비 거창신씨

성종 18년(1487) 3월 신승선愼承善(1436~1502)의 딸이 세자빈으로 정해졌다가 연산군이 즉위하고 왕비에 올랐으나 후일 '중종반정中宗反正' 으로 폐비 된다. 간택 당시 성종의 생모로 소혜왕후 한씨, 대비 예종비 안순왕후 한씨, 왕비 정현왕후 윤씨 등 훈척가문이 왕실에 있는 상황이었 다.

신승선의 4촌인 신기愼幾의 딸은 심온의 아들 심결沈決(1419~1470)과 혼인하였다. 심결은 문종 즉위년(1450)에 돈령부주부에 서용되었고 세조 즉위에 참여한 공로로 원종공신原從功臣 2등에 책록되었다.292) 아버지 신전愼詮은 원경왕후의 친속親屬인 이조판서 민신閔伸(?~1453)의 처형 이어서293) 문종 · 단종초에 고위직에 오를 수 있었다.294) 신승선은 단종 2년(1454) 세조찬탈에 협조한 임영대군臨瀛大君(1418~1469)295)의 사 위가 되어 세조대 이조참판, 예종대 남이옥사로 익대공신에, 성종대 좌리공신에 녹훈되었다.296) 그리고 신전의 형 신기愼幾와 조카 신후갑愼 後甲은 세조 1년 원종공신에 책봉되었다.297)

---

292) 『문종실록』 권9 문종 즉위년 8월 6일. ; 『세조실록』 권2 세조 1년 12월 27일.
293) 『단종실록』 권5 단종 1년 1월 9일.
　　『세종실록』 권23 세종 31년 3월 26일.
　　민신의 종조부가 민제로 원경왕후는 민신에게 당고모가 된다.
294) 『단종실록』 권5 단종 1년 1월 4일.
　　『단종실록』 권5 단종 1년 1월 9일.
295) 임영대군은 영응대군과 함께 세조찬탈에 적극 협력한다. 임영대군의 아들 구성군은 세조가 총애하여 세조대 영의정에 오른다. 또한 임영대군의 종 군자軍子는 정난靖難 때 공이 있다고 권람 한명회의 종과 함께 포상 받았다.(『단종실록』 권9 단종 1년 11월 12일.) 다른 종 2명은 원종공신에 올라 영구히 양인이 되었다.(『세조실록』 권5 세조 2년 8월 13일.)
296) 『세조실록』 권38 세조 12년 3월 10일. ; 『예종실록』 권1 예종 즉위년 10월 28일. ; 『성종실록』 권9 성종 2년 3월 27일.

신승선 가문은 소혜왕후와 가까웠다. 신승선의 장남 신수근愼守勤
(1450~1506)은 처음 권람權擥의 딸과 혼인하였고, 다시 청주인 한충인韓
忠仁(1435~1504이후)의 딸과 혼인하였는데, 한충인의 백부가 정난공신
한확韓確(1403~1456)이어서 소혜왕후와는 4촌간이다. 신수근의 동생
신수영은 안순왕후 아버지인 한백륜韓伯倫(1427~1474)의 딸과 혼인하
였다.

【거창신씨 신승선·신수근 가계도】: 부록 **346**쪽 참조

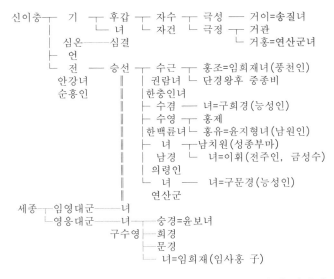

연산군 5년에는 신수근의 딸이 진성대군(중종)과 혼인하였고, 연산군
12년에는 신수근에게 동서가 되는 김수형의 손녀인 창원인 정세명의
딸이 세자빈에 책봉되었다.298) 그러나 중종반정으로 거창신씨는 몰락하
였다.

---

297) 『세조실록』 권2 세조 1년 12월 27일.
298) 정세명의 장인인 안동인 김수형은 권람의 사위로 신수근과는 동서간이다.

3) 중종계비·2계비 파평윤씨

중종의 생모로 파평인 정현왕후(성종비)가 대비였고, 정현대비와는 10촌간인 윤여필尹汝弼(1466~1555)의 딸이 중종 1년 대궐에 들어가 숙의에 봉해졌다가 중종 2년에 왕비에 오르게 되니[299] 장경왕후章敬王后이다. 장경왕후는 일찍 어머니를 여의고, 외삼촌인 박원종의 누이가 되는 월산대군月山大君의 아내 승평부부인 박씨昇平府夫人朴氏의 집에서 자랐고[300], 박원종이 중종반정 주역이며 당시 좌의정으로 정국을 주도하고 있었다.

윤여필의 조부 윤사윤尹士昀은 정희왕후의 오빠로 세조찬탈에 협조하여 정난·좌익공신에 책봉되었으며 세조 7년(1461) 공조판서까지 올랐다. 부친 윤보尹甫는 성종 16년 훈척勳戚의 아들이라 하여 2품 이르렀다고 비판받는[301] 등 대표적인 훈척가문이었다. 윤여필은 연산군 10년 사사된 윤필상의 족친이어서 유배되었다가 연산군 12년에 방송放送되었으나 서용敍用되지 못하고[302] 중종반정에 참여, 정국공신靖國功臣 3등에 녹훈되었다.

장경왕후는 중종 10년(1515) 인종을 낳다 승하하였다.

---

299) 『중종실록』 권3 중종 2년 6월 17일.
300) 『중종실록』 권21 중종 10년 3월 7일.
301) 『성종실록』 권174 성종 16년 1월 20일. : "尹甫 本無才行 且不經事 只以勳戚之子, 致位二品, 而素不爲淸議所容"
302) 『연산군일기』 권14 연산군 12년 1월 13일.

【파평윤씨 윤여필 가계도】: 부록 339쪽 참조

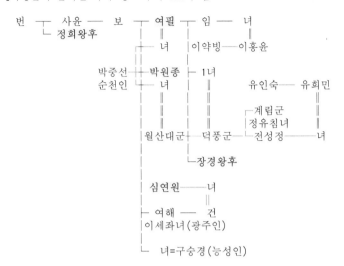

【파평윤씨 왕비 계보도】: 부록 338쪽 참조

장경왕후가 돌아간 후 정현왕후의 의견에 따라 윤여필과는 7촌간인 윤지임尹之任(1475~1534)의 딸이 중종 12년 왕비에 오르니 문정왕후이다.

　… "자전慈殿께서 분부하신 가운데 '윤지임의 딸이 여러 대 공후公侯의 가문에 태어났고, 탁월한 덕행이 있어 중궁中宮 자리에 가합하다.' 하셨는데, 나의 뜻도 또한 그러하여 비로 삼기를 결정하였으니, 길일을 가려 아뢰라." 303)

윤지임의 장인 이덕숭은 정현왕후의 부친인 윤호와는 재연족속再連族屬이며, 윤호가 이덕숭을 자제처럼 대하고 있을 정도로 가까웠다.304) 정현왕후와 6촌간인 윤필상의 처제妻弟의 아들이 이덕숭이다.

윤지임의 증조부 윤사흔尹士昕은 세조 1년 원종공신에 녹훈되었고, 세조대 요직을 역임하였으며 성종 2년 좌리공신佐理功臣에 녹훈되었다가 성종 6년(1475) 우의정에까지 올랐고, 조부 윤계겸은 문음으로 세조대 승지를 거쳐 예종대 남이의 옥사305)로 익대공신翊戴功臣에 책봉되고 요직을 지냈다. 또한 고모부들이 모두 세조찬탈공신의 아들이나 손자孫子와 혼인하는 등 대표적인 훈척 가문이었다. 윤지임의 부친인 윤욱尹頊은 27세의 젊은 나이인 성종 16년에 졸하였지만, 동생 윤순尹珣(?~1522)은 연산군 때 아부하여 승지를 역임하였고, 다른 동생 윤림尹琳은 중종대 생원으로 5품직에 오르고 있었다.306)

---

303)『중종실록』권27 중종 12년 3월 15일.
304)『성종실록』권286 성종 25년 1월 24일. : "… 德崇(이덕숭)曰 臣於領敦寧(윤호)再連族屬, 領敦寧亦待之如子弟…"
305) 한명회와 사이가 안 좋았던 태종의 외손인 남이가 역모를 꾀하는 자는 그냥두지 않겠다고 유자광에게 말하였는데, 유자광이 임금에게 남이가 역모를 꾀한다고 무고하여 벌어진 옥사.
306)『중종실록』권28 중종 12년 6월 18일.

【파평윤씨 윤지임 가계도】 : 부록 340쪽 참조

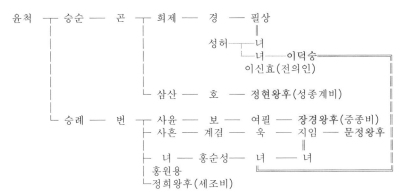

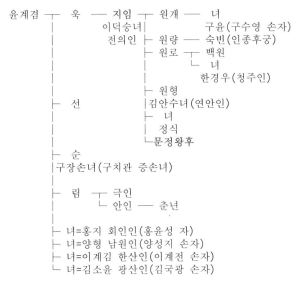

## 2. 왕비 가문의 성격

앞장에서 성종대 초반까지 계속해서 청주한씨에서 세자빈과 왕비를
배출하였다. 그러다 성종 5년 청주한씨 가문의 공혜왕후가 돌아가고
성종 7년 함안윤씨 윤기견의 딸이 왕비에 오르지만 폐비되며 성종 11년
다시 파평윤씨의 정현왕후가 왕비로 책봉되었디. 성종 말 세자(연산군)의
빈으로 거창신씨(폐비신씨)가 책봉되었다가 연산군의 즉위로 왕비에 오르
지만 중종반정으로 폐비되고, 연산군 5년에 진성대군(중종)과 혼인한
단경왕후 거창신씨도 중종반정으로 폐비되었다. 이후 중종대 계속해서
파평윤씨에서 두 왕비를 배출한다.

성종이 즉위하고 정희왕후가 대왕대비로 수렴청정하였고, 서로 사돈
간인 신숙주와 국구國舅인 한명회, 신숙주의 매부妹夫 윤자운尹子雲 등이
원상院相이 되어307) 주도하던 중인 성종 4년 1월 윤기견과 윤호의 딸이
후궁으로 결정되었다.

성종의 초비가 돌아간 후 성종 7년 8월 숙의淑儀로 있던 윤기견의
딸이 왕비(폐비윤씨)에 오른다. 앞 가계도에서 보이듯이 윤기견의 첫번째
처가인 이온 가문의 인물들이 세조찬탈 세력과 가까웠다. 특히 윤기견의
처남이 되는 이승소의 장모가 정종성의 딸로 한명회의 측실과는 이복자매
간이다. 또한 두번째 부인은 한명회와 사돈간으로 세조찬탈을 주도하던
신숙주와 4촌간이었으며, 신숙주 가문이 정희왕후의 파평윤씨 가문과는
겹사돈이었다. 당시 윤기견의 딸이 임신중이어서 먼저 왕비에 오른 이유
도 있었던 것으로 보인다.308) 그러나 윤기견의 딸은 성종 10년(1477)

---

307) 『성종실록』 권1 성종 즉위년 12월 1일.
308) 윤혜민, 2012, 「조선 전기 계비 선정의 변천과 그 의미」(건국대 석사학위논문).

6월 폐출되었다가 13년 8월 사사되었다.[309] 왕비윤씨의 폐비는 후궁들과의 갈등과 그를 비호하거나 대변해줄 친정 세력이 미비하였던 이유도 있었다.[310] 신숙주는 성종 6년에 이미 죽었으며[311] 한명회는 공혜왕후 사후 세력이 크게 약화되어 있었다. 곧 성종 7년(1476) 1월 한명회 등 원상들이 정희왕후의 수렴청정 거두는 것을 반대하여[312] 정희왕후의 조카 윤계겸이 한명회를 비판하고 나왔다.[313] 계속해서 원상제 폐지를 들고 나와[314] 결국 성종 7년 5월 원상제는 폐지되었다.[315]

폐비 이후 윤기견의 딸과 함께 후궁으로 간택되었던 윤호의 딸이 성종 11년(1480) 10월 왕비가 되니 정현왕후이다. 당시 성종이 친정을 하였으나 대왕대비인 정희왕후와 성종의 생모로 왕대비인 소혜왕후가 간택에 영향력을 끼친 것으로 보인다. 앞서 혼맥도에서 보이듯이 윤호는 정희왕후와는 같은 파평윤씨 가문의 가까운 인척이었다. 또 윤호의 동서 홍이용 洪利用(?~1446)은 정희왕후(1418~1483)에게 형부가 되는 홍원용의 동생이고, 성종의 생모인 소혜왕후에게는 외삼촌이 되어 파평윤씨와 청주 한씨 모두에게 가까웠다. 아울러 정현왕후는 후궁 시절인 성종 9년(1478)에 낳은 딸(순숙공주順淑公主, 1478~1488)도 있었다.

이후 성종 12년(1481) 한명회가 성종에게 무례하게 행동하여[316] 국문을 당하였고 다시 돌려받기는 하지만 직첩職牒이 거두어지기까지 하였다. 이처럼 한명회가 크게 약화되는 가운데 성종 13년 8월 시독관

---

309) 『성종실록』권105 성종 10년 6월 2일. ; 『성종실록』권144 성종 13년 8월 16일.
310) 한희숙, 2005, 「조선 초기 성종비 윤씨 폐비・폐출 논의 과정」『인물사연구』4, 131~132쪽.
311) 『성종실록』권56 성종 6년 6월 21일.
312) 『성종실록』권63 성종 7년 1월 13일.
313) 『성종실록』권63 성종 7년 1월 14일. ; 『성종실록』권63 성종 7년 1월 20일.
314) 『성종실록』권67 성종 7년 5월 15일.
315) 『성종실록』권67 성종 7년 5월 19일.
316) 『중종실록』권2 중종 2년 4월 18일.

권경우가 폐비윤씨에 대해 여염閭閻에 거처하는 것을 마음 아프게 여기는 사람이 많다고 하며 별도의 처소를 정하고 공봉供奉하기를 청한다. 이때 한명회가 이에 동조하지만317) 며칠 뒤 폐비는 사약을 받고 만다.318)

그후 성종 18년 신승선의 딸이 세자(연산군)빈으로 정해져 연산군이 즉위하여 거창신씨가 왕비에 오른다. 거창신씨는 여흥민씨·청송심씨와 연혼을 기반으로 세조찬탈 세력과 폭넓은 연혼 관계를 형성하였고, 앞 가계도에 보이듯이 소혜왕후·안순왕후 등 왕실과도 긴밀하게 혼맥이 이어졌다. 특히 신승선의 아들이 되는 신수근(1450~1506)의 두번째 장인 한충인韓忠仁(1435~1504이후)은 왕대비로 있던 소혜왕후 (1437~504)와는 4촌간이었다. 소혜왕후는 성종 14년 돌아간 정희왕후 를 대신해 왕실의 웃어른이었다.

거창신씨는 이후 크게 활약하였다. 신승선은 성종 25년 우의정319)에 오르고 연산군이 즉위하여 영의정에 올랐다.320) 신수근도 연산군대 도승지가 되어 모든 일을 전천專擅하고321) 우의정·좌의정을 지냈 다.322) 또 신수근의 딸이 연산군 5년(1499) 진성대군(중종)과 혼인하였 고, 연산군 12년에는 신수근의 동서가 되는 김수형의 손녀가 세자빈에 오르는 등 왕실과 연혼도 계속 맺어 나갔다.

한편 성종대 등장한 사림세력은 연산군대 무오사화·갑자사화로 인해 많은 피해를 입었다. 연산군 10년(1504)의 갑자사화 때는 김굉필金宏弼

---

317)『성종실록』권144 성종 13년 8월 11일.
318)『성종실록』권144 성종 13년 8월 16일.
319)『성종실록』권296 성종 25년 11월 25일.
320)『연산군일기』권44 연산군 8년 5월 29일. 신승선 졸기.
321)『연산군일기』권24 연산군 3년 6월 14일.
322)『연산군일기』권59 연산군 11년 8월 17일. ;『연산군일기』권63 연산군 12년 7월 29일.

(1454~1504) 등 사림 뿐만 아니라 훈척들도 적지 않은 피해를 입었다. 곧 심온의 손자이자 후일 인순왕후의 증조부가 되는 심순문은 처형되었고, 정현왕후와는 6촌간인 윤필상尹弼商(1427~1504)은 갑자사화 때 연산군의 생모인 윤비尹妃의 폐위를 막지 않았다는 이유로 사사賜死의 명을 받았으나 자결하였다. 후일 장경왕후의 부친이 되는 윤여필과 그 동생 윤여해는 유배되고, 윤여해의 장인 이세좌도 죽임을 당하였으며, 윤필상의 처조카이면서 문정왕후의 외조부가 되는 이덕숭도 처형되는 등 연산군 대에 크게 위축되었다. 이에 윤필상과는 먼 친척 관계이기도 했던 박원종323)과 성희안, 유순정 등 심온 외손들이 반정을 주도하였다.324) 박원종과 성희안은 한마을에 살았으며325) 유순정의 조모는 박원종의 조모와 자매간이다. 또 박원종과 성희안은 6촌 처남매부 사이다. 이처럼 중종반정을 주도한 이들 세 사람은 심온의 외손을 인연으로 하고 있었다.

　중종반정으로 연산군의 처남이자 중종의 장인인 신수근愼守勤과 두 아우 신수겸愼守謙, 신수영愼守英 등이 죽임을 당하고 단경왕후端敬王后는 폐위되는 등 거창신씨 가문은 몰락하였다.326) 중종반정 이후에도 박원종 등 훈척 세력이 정국을 주도하였다. 이에 당시 주도하던 박원종의 누이 집에서 자랐고, 정현대비와는 10촌간인 윤여필의 딸이 중종 1년 대궐에 들어가 숙의로 있다가 중종 2년 왕비에 오르니 장경왕후이다. 그 후 장경왕후가 중종 10년 인종을 낳다 돌아가 윤여필과는 7촌 조카인 윤지임의 딸이 왕비에 오르니 문정왕후이다.

---

323)『성종실록』권268 성종 23월 8월 7일. : 弼商, 元宗妻父尹遴之遠族
　　박원종의 장인 윤린尹磷의 5촌 당숙이 윤필상이다.
324) 지두환, 2001,『중종대왕과 친인척』1책 중종세가(역사문화)
325)『연산군일기』권63 연산군 12월 9월 2일.
326) 지두환, 2001,『중종대왕과 친인척』1책 중종세가, 2책 중종왕비 단경왕후 참조.
　　단경왕후는 영조 15년에 복위되었다.

이처럼 파평윤씨가문에서 계속해서 왕비가 배출되자 이들 가문이 정국을 주도하는 것은 당연하였을 것이다. 장경왕후의 제弟 윤임尹任은 무신武臣으로 중종 28년 병조판서, 우찬성에 오르고 있었다. 문정왕후 당숙인 윤극인尹克仁, 윤안인尹安仁이 중종 11년에 모두 문과에 급제하여[327] 관직에 진출하였으며, 제弟 윤원형尹元衡은 중종 28년에 문과에 처음 떨어졌는데도 급제하고[328] 청요직을 역임하며, 윤원량尹元亮의 딸은 중종 31년 인종의 후궁으로 들어가는 등 세력이 강화되고 있었다.

세조대 이래 왕비 가문을 배출하였던 청주한씨를 대신해서 성종대는 함안윤씨에서 처음 왕비를 배출하지만 폐출되고, 소혜왕후의 청주한씨와도 가까운 파평윤씨에서 세조대 이후 왕비(정현왕후)를 다시 배출하였다. 이후 연산군부인과 중종의 초비를 배출하였는데, 거창신씨는 성종의 생모인 청주한씨와는 매우 가까웠다. 중종대 다시 파평윤씨 가문에서 계속해서 두 왕비를 배출하였다. 이 시기 왕비 가문은 세조찬탈을 주도하거나 후손으로서 서로간 혼맥으로도 가까웠으며, 한 가문에서 2명 이상의 왕비를 계속해서 배출하는 등 훈척 세력이 극성하던 시기였다.

---

327) 『중종실록』 권28 중종 12년 6월 18일. ; 『문과방목』
328) 『중종실록』 권74 중종 28년 4월 29일. : "…前落而後中者 尹元衡 閔球 朴鵬鱗南宮淑也…"
　　『중종실록』 권74 중종 28년 5월 5일. : "…適有戚里之人(尹元衡, 乃中官之甥) 前落而後中者…"

묘법연화경(국립중앙박물관)

성종19년(1488)에 성종의 계비인 정현왕후가 순숙공주의 천도를 위해서 찍어낸 14부(部)
가운데 하나임을 알 수 있다.

# 제4장 중종대 후반~명종대 왕비 가문

## 1. 중종대 후반~명종대 왕비 가문

### 1) 인종비 반남박씨

기묘사화로 사림 세력이 위축되는 가운데 중종 19년(1524) 정현대비가 반남인 박용朴墉(1468~1524)의 딸을 인종의 세자빈으로 결정하고[329] 인종이 즉위하여 왕비에 오르게 되니 인성왕후仁聖王后이다.

박용의 증조부 박은朴訔은 태종 좌명공신佐命功臣으로 좌의정에까지 올랐다. 박은의 장남 박규朴葵는 세종대 형조참판 등을 지내다 세조찬탈 전에 졸하고, 동생으로 박용의 조부가 되는 박강朴薑(?~1460)은 세조 좌익공신佐翼功臣에 올라 지중추원사知中樞院事를 지냈고[330], 동생 박훤 朴萱(?~1487)은 원종공신에 책봉되어 세조대 호조참판·성종대 경주부 윤을 역임하였다.[331] 박규의 사위 임자번林自蕃은 정난공신에[332] 오르는 등 세조찬탈에 동조하거나 협력한 것으로 보인다.

박용의 백부 박륜朴綸은 세조 13년에 겸사헌부집의兼司憲府執義에, 연산군 3년에 사섬시부정司贍寺副正을 역임하였고, 부친 박치朴稚(1441~1499)는 문음으로 출사하여 성종대 사헌부집의·군기시정을 역임하였고, 박용의 형제들은 모두 문과에는 급제하지 못하였지만[333]

---

329) 『중종실록』 권50 중종 19년 2월 2일. : "… 세자빈을 慈殿께서 이미 간택하셨는데, 朴壕(박용의 초명)의 딸만큼 합당한 사람이 없다. … "
330) 『세조실록』 권13 세조 4년 6월 29일. : 『세조실록』 권22 세조 6년 11월 7일.
331) 『세조실록』 권2 세조 1년 12년 27일. ; 『세조실록』 권25 세조 7년 8월 9일. ; 『성종실록』 권64 성종 7년 2월 13일.
332) 『단종실록』 권13 단종 3년 1월 24일.
333) 「朴稠墓表(柳洵 撰)」(국립문화재연구소 한국금석문종합영상정보시스템) : …

연산군대 관직에 진출하고 있었다. 박기朴基는 진사進士로 연산군 10년 의금부 경력經歷·낭청郎廳을 역임하였고[334] 박용은 연산군 1년에 사마시에 입격하여 의금부도사를 역임하였다.[335] 동생 박연朴堧은 1507년 (중종 2) 진사進士에 입격하였다.

【박남박씨 박용 가계도】: 부록 347쪽 참조

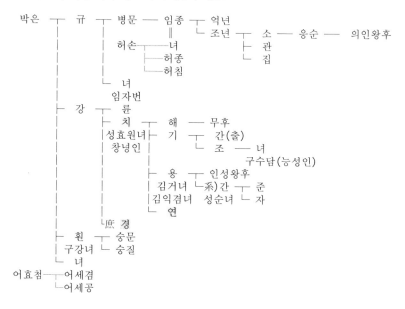

박용(1468~1524)은 처음 김거金琚의 딸과 혼인하였는데, 장모(김거의 부인)가 정현대비(1462~1530)와는 6촌 사이가 된다. 박용은 다시 김익겸의 딸(1490~1550)과 혼인하여 인성왕후를 낳았는데, 김익겸의 아버지

---

(박치는) 처음에 음관蔭官으로 나아가 …, 垓는 생원으로 공(박치)보다 먼저 죽었고, 다음은 基이고, 壕(박용)는 진사이고, 城은 司果이고, 堧은 유학이다.

334) 『연산군일기』 권52 연산군 10년 3월 16일.
박기는 세자빈 간택된 후 광주목사에 임명되었다.
335) 『연산군일기』 권58 연산군 11년 6월 29일.

김양중金養中은 태종의 처남인 민무휼閔無恤의 사위여서[336] 왕실과도 인연이 있는 가문이었다. 더군다나 중종이 5세때인 성종 23년(1492) 병이 나서 성희안의 5촌 숙부가 되는 성준成準의 집에서 피우하여 호전된 일이 있었는데[337], 성준의 조카가 박용이다. 그리고 성준의 딸과 박용의 처4촌 윤린尹磷의 딸은 모두 인종의 모후에게 외삼촌이 되는 박원종朴元宗 (1467~1510)과 혼인하였고[338], 인종의 누이인 효혜공주와 혼인한 김희의 형 김기의 부인이 박원종의 양손녀여서[339] 장경왕후와도 가까워 박용이 인종의 보호 세력이 될 수 있었던 점이 세자빈 간택에 고려되었을 것으로 보인다.

【창녕성씨 성준·박용·박원종·정현왕후 혼맥도】 : 부록 349쪽 참조

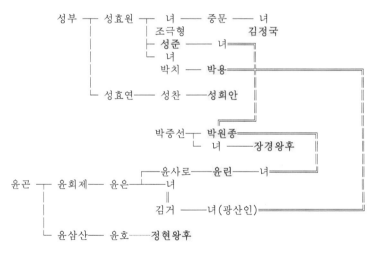

---

336)『중종실록』권50 중종 19년 2월 12일.
337)『성종실록』권269 성종 23년 9월 14일.
338) 박원종의 신도비에 윤린의 딸이 부인으로 언급되어 성준의 딸은 측실인 것으로 보인다.
339)『중종실록』권85 중종 32년 10월 27일.

한편 반남박씨는 중종대 사류와의 연계도 주목된다. 박용의 형제에게 이종4촌이 되는 조중문趙仲文은 김안국金安國(1478~1543)의 동생 김정국金正國(1485~1541)에게는 장인이 된다. 이런 연혼으로 박용의 후사가 된 박기의 아들 박간朴諫(1515~1562)이 생부 박기가 돌아가자 오랫동안 알고 지낸 김안국에게 묘갈명을, 김정국에게 묘지명을 청하여 남기고 있다.340) 신계현령新溪縣令을 지낸 박용의 동생 박연은 김구金絿(1488~1534)와 친하게 지냈다.341)

또 박용의 종조부가 되는 박규朴葵의 후손들이 성종대부터 사류로 활약한다. 박규는 세조찬탈 전에 졸하여 찬탈에 협조하지 않았고, 그 아들 박병문朴秉文은 관직이 사직司直에 그쳤다.342) 박임종은 박은의 공신 적장손으로 성종 24년 3월 사복시정을 역임하였으며, 그 후 당상관에 오르며 상주목사尙州牧使 등을 역임하였다.343) 박임종의 매부가 되는 허종許琮(1434~1494)은 당시 기휘忌諱하던 말인 이단異端을 배척하고 언로言路를 열 것 등을 세조에게 직언하였다가, 세조가 죽이는 위협을 보여도 굴하지 않은 기개를 보여 오히려 세조에게도 인정을 받았고,344) 성종대에는 폐비를 반대하여 좌의정에 올랐다.345) 허종의 동생 허침도 연산군대 좌의정에 오르며 사류로 인정받았다.346) 박임종의 아들 박조년朴兆年은 성종 20년에 형 박억년朴億年(1455~1496)과 함께 문과에 급제

---

340) 『慕齋集(김안국)』 권13 「通政大夫坡州牧使朴公墓碣銘(박기)」(한국문집총간)
　　　『思齋集(김정국)』 권3 「通政大夫坡州牧使朴公墓誌銘(박기)」(한국문집총간)
341) 『국조인물고』 「제용감직장박군(박찬)묘지묘(박세당 찬)」(세종대왕기념사업회)
342) 『思菴集(박순)』 권4 「冶川朴公神道碑銘(박소)」(한국문집총간)
343) 『연산군일기』 권21 연산군 3년 1월 17일. : 박임종은 연산군대 공신 적장으로 당상관으로 승진된 것으로 보인다.
344) 『東文選』 卷19 「忠貞公行狀(허종, 申從濩撰)」(한국고전번역원 고전번역총서)
345) 『성종실록』 권287 성종 25년 2월 14일. 허종 졸기.
346) 『연산군일기』 권58 연산군 11년 5월 16일. 허침 졸기

하고347) 김일손金馹孫(1464~1498)과 교류하며348) 이름 있는 문신으로 평가받고 있었다.349) 박조년의 아들 박소朴紹(1493~1534)는 김안국金安國(1478~1543)과는 인척으로350) 김굉필金宏弼(1454~1504)을 흠모하여 그의 문하에서 수업한 이들을 찾아가기도 하였으며351) 중종 14년(1519) 문과에 급제하고 여름에 스승인 성절사 박영의352) 서장관으로353) 중국에 간 사이 기묘사화가 일어나 화를 면하였다. 중종 18년 4월에 이조좌랑을 지내고 간택 이후인 중종 20년에 시강원 문학에 임명되었다.

---

347) 『문과방목』(한국학중앙연구원 한국역대인물종합정보시스템)
348) 『象村集(신흠)』卷25 「大司憲朴公夫人林氏合葬墓誌銘(朴應福)」(한국고전번역원 고전번역총서).
349) 『연산군일기』권37 연산군 6년 4월 12일. : 成俊은 "그(박임종) 아들 朴兆年이 이름 있는 문신이니"
350) 『思菴集(박순)』권4 「冶川朴公神道碑銘(朴紹)」(한국문집총간). : 金公安國 觀察嶺南 於公戚聯雅敬重之.
351) 『思菴集(박순)』권4 「冶川朴公神道碑銘(朴紹)」(한국문집총간).
352) 『국조인물고』「박영묘갈명(허목 찬)」(세종대왕기념사업회)
353) 『중종실록』권38 중종 15년 1월 2일.

2) 명종비 청송심씨

사림의 진출이 본격화 되는 가운데 중종 37년(1542) 11월 세종 국구國
舅 심온의 후손인 청송인 심강沈鋼(1514~1567)의 딸이 경원대군의 부인
으로 정해지고 1544년 명종이 즉위하고 왕비에 오르니 인순왕후仁順王后
이다.

심온의 아들, 손자들은 문종~성종대 고관에 오르고 있었음을 앞에서
언급하였다. 그러나 심강의 조부 심순문沈順門은 갑자사화로 참수되었
고, 고조부 심회沈澮는 부관참시되었다. 심연원의 외조모(허손의 딸)가
김안국(1478~1543)의 모친과는 4촌당내간堂內間 자매의 딸이다.[354]
이에 자연스럽게 심연원沈連源(1491~1558)은 동생 심달원과 함께 김안
국의 문인이 되었다.[355] 심연원의 외조모(申永錫 妻)는 박용과 6촌간인
박임종의 처와는 자매간이다.

한편으로는 심온의 외손들인 박원종, 유순정 등이 중종반정을 주도하
는 가운데[356] 심순문의 형 심순경沈順徑(1462~1542)은 정국공신 2등에
책록되었다. 이후 이들 심씨 가문은 크게 성장하게 된다. 심강의 숙부
심달원은 중종 12년 문과에 급제하고, 부친 심연원이 중종 17년(1622)
문과에 급제한 이후 중종 33년 8월 승정원 동부승지에, 중종 34년 9월
대사간에, 중종 36년 10월에 대사헌에 오르고 있었다. 동생 심통원沈通源
(1499~?)도 중종 32년 문과에 급제하였다.

당시 간택은 세자(인종)의 외숙으로 당시를 주도하고 있는 윤임에게

---

354) 「沈順門 墓碣(김안국 撰)」(국립문화재연구소 한국금석문종합영상정보시스템)
355) 「沈連源神道碑(鄭士龍 撰)」(국립문화재연구소 한국금석문종합영상정보시스템)
    「沈達源神道碑(소세양 撰)」(국립문화재연구소 한국금석문종합영상정보시스템)
356) 지두환, 2001, 『중종대왕과 친인척』 1책 중종세가(역사문화).

계부季父가 되는 윤여해尹汝諧(1480~1546)가 심연원의 사돈이었던 점도 고려되었을 것이다. 심연원의 딸이 윤여해의 아들 윤건과 혼인하였다.

【청송심씨 심강 가계도】: 부록 333쪽 참조

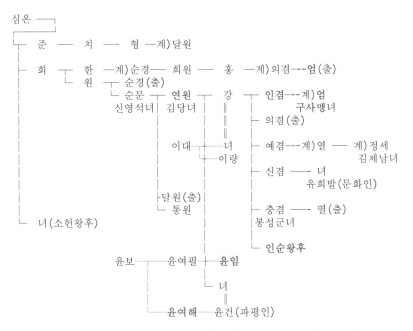

심연원은 명종대 우의정·영의정을 역임하였고, 동생 심통원도 명종대 우의정·좌의정에 올랐으며, 명종대 영의정에 오른 상진尙震(1493~1564)의 손자를 사위로 맞는 등357) 청송심씨는 당시를 주도하는 가문이었다.

심인겸의 아들 심엄은 인조의 아버지 정원군(원종)과 동서간이다. 심예겸의 아들 심열沈悅은 선조계비의 부친 김제남과 사돈간으로 우의정을 역임한다. 심예겸의 후손 심호는 경종의 초취인 단경왕후의 부친이다.

357)『명종실록』권22 명종 12년 1월 5일.

## 2. 왕비 가문의 성격

중종 19년(1524) 박용의 딸이 세자(인종)의 빈(인성왕후)으로 간택되었다가 인종의 즉위로 왕비에 올랐고, 중종 37년(1542) 심강의 딸이 경원대군의 부인으로 간택되었다가 인종이 급작스럽게 돌아간 후 경원대군이 명종으로 즉위하여 왕비에(인순왕후) 올랐다.

중종반정 이후 사림들이 점차 성장하는 와중인 중종 14년(1519) 기묘사화가 일어났다. 심연원의 장인이며 김안국과는 먼 인척이기도 한 김당金璫(1465~1532)358)이 조광조를 옹호하는 가운데359) 심연원 자신과 함께 김안국의 문인이었던 동생 심달원은 중종 12년 문과에 급제하고 홍문관 부수찬을 역임하다 파직되었다.360) 결국 김안국도 파직되는361) 등 사림들은 좌절을 겪게 된다. 그러나 심연원과는 6촌간으로 역시 김안국과 혼맥이 닿은 박소(1493~1534)는 화를 면하였다가 중종 18년 4월 이조좌랑에 임명되었다.362)

중종 19년에 박소의 부친 박조년과는 8촌간인 박용의 딸이 인종의 세자빈으로 간택되었다. 앞 가계도에서 보이듯이 박용의 장모(김거의 부인)가 정현대비(1462~1530)와는 6촌 사이였고, 박용의 외4촌인 성준成準의 딸과 처4촌 윤린尹磷의 딸은 모두 인종의 모후에게 외삼촌이 되는 박원종朴元宗(1467~1510)과 혼인하여 장경왕후와도 가까웠다. 박소는

---

358) 『국조인물고』「김당비명(김안국 찬)」(세종대왕기념사업회).
359) 『중종실록』 권37 중종 14년 11월 16일.
　　　『중종실록』 권35 중종 14년 1월 23일. : 김당은 조광조(1482~1519)로부터 곧다는 평가를 받고 있다.
360) 『중종실록』 권37 중종 14년 11월 16일.
361) 『중종실록』 권37 중종 14년 12월 16일.
362) 『중종실록』 권47 중종 18년 4월 10일.

중종 20년 1월에 시강원 문학이 되었다.363) 박소는 이조에 있을 때
김종직의 문인인 손중돈孫仲暾(1463~1529)에게서 수학한364) 이언적李
彦迪을 추천하여, 이언적과 함께 돌아가면서 문학과 필선이 되어 인종을
보필하였다.365)

왕세자빈 간택 이후 훈척세력끼리의 대립이 시작되었다. 중종 19년
(1524) 11월 기묘사화를 일으킨 심정·이항 등은366) 중종후궁 경빈박씨
와 연계되어 효혜공주의 시아버지 김안로가 동궁을 보호한다는 명목으로
세도를 누리자 김안로를 유배보낸다. 박소는 중종 25년 사간에 올랐다
가367) 김안로金安老 등과는 대립되어368) 유배되어 있던 김안로의 서용을
반대하며 훈척 세력을 비판하는 등 사림을 대변하고 있었다.

　… 사신은 논한다. 박소와 조종경은 모두 한때의 명사名士였다. …
늘 의논이 있을 때에 '김안로를 복직 서용하는 일은 옳지 않다.'고
하였다. 그러므로 김안로에게 뇌화부동하는 무리들이 이와 같이 지목
하여 끝내는 공론을 막는다고 배척한 것이다. 그리고 박소와 허항許沆
은 바로 육촌간이었는데 박소가 허항을 준엄하게 꾸짖기를 '그대는

363) 『중종실록』 권52 중종 20년 1월 17일.
364) 기대승, 『高峯集』 卷3 「贈領議政文元李公神道碑銘幷序)」(한국문집총간)
365) 『숙종실록』 권27 숙종 20년 11월 3일.
　　『思菴集(박순)』 권4 「冶川朴公神道碑銘(朴紹)」(한국문집총간).
366) 『중종실록』 권95 중종 36년 4월 2일. : … 기묘년에 조광조·김정·기준과 유생
　　홍순복 등이 다 무함당하여 죽었는데 이는 남곤·침정·이항이 한 짓이며…
367) 『중종실록』 권69 중종 25년 11월 18일.
368) 『숙종실록』 권27 숙종 20년 11월 3일. : … 남구만이 아뢰기를… " 박소는
　　중종조의 명신입니다. 조광조와 같은 때였는데, 김안국이 일찍이 말하기를, '효직
　　은 【조광조의 자이다.】 높이 뛰어나고 언주는 【박소의 자이다.】 정밀하다.'고
　　했습니다. 박소가 이언적을 추천하여 함께 진출하여, 김안로가 다시 진출하려고
　　도모하는 것을 배척하다가, 드디어 김안로의 당들에게 공격받아 제거되어 사간으
　　로 집에서 일생을 마쳤습니다. …"

이름 있는 할아버지의 손자로서 젊어서부터 사림에 이름이 있었으니 김안로에게 아첨하여 붙어서 심술을 부리지 않아도 훗날에 공명功名이야 헤아릴 수 있겠는가. 우리 가문은 바야흐로 충정공忠貞公(허종許琮)과 같이 되기를 기약하고 있는데 지금 그대가 하는 짓이 이와 같으니 나는 그런 행위를 매우 좋게 보지 않는다.'고 하였다. … 369)

이후 김안로가 반격하여 중종 26년(1531) 심정 세력을 몰아내며370) 주도하였다. 김안로는 중종 32년 윤원량과 윤원형을 탄핵하여 윤원형을 유배보내는 등371) 문정왕후 세력과 대립되었다. 그러나 곧바로 윤임의 동조를 얻은372) 윤원로의 파평윤씨는 김안로가 문정왕후를 폐출하려고 했다하여373) 제거하였다.

훈척세력이 점차 밀려나고 중종 32년(1537) 12월 기묘명현의 대표격인 김굉필(1454~1504)의 문인 김안국(1478~1543)을 중심으로 한 사림들이 재등장하기 시작했다.374) 이에 중종 33년 2월 기묘사화 관련자 등이 서용되고, 중종 35년(1540) 7월 서경덕(1489~1546)·성수침(1493~1564)·조식(1501~1572) 등 40여명이 서용되었다. 이런 분위기에서 사림과 가까운 청송심씨 심강의 딸이 대군부인으로 간택되었다.

---

369) 『중종실록』 권70 중종 25년 12월 6일.
　　박소는 그러나 친척이 되는 허항 등 김안로 세력의 공격을 받고 낙향하였다가 졸하였다.
370) 『중종실록』 권95 중종 36년 4월 2일. : … 그 뒤에 심정·이항李沆 등이 권세를 독차지하여 방자하게 굴다가, 다시 김안로와 사이가 나빠지자 김안로를 꺼려 귀양보냈다. 김안로의 아들 희가 전에 이미 公主에게 장가들었는데, 이를 통하여 아뢰었으므로 적소謫所에서 소환되어, 드디어 은밀히 임금에게 아뢰도록 시키고 겉으로는 허항許沆 등을 시켜 공박하니, 심정 등이 다 패하였다.
371) 『중종실록』 권85 중종 32년 10월 23일.
372) 『중종실록』 권93 중종 35년 4월 17일. : 당초 윤가尹家에서 김안로의 제거를 모의할 때 윤안인尹安仁이 세 가지 계책을 만들어서 윤임의 결재를 얻었다.
373) 『중종실록』 권85 중종 32년 10월 24일.
374) 지두환, 1985, 「조선전기 문묘종사 논의」『부대사학』 9.

앞 가계도에 보이듯이 심강의 매부妹夫 윤건이 인종의 외삼촌인 윤임과는 4촌간으로, 청송심씨 가문은 성종대 대표적인 사류인 허종許琮을 매개로 김안국金安國(1478~1543)과 연혼이 닿았으며 학맥으로도 이어졌다.

【평산신씨 신영석·심순문·김안국·이이 혼맥도】: 부록 334쪽 참조

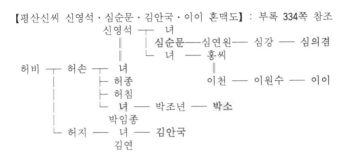

중종 29년(1534) 대군(명종)의 탄생 이후 중종 32년부터는 대윤, 소윤의 갈등이 시작되었다.375) 인종이 왕위를 계승하게 하려는 사림과 인종의 외삼촌인 윤임[대윤]과 인종을 몰아내고 명종을 왕위에 올리려는 명종의 어머니 문정왕후와 명종의 외삼촌인 윤원형[소윤]의 갈등이 시작되었다. 중종 37년(1542) 명종의 혼인 이후 중종 38년 1월 동궁 화재 사건으로 갈등이 고조되었다.376) 윤원로의 농간이 계속되어377) 중종 39년 윤임은 유배로, 윤원형은 파면으로 결정되었다가 윤임은 고신告身만 빼앗는 것으로 결정되는 등 첨예하게 대립되는 와중인378) 그해 11월에 중종이 승하한다.

375) 『명종실록』 권1 명종 1년 8월 22일. : … 丁酉年(중종 32년) 이후부터 조정 신하들 사이에는 大尹·小尹의 설이 있었는데 …
376) 『중종실록』 권100 중종 38년 2월 24일.
377) 『중종실록』 권104 중종 39년 10월 1일.
　　　『중종실록』 권105 중종 39년 10월 2일.
378) 『중종실록』 권104 중종 39년 9월 29일.

이에 인종이 즉위하였지만 재위 9개월만에 승하하고 1545년 7월 명종이 즉위하여 문정왕후가 수렴청정을 하자 소윤 윤원형이 주도하였다. 윤임의 대윤大尹 세력은 을사사화로 밀려나고, 이와 함께 윤임과 인척인 유인숙을 비롯한 유관, 권벌 등 사림은 죽임을 당하였다. 훈척들에 대한 대대적인 공신 책봉이 있었다. 그러나 공신에 책봉된 심연원은 을사사화로 녹훈되는 것을 부끄럽게 여기는 등379) 사림들과 그 뜻을 함께 하고 있었다. 윤원형이 주도하자 선조대 조헌은 이 시기를 안으로 임꺽정의 난을, 밖으로는 을묘왜변을 초래하였다고 평가하였다.380)

한편 인순왕후는 어려서 외조부인 이대李薱의 집에서 자란 인연이 있었는데, 이대의 아들이자 인순왕후에게 외삼촌이 되는 이량李樑(1519~1563)은 명종 7년(1552) 문과에 급제하고 당시 윤원형이 척신임을 기화로 횡포가 심하자, 이를 견제하려는 명종에게 중용되어 명종 14년(1559) 6월 승지에 임명되어 정국을 주도하였다.381) 문정왕후가 명종 20년(1565) 돌아간 후 대표적인 훈척가문인 파평윤씨는 완전히 밀려났다.

이후 심인겸沈仁謙·심의겸沈義謙 형제들이 명종의 친정을 전후하여 과거에 급제하고 크게 활약하였다. 심인겸은 명종 13년(1558) 생원시에 입격하고 문정왕후 승하 후 활인서 별제에 임명된지 얼마 안 되어 곧바로 6품직에 제수되었고382) 동생 심의겸은 명종 10년 진사시에, 명종 17년 문과에 급제한 이후 청요직에 임명되었다. 청송심씨는 외척이면서도 윤원형, 이량 등의 외척가와는 달리 사림과 원만한 관계를 유지하며

---

379) 『선조수정실록』 권3 선조 2년 7월.
380) 『선조수정실록』 권23 선조 22년 4월.
381) 『명종실록』 권27 명종 16년 1월 23일.
382) 『명종실록』 권32 명종 21년 1월 12일.

사림들을 보호하였다.383) 위 혼맥에서 보이듯이 심의겸 가문은 이이李珥
(1536~1584)와384) 박응남(1527~1572)과도 연혼도 닿았다. 이에 심강
은 임백령 시호 문제로 사림인 박순을 구하고385), 심의겸은 박응남朴應男
(1527~1572) 등 사림들이 이량(1519~1563)으로부터 화를 입게 되
자386) 이량을 탄핵하는387) 등 사림보호에 힘썼다.

　이런 중에 명종 19년 남효온의 손녀사위인 유홍俞泓이 시관으로 있자
388) 이이李珥가 박소의 아들 박응복(1530~1598)과 동방 급제하여 본격
적으로 등장하였다. 또 박응복의 형이 되는 박응남은 성제원成悌元(1506
~1559), 이중호의 제자 정지연鄭芝衍(1527~1583)·기대승(1527~
1572)·박순(1523~1589) 등과 교류하며389) 명종 21년(1566) 이조참의
로 재임시 김안국의 문인인 이조판서 민기 등과 함께 성수침, 조식,
성제원 등 유일을 천거하여390) 사림을 등용하고자 하였다. 아울러 박응남
의 동문인 정지연은 한윤명韓胤明(1537~1567)과 함께 명종 21년(1566)
이황의 추천에 의하여 왕자사부王子師傅가 되어 선조를 가르치고 있었다.

---

383) 정만조, 2001, 「朝鮮中期 儒學의 系譜와 朋黨政治의 展開(Ⅰ)」『朝鮮時代史學報』17.
384) 『선조수정실록』권21 선조 20년 3월. : 대개 이이는 심의겸과 족분族分 관계로
　　서로 알기는 하였다고 했다.
　　『연려실기술』권13 宣祖朝故事本末「東人用事」(한국고전번역원 고전번역총서)
　　… 심의겸이 박순·정철·신응시·박응남·김계휘·윤두수·박점·이해수 등
　　과 더불어 생사를 함께 할 교분을 정하고 몰래 나라의 권세를 농락하여 한 세상을
　　억눌렀으며 이이와 성혼 역시 친척으로 사이가 두터우며 평소 가까이 사귀어
　　또한 그 농락을 받았습니다. … "
385) 『명종실록』권34 명종 22년 1월 20일. 심강 졸기.
386) 『명종실록』권29 명종 18년 12월 22일.
387) 『명종실록』권17 명종 9년 7월 30일.
　　『명종실록』권29 명종 18년 8월 19일.
388) 「南孝溫墓碣(남공철 撰)」(국립문화재연구소 한국금석문종합영상정보시스템) : 남
　　효온의 아들 충세忠世의 딸이 유홍에게 시집갔고 명종 19년 이이를 뽑았다.
389) 「朴應男墓表(朴瀰周 撰)」(국립문화재연구소 한국금석문종합영상정보시스템)
390) 『명종실록』권33 명종 21년 7월 19일.

# 제5장 선조~인조대 초반 왕비 가문

## 1. 선조~인조대 초반 왕비 가문

### 1) 선조비 반남박씨, 계비 연안김씨

명종 22년(1567) 선조가 16세로 명종의 뒤를 이어 왕위에 올라 사림정치가 전개되는 가운데[391], 선조 2년 박응순朴應順의 딸이 왕비에 간택되니 의인왕후懿仁王后이다. 박응순(1526~1580)은 왕대비로 있던 인성왕후(1514~157)와는 10촌간이다.

앞서 박응순의 조부 박조년이 연산군대 이름 있는 문신으로 평가받고 있었고, 박조년의 아들 박소는 중종대 사림들과 폭넓게 교류하며 청송심씨와도 혼맥이 닿았음을 언급하였다. 박소의 아들 손자들은 대부분 문과에 급제하여 명문 거족이 되었고 사림들과 폭넓게 교류하였다. 맏아들 박응천朴應川은 중종 38년 진사시에 입격하고 목사를 지냈으며, 박응순은 동생 박응남朴應男(1527~1572)과 함께 성제원成悌元(1506~1559)에게서 수학하였다.[392] 박응남은 명종 8년(1553) 문과에 급제하여 좌부승지·대사간을 역임하였으며, 선조의 즉위 후 대사헌·승지를 역임하다 선조 5년에 졸하였다. 박응복朴應福(1530~1598)은 명종 19년(1564) 문과에 급제하여 대사헌 등을 역임하고 임진왜란때 선조를 호종하였고, 정유재란때 왕비를 호종하여 피란하였다가 다음해 그곳에서 병사하였다. 박응남(1527~1572)이 심의겸(1535~1587)과 함께 형 박응순의 딸이

---

391) 김항수. 1992. 「宣祖 初年의 新舊葛藤과 政局動向」 『국사관논총』 34(국사편찬위원회).
392) 『栗谷全書(이이)』 권18 「潘城府院君朴公墓誌銘(박응순)」 (한국문집총간).
　　성제원은 김굉필 문하에서 수학한 유우柳藕(1473~1537) 문하에서 수학하였다.

왕비가 될 수 있도록 하였다.393) 간택 당시 18세의 선조가 직접 간택하지는 못하였을 것이다. 선조가 즉위한 후 명종비(1532~1575)가 수렴청정하였다가 다음해인 선조 1년에 친정을 거두었지만 여전히 영향력을 끼쳤을 것이다.

【반남박씨 박응순 가계도】 : 부록 348쪽 참조

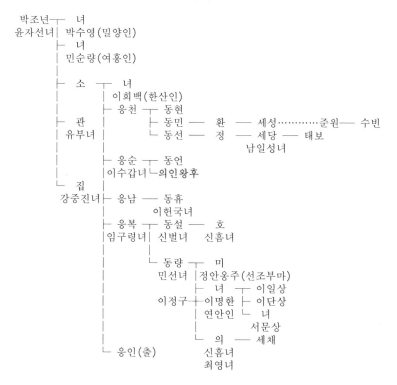

---

393) 김항수, 1992.「宣祖 初年의 新舊葛藤과 政局動向」『국사관논총』34.
　　　『석담일기』선조 2년 12월(한국고전번역원 고전번역총서)
　　　『숙종실록』권14 숙종 9년 8월 4일. : 당시에 심의겸은 奇大升·朴應男과 가장
　　　잘 지냈는데,…
　　　또한 심인겸의 조부인 심연원의 조모와 박응순의 父인 박소의 조모는 許薞의
　　　딸로 자매간이었다.

　박응천의 아들 중 박동현朴東賢(1544~1594)은 선조 21년(1588)에, 박동로朴東老는 선조 9년(1576)에, 박동선朴東善(1562~1640)은 선조 23년(1590)에 문과에 급제하였다. 그 중 박동현은 이이李珥·성혼成渾을 사사하였고, 김장생金長生과 친교가 두터웠다.394) 박응복의 손자 박미朴瀰는 선조의 부마가 되었고, 광해군 때 박동선朴東善 등과 함께 폐모정청에 불참하였다. 박미의 동생이 되는 박의朴漪의 아들 박세채朴世采는 소론의 영수로 활약한다.

---

394)『白沙集(이항복)』권3「司宰監正朴公墓碣銘(朴應川)」(한국문집총간).

　선조 34년 12월에 계비 간택이 시작되어 다음해인 선조 35년(1602) 2월 이조좌랑에 재임한 김제남의 딸(1584~1632)로 계비가 결정되었다.

　김제남의 고조부 김우신金友臣(1424~1510)은 성종(1457~1494)이 어렸을 때의 사부였으며395) 김우신의 아들이자 김제남(1562~1613)에게 증조부가 되는 김전金詮(1458~1523)은 형들인 김심金諶(1445~1502)·김흔金訢(1448~1492)과 함께 모두 김종직金宗直(1431~1492)의 제자였으며396), 성종대 과거에 급제하여 진출하는 사림 세력이었다. 김전은 무오사화때 파직되고397) 갑자사화때는 좌천되었다가398) 중종반정 후 중종 14년 우의정을 거쳐 다음해 영의정에 올랐다. 그래서 김흔의 아들들이 중종대 과거에 급제하였다.399)

　그러나 김흔의 아들 중 중종반정 공신인 채수蔡壽의 사위가 된 김안로가 중종 16년 인종의 누이인 효혜공주孝惠公主의 시아버지가 되어 아들 김기金祺와 함께 전횡을 일삼으며 사림에 큰 해를 끼치다, 결국 중종 32년 윤원형 형제를 제거하려다가 오히려 유배되었다 사사된다.

　이처럼 김제남 가문의 선조는 성종대 중종대 대표적인 사림 가문이었지만 김안로 사후 후손들은 정계 핵심에는 들어갈 수 없었을 것이다. 이에 김안로와는 4촌이며 김제남에게 조부가 되는 김안도는 현령에, 동생 김안수는 현감에 그치는 등400) 연안김씨 가문은 크게 현달하지는 못하는 것으로 보인다. 더구나 김제남은 어려서 고아가 되어 3세가 채 못되어

---

395) 『성종실록』 권160 성종 14년 11월 17일.
396) 『연산군일기』 권30 연산군 4년 7월 17일.
397) 『연산군일기』 권30 연산군 4년 7월 26일.) : 권53 연산군 10년 윤4월 15일.
398) 『연산군일기』 권53 연산군 10년 5월 10일.
399) 『중종실록』 권5 중종 3년 1월 20일. : … 김안로는 … 그 뒤 형 김안세金安世와 김안정金安鼎이 모두 과거에 올라 세 사람이 한꺼번에 근친하니, 명성이 떠들썩했다. 김안정과 동생 김안세와 함께 중종 4년에, 김안로는 중종 1년에 급제하였다.
400) 『상촌집(신흠)』 권25 墓誌銘 「延興府院君墓誌銘(김제남)」(한국고전번역원 고전번역총서)

종조모가 되는 김안수의 처 강씨에게서 양육을 받았다.401) 이후 김제남 대에 와서 가문이 다시 크게 성장하게 된다.

김제남은 선조 18년(1585) 진사시에 입격하고 1597년 별시문과에 급제하였다. 그 뒤 선조 33년(1600) 11월 사간원 정언에 임명되었다가 혼인할 무렵인 선조 34년 12월 이조좌랑이 되었다.402)

간택이 되었던 때는 당시 주도하던 북인들이 대북과 소북으로, 또 대북끼리도 서로 다투는 정국이었다. 또한 선조 34년 12월 정인홍의 사주를 받은 문경호가 성혼을 무함하는 상소를 하자, 성혼의 문인 황신이 반론하고403) 집의 이성록, 장령 조익과 헌납 이진빈, 정언 김지남·이경운 등이 옹호하는 가운데404) 다음해 윤2월 성혼의 관작이 삭탈되고405) 서인들이 외직에 보직되는 등 서인들이 밀려나고 있었다.

사간 조희보, 헌납 이진빈, 정언 이경운·김지남은 체직되고 집의 이성록, 장령 여우길·조익, 지평 민유경도 아울러 체직되었다. 이것 은 외직에 보임된 듯하다. 아래에 나온다.406)

김제남은 사람들과는 친밀하게 지내지 못한 듯 비교적 당색이 현저하게 드러나지 않은 것으로 보인다. 김제남은 이조좌랑으로 있으면서 사류를 외직에 보임하여 체통을 얻었다고 평가받고 있었다.

---

401) 「金悌男神道碑(신흠 撰)」(국립문화재연구소 한국금석문종합영상정보시스템) : 公少孤 未三歲 從祖母姜鞫之
402) 『광해군일기』 권67 광해군 5년 6월 1일. 김제남 졸기.
403) 『선조실록』 권144 선조 34년 12월 22일.
404) 『선조실록』 권144 선조 34년 12월 24일.
405) 『선조실록』 권146 선조 35년 2월 19일.
406) 『연려실기술』 권17 宣朝朝故事本末 「削成軍官爵 鄭□以用事」(한국고전번역원 고전번역총서).

… 김제남의 성품은 유약하여 사람들과 친밀하게 지내지 못하였다. 왕실과 혼인할 때에 이조좌랑으로 있었는데, 때마침 사류들이 세력을 잃고 있었으므로 김제남이 그 사이에서 붙들어 두둔해 주기를 희망하는 사람이 더러 있었다. 그러자 김제남이 말하기를 '친구들이 저마다 물러나려고 하는데 어찌 나로 인해 더 할 수 있겠는가.' 하고, 모두 외직으로 내보냈기 때문에 식자들이 그가 체통을 얻었다고 일컬었다. … 407)

또한 광해군대의 기록이어서 좀더 검토가 필요하다고 보지만 김제남은 서인인 것으로 보인다.

… 대개 유근柳根 이하는 모두가 서인西人인데 김제남이 그 부류에서 나온 관계로 논의하는 것이나 마음에 뜻을 둔 것이 평소에 서로 부합되었습니다. …408)

김제남(1562~1613)의 장녀는 심의겸沈義謙(1535~1587)의 손자이며 심엄(1563~1609)의 아들인 심정세와 혼인하였다. 심엄은 인조의 부친이 되는 정원군(1580~1619)과 동서간이며 유희발(1564~1623)과는 4촌처남매부간이다. 이후 다른 자녀들도 서인 가문들과 혼맥을 맺는다. 1남 김래金瓈(1576~1613)의 1녀는 김상헌(1570~1652)의 양자인 김광찬金光燦(1597~1668)에게 출가시켰다. 2남 김규金珪(1596~1613)는 선조후궁 인빈김씨의 요청으로 선조 부마 서경주(1579~1643)의 딸 달성서씨達城徐氏(1597~1666)와 혼인하였다.409)

---

407) 『광해군일기』 권67 광해군 5년 6월 1일. 김제남 졸기.
408) 『광해군일기』 권124 광해군 10년 2월 8일.

【연안김씨 김제남 가계도】: 부록 350쪽 참조

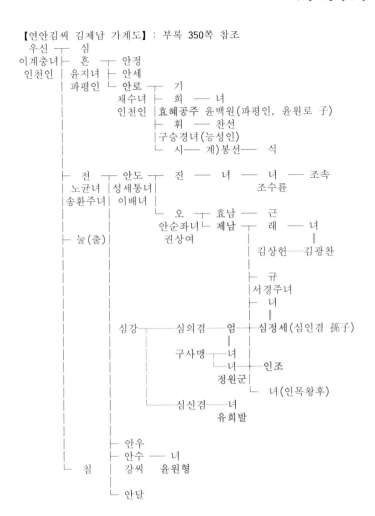

그러나 광해군 5년 계축옥사로 서인과 연계된 김제남 가문은 몰락하였다.
그러다 김규의 고손자 김익金熤(1723~1790)은 영조대 영의정을, 그 아들
김재찬金載瓚(1746~1827)이 순조대 영의정을 지낸다.

---

409) 『광해군일기』 권66 광해군 5년 5월 17일.

2) 광해군폐비 문화유씨

광해군은 차서로 친형 임해군 다음의 두 번째 왕자로 선조 20년(1587) 유자신의 딸과 혼인하였다가 임진왜란 중에 왕세자로 책봉되고, 1608년 선조의 승하로 왕으로 즉위하였으며, 유자신의 딸이 왕비에 올랐다.

유자신의 증조 유제근柳悌根은 성종대 군기시첨정을410), 조부 유수천柳壽千은 중종대 돈녕부정을 역임하는 등411) 그 이전에는 크게 현달하지 못하였다. 부친 유잠柳潛의 처4촌 정식鄭式은 문정왕후의 형부였고412) 중종 35년(1540) 문과에 급제하였다가 명종 14년(1559) 동부승지를 역임한다. 이때 유잠이 궁액宮掖에 있는 자를 몰래 통하여 참판에 오르기를 도모하여 사류士類가 비루하게 여겼다는 평가가 있었다.413) 유자신(1541~1612)은 명종 9년 당시 홍문관 부제학인 정유길(1515~1588)의 딸(1541~1620)과 혼인하였다. 정유길(1515~1588)은 이황을 종유한 이담李湛(1510~1573)과 함께 유우柳藕(1473~1537)의 문인이었는데414), 유자신이 이담에게서 수학한 인연이 있었다.415) 동서가 문정왕후의 맏사위로 가장 총애를 받던 한경록韓景祿(1520~1589)416)의 2남인 한완(1547~?)이어서, 유자신 가문은 명종대 어느 정도 성장하는 것 같다.

---

410) 『성종실록』 권171 성종 15년 10월 7일.
411) 「柳自新神道碑(류근 撰)」(국립문화재연구소 한국금석문종합영상정보시스템)
412) 『중종실록』 권71 중종 26년 윤6월 3일.
    정식은 첫번째 부인이 자녀들 두지 못하고 졸하였고, 이후 문화인 柳元良의 딸과 혼인하였다.
413) 『명종실록』 권25 명종 14년 1월 6일. : 柳潛爲同副承旨【潛 碌碌庸人 陰事宮掖之人 圖躋參判 士類鄙之】
414) 『동유사우록』
415) 「柳自新神道碑(유근 撰)」(국립문화재연구소 한국금석문종합영상정보시스템)
416) 『명종실록』 권12 명종 6년 9월 23일. : 한경록은 조계상曺繼商의 외손이고 이기의 질손姪孫인데, 공주에게 장가들어 왕의 총애가 당시에 제일이었다.

유잠은 명종 20년 4월 문정왕후가 승하하자 수릉관으로 임명되어 상을
마치고서는 한성판윤에 오르고417) 유자신은 명종 19년(1564)에 진사시
에 입격 후, 앞서 부친이 수릉관 임명 될 때 명종의 하교로 문음門蔭으로
태릉참봉으로 시작하였다가418) 상을 마친 후 6품으로 오른다.419)

그러나 유잠은 선조 5년 형조판서에 임명되었을 당시 사헌부가 유잠에
대해 용렬하고 관직에 있으면서 삼가함이 없었다고 체직을 청하여 허락되
는 등 사류에게 비판받다 선조 9년(1507) 졸하였고, 유자신은 문과에
오르지 못하는 등 선조대 당시 크게 주목되는 가문은 아니었다.

【문화유씨 유자신 가계도】: 부록 351쪽 참조

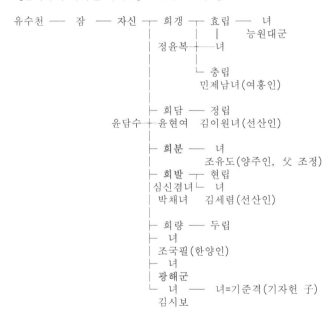

417) 『명종실록』 권34 명종 22년 4월 8일.
418) 「柳自新神道碑(유근 撰)」(국립문화재연구소 한국금석문종합영상정보시스템)
419) 『명종실록』 권34 명종 22년 4월 8일.

이처럼 문정왕후와 연계되기도 하고 한편으로는 중종대 대표적 사림 정광필의 손자인 정유길 가문과도 혼맥이 닿았다. 정유길은 동서분당시 어느 편에 서지는 않았다고 비판받고 있었지만 선조 16년에 우의정·좌 의정[420]에 오르며 혼인 할 무렵에도 좌의정이었다.

한편 유자신의 어머니(1509 이전~1587)[421]는 선조 어머니인 덕흥군 (1530~1559)의 부인(?~1567)과는 6촌 자매간이었고, 전술한 유자신 (1541~1612)의 동서 한완韓浣(1547~?)이 광해군의 친형이 되는 임해군 臨海君의 장모와는 4촌간이이서 선조, 임해군과 가까웠던 점이 주목된다.

【하동정씨 정승렴·유자신·문정왕후·덕흥군 혼맥도】: 부록 352쪽 참조

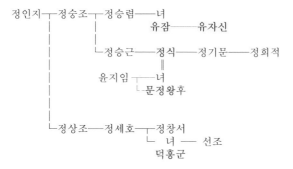

【청주한씨 한완·유자신·임해군·문정왕후 혼맥도】 : 부록 352쪽 참조

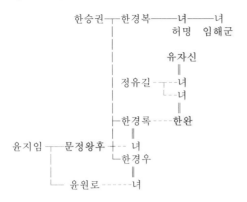

유자신의 자녀들이 선조 20년 광해군과의 연혼과 세자 책봉을 전후로 동인에 속하는 것으로 보인다. 광해군대 대체로 소북세력이었다.[422] 임진왜란 이후 주도한 유성룡 등 동인이 선조 31년 남북南北 분기시, 유자신의 3남 유희분柳希奮(1564~1623)이 당시 수찬으로서 남인 유성룡 柳成龍을 탄핵하는[423] 입장을 보이며 소북을 대표하는 남이공南以恭 (1565~1640), 김신국金藎國(1572~1657)[424]과는 매우 친밀하게 지냈다. 또 5남 유희량柳希亮(1575~1628)은 남인 윤승훈尹承勳(1549~1611)[425]과 동인의 영수 허엽許曄의 아들 허성許筬(1548~1612)의 문하생들이 허여許與하였고[426], 성균관 유생 신분으로 정인홍을 비난하는 등[427] 동인들 중에서 소북 세력으로 남인들과도 교류하였음을 알 수 있다.

---

422) 『광해군일기』 권43 광해군 3년 7월 3일.
423) 『선조실록』 권115 선조 32년 7월 17일.
424) 김신국은 두 번째 부인으로 윤경립(1561~1611)의 딸과 혼인하였는데, 윤경립은 동인東人 윤국형의 아들이다.
425) 『연려실기술』 권17 宣朝朝故事本末 「削成渾官爵」 (한국고전번역원 고전번역총서) : … 대개 윤승훈이 남인이었던 까닭에 …
426) 『광해군일기』 권25 광해군 2년 2월 8일.
427) 『선조실록』 권189 선조 38년 7월 24일.

손자대의 연혼관계에서도 유효립柳孝立(1579~1628)은 동인 정여립과 친한 정윤복丁胤福(1544~1592)의 딸과 혼인하여, 소북小北 남이공의 형 남이신南以信(1562~1608)과는 동서간이다. 유정립柳鼎立(1583~?) 도 동인 김효원金孝元(1542~1580)의 동생 김이원金履元(1553~1614)의 사위가 되었고, 유현립柳顯立도 김이원의 손녀와 혼인하였다. 유희발柳希奮(1564~1623)은 동인이었다가 대북이 되어 광해군대 영의정까지 오른 조정趙挺(1551~1629)[428]의 아들 조유도趙有道(1585~?)를 사위로 맞는 등 주로 동인, 북인 가문과 연혼을 맺고 있었다. 유자신의 사위 이시보李時輔는 처음 서인이었다 대북이 된 기자헌奇自獻(1562~1624)[429]의 아들인 기준격奇俊格(1594~1624)을 사위로 맞았다.

【유자신 자녀·선산김씨 김효원·양천허씨 허엽 혼맥도】 : 부록 351쪽 참조

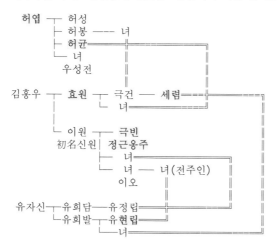

_____

428) 『광해군일기』 권5 광해군 즉위년 6월 3일. : 조정은 정인홍의 당이고 이이첨의 심복이다.
『광해군일기』 권43 광해군 3년 7월 18일. : 조정은 … 유희분의 姻家이자 鄭昌衍의 당우였던 까닭으로
429) 『연려실기술』 권17 宣朝朝故事本末 「削成渾官爵」 (한국고전번역원 고전번역총서)

3) 인조비 청주한씨

한준겸韓浚謙의 딸이 선조 39년(1606) 능양군(인조)의 부인으로 간선되었다가 광해군 2년에 혼인하고, 인조반정으로 왕비에 오르니 인열왕후仁烈王后(1594~1635)이다.

한준겸은 개국공신 한상경韓尙敬의 후손으로, 한상경의 아들 한혜는 함길도 관찰사를 역임하였고, 한명회와는 6촌간인 5대조 한계희가 활약한 세조대에 크게 가문이 일어났지만 이후 고조부 한사무는 한성판관, 증조부 한승원은 정선군수, 조부 한여필韓汝弼(1505~1571)은 문천군수를 역임하는 데 그쳤다.430) 그러다 선조대 부친 한효윤韓孝胤(1536~1580)이 선조 3년(1570) 문과에, 숙부 한효순韓孝純이 선조 9년 문과에, 형 한백겸韓百謙(1552~1615)이 선조 12년(1579) 생원시에, 한준겸(1557~1627) 자신도 선조 19년(1586) 문과에 급제하며 가문이 다시 크게 성장한다.

한준겸의 고모부가 되는 홍적洪迪(1549~1591)은 이황의 문인으로431) 선조 16년 이이·성혼 등을 탄핵하였다.432) 민순(1519~1591)의 문인인 한백겸은 선조 22년 정여립 모반사건 때 정여립의 생질인 이진길과 친분이 있어 귀양을 갔고433) 한준겸도 이진길을 천거한 일로 파직되어 밀려나는 등434) 동인東人 세력과 부침을 함께 하였으며 이후 동인이 남북으로 분기시 한준겸은 남인에 속한다.435) 한백겸의 사위가 홍비洪棐

---

430) 『象村集(신흠)』 권25 「贈領議政韓公墓誌銘(한효윤)」(한국고전번역원 고전번역총서).
431) 『眉叟記言(허목)』 기언별집 권20 「荷衣洪公墓碣銘(홍적)」(한국고전번역원 고전번역총서).
432) 『선조수정실록』 권17 선조 16년 7월.
433) 「韓百謙神道碑(鄭經世 撰)」(국립문화재연구소 한국금석문종합영상정보시스템).
434) 「韓浚謙神道碑(李廷龜 撰)」(국립문화재연구소 한국금석문종합영상정보시스템).

여서 홍가신洪可臣(1541~1615)과는 사돈간이다. 남인 홍가신은 어려서 허엽許曄(1517~1580)·민순閔純에게서 수학하였고 이황의 경저京邸에 드나들기도 하여436) 이발과 같은 당으로 비판받으며437) 이이와 성혼을 비판하였다.438)

  한준겸의 장남 한회일(1580~1642)은 남인 이성중李誠中의 딸과 혼인하였는데, 이성중(1539~1593)은 이황의 문인으로 조식의 문인 김효원(1542~1590)의 친밀한 벗이었다.439)

---

435) 『택리지』「인심조」
436) 『葛庵集(이현일)』 권29 「奮忠出氣合謀迪毅淸難功臣 崇政大夫 行刑曹判書 五衛都摠府都摠管 寧原君 贈大匡輔國崇祿大夫議政府右議政 兼領經筵事 世子傅 寧原府院君晩全洪公諡狀」(한국고전번역원 고전번역총서).
437) 『선조실록』 권22 선조 21년 1월 5일.
    『선조실록』 권23 선조 22년 12월 4일.
438) 『광해군일기』 권26 광해군 2년 3월 5일.
439) 『선조수정실록』 권9 선조 8년 9월.
    『선조수정실록』 권10 선조 9년 2월.
    『선조수정실록』 권24 선조 23년 4월. 김효원 졸기

【청주한씨 한준겸 가계도】: 부록 353쪽 참조

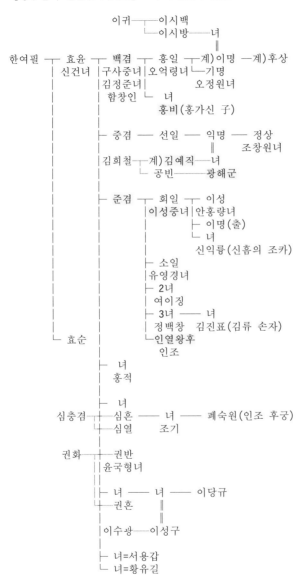

이귀 ┬ 이시백
      └ 이시방 ─── 녀
                    ‖
한여필 ┬ 효윤 ┬ 백겸 ┬ 홍일 ┬ 계)이명 ─ 계)후상
        │ 신건녀 │구사중녀│오억령녀└ 기명
        │        │김정준녀│         오정원녀
        │        │ 함창인 └ 녀
        │        │         홍비(홍가신 子)
        │        │
        │        ├ 중겸 ─ 선일 ─ 익명 ─ 정상
        │        │                ‖      조창원녀
        │        │김희철 ┬ 계)김예직 ─ 녀
        │        │        └ 공빈 ─── 광해군
        │        │
        │        ├ 준겸 ┬ 회일 ┬ 이성
        │        │      │이성중녀│안홍량녀
        │        │      │       ├ 이명(출)
        │        │      │       └ 녀
        │        │      │         신익륭(신흠의 조카)
        │        │      ├ 소일
        │        │      │유영경녀
        │        │      ├ 2녀
        │        │      │ 여이징
        │        │      ├ 3녀 ── 녀
        │        │      │ 정백창  김진표(김류 손자)
        └ 효순  │      └ 인열왕후
                 │         인조
                 ├ 녀
                 │ 홍적
                 │
                 ├ 녀
심충겸 ┬ 심흔 ── 녀 ── 폐숙원(인조 후궁)
        └ 심열    조기

권화 ┬ 권반
     │윤국형녀
     │
     ├ 녀 ── 녀 ── 이당규
     ├ 권흔    ‖
     │
     │이수광 ─ 이성구
     │
     ├ 녀=서용갑
     └ 녀=황유길

정원군의 아들인 능양군(인조, 1595~1649)의 혼인은 백·중부인 의안군
義安君(1577~1588)과 신성군信城君(1578~1592)이 일찍 졸하여 인빈김씨
에게는 장손이었고, 당시 북인이 주도하는 상황도 고려되었을 것이다. 간택
당시 유영경이 선조 35년부터 주도하는 정국에서 영창대군이 탄생하였으
며, 선조 33년 여름부터 밀려난 이산해와 이이첨은 광해군을 지지하는
세력으로 결집하고 있는 등 위태로운 상황이었다.

한준겸 딸의 간선은 그의 형 한백겸韓百謙(1552~1615)이 능양군의
부친 정원군(1580~1619)과는 4촌동서사이였던 점과, 아들 한소일韓昭
一(1591~1608)이 유영경柳永慶(1550~1608)의 사위였던 점이 주목된
다. 유영경은 손자 유정량柳廷亮이 선조 37년(1604) 인빈김씨 소생 정휘
옹주와 혼인하여 왕실과 혼맥을 맺으며 당시를 주도하며, 한준겸의 숙부
가 되는 한효순(1543~1621)을 이끌어 주는 등440) 가까웠다.

그리고 한효순은 조카사위가 되는 신경희申景禧(1561~1615)를 이끌
어 주기도 하였는데441), 신경희의 부친 신잡申磼(1541~1609)은 신성군
의 장인(신립申砬)의 형으로 이산해李山海(1539~1609)와 매우 친밀하여
신성군 보호를 자처하며 인빈김씨와 일찍부터 친밀하였고, 신립의 사돈
인 이이첨李爾瞻과도 매우 친밀하였다.442) 더군다나 한준겸의 손자 한익
명(1596~?)의 부인은 광해군과는 4촌간인 김예직金禮直의 딸이다. 이처
럼 한준겸 가문은 선조대 후반을 주도한 소북세력과도 가깝고, 광해군을
지지하는 세력인 이이첨과도 매우 가까웠다고 할 수 있다.

---

440) 『선조수정실록』권41 선조 40년 3월.
441) 『광해군일기』권132 광해군 10년 9월 2일. : 景禧, 以父功襲職, 至入戶曹參判之望,
此實其時銓長三寸叔韓孝純之所爲也
442) 『광해군일기』권15 광해군 1년 4월 13일. 신잡 졸기.
『광해군일기』권73 광해군 5년 12월 30일.

【평산신씨 신잡·신경희, 한효순·한준겸, 구사맹·이이첨·광해군 혼맥도】: 부록 354쪽 참조

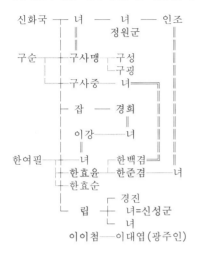

한편 한백겸(1552~1615)은 장남 한홍일韓興一(1587~1651)을 처음 성혼成渾(1535~1598)의 문하인443) 오억령吳億齡(1552~1618)의 딸과 혼인시켰고444) 정여립과는 직접적인 연계가 없는 듯 선조 29년 안악현감 으로 있으면서 정여립의 역적 괴수 변희복邊熙福과 동당同黨 변종금邊鍾金 을 잡아 가두기도 하였다.445) 그리고 인빈김씨와 혼인 이후 한홍일은 이시방李時昉(1594~1660)의 딸을 며느리로 맞아 인조반정을 주도한 서 인西人 이귀李貴(1557~1633) 집안과는 사돈이 되었다. 한준겸은 서인

443) 『우계집』(성혼) 우계연보보유 권2 「잡록 상」(한국고전번역원 고전번역총서).
   : 만취晩翠 오억령吳億齡 형제의 선부인先夫人은 우계 선생의 재종매再從妹였다.
   선부인이 언문간찰諺文簡札을 선생에게 올려 파산에 가르침을 청하자, 선생은
   이들을 한집안의 자제로 대하여 창랑滄浪(성문준成文濬)과 똑같이 여기고 간격이
   없었으므로, 만취 형제 또한 독실한 마음으로 선생을 사모하였다.
444) 처음 오억령의 딸과 혼인하였지만 자녀를 두지 못하였다. 이진현李晉賢의 딸과
   혼인하였다가 다시 종실宗室 순강도정順康都正 선린善鱗과 혼인하여 한기명을
   두었다. 이에 앞서 한이명을 계후로 삼았다.
445) 『선조실록』 권78 선조 29년 8월 13일.

신흠과는 과거에 여러번 함께 오르고 오랫동안 알고 있는 사이로 부친
한효윤의 묘지명을 청하는 등 교류하였다.446) 아들 한회일은 신흠申欽의
조카이면서 김상헌金尚憲의 문인인 신익륭申翊隆(1602~1657)을 사위로
맞는 등 서인 가문과도 연혼이 이어졌다.

한편 매부 심흔沈忻(1561~?)의 손녀로 인조 8년 경447) 사위 정백창의
인연으로 궁궐에 들어가 인조의 총애를 받은 귀인(폐귀인조씨)은 딸 효명
옹주孝明翁主(1637~1700)를 당시 청나라와 연계를 가지며 인조대 후반
을 주도한 김자점의 손자 김세룡金世龍과 혼인하기도 하며 문제를 일으켰
다가 효종대 처단되기도 하였다.

【한준겸·폐귀인조씨 혼맥도】: 부록 353쪽 참조

한준겸의 조카 한흥일은 병자호란 당시 소현세자와 봉림대군(효종)을
배종하여448) 봉림대군에 인정을 받았고449), 효종의 즉위 후 서인이지만
남인과도 친밀하게 지낸 김육과 연계되어 효종 2년에 우의정에 오르지만,
그해에 졸하고 마는 등 후손들이 크게 세력을 떨치지는 못하였다. 그리고
한흥일의 처조카 오정위吳挺緯와 그 형제들이 인평대군麟坪大君과 연계되
어 효종, 현종, 숙종대 활약한다.

---

446)『象村集(신흠)』권25「贈龍驤衛韓公墓誌銘(한효윤)」(한국고전번역원 고전번역총서).
447)『인조실록』卷23 인조 8년 7월 2일.
448)『인조실록』권45 인조 22년 12월 5일.
449)『국조인물고』「한흥일비명(조경 찬)」(세종대왕기념사업회).

## 2. 왕비 가문의 성격

명종 22년(1567) 선조가 명종의 뒤를 이어 왕위에 오르고 선조 2년 (1569)에 박응순의 딸이 왕비에 오른다. 이후 선조 20년(1587) 3월 유자신柳自新의 딸이 왕자신분인 광해군과 혼인하였다가 임진왜란 와중인 선조 25년 광해군이 세자에 책봉되어 빈에 오르고, 1608년 광해군의 즉위로 왕비에 오른다. 이에 앞서 선조 33년(1600) 6월 선조의 초비初妃 의인왕후가 돌아가 선조 35년(1602) 윤2월 김제남金悌男의 딸이 왕비로 결정되니 인목왕후仁穆王后이다. 그리고 선조 39년(1606) 한준겸韓浚謙의 딸이 능양군(인조)의 부인으로 간선되었다가 선조의 승하로 광해군 2년에야 혼인하고, 1623년 인조반정으로 왕비에 오르니 인열왕후仁烈王后이다. 이들 세 왕비가 혼인하는 시기는 선조 20년(1587)부터 광해군 2년(1610)까지이다.

훈척세력이 국권國權을 잡던 16세기를 지나 선조의 즉위 후로는 사림세력이 주도하며 파평윤씨의 훈척계 가문이 아닌 사림계 가문인 반남박씨에서 왕비를 배출하였다. 박응순 가문은 당시 왕실의 가장 웃 어른인 인종비 반남박씨와는 같은 가문이었으며, 대비인 명종비 청송심씨와도 혼맥이 닿았다. 전술하였듯이 심의겸이 박응남과 함께 형 박응순의 딸이 왕비가 될 수 있도록 하였으며, 조정에서는 이이가 선조 2년 9월 왕비 간택시 가법이 정순純正하고 부모가 인현仁賢한 사람을 얻기를 건의하고 있다.450)

사림의 진출 후 사상, 학파, 정책에 따라 분기되어 붕당정치가 이루어진다. 광해군의 비와 인조의 초비 가문은 동인 가문이라고 할 수 있다.

---

450)『선조실록』권3 선조 2년 9월 25일.

선조대 중반부터 동인 세력이 압도하였다. 광해군이 선조 25년(1592) 임진왜란으로 급작하게 세자에 책봉되었다. 선조 25년 임진왜란을 거치며 이이·정철·조헌·성혼 등 서인의 원로 대신들이 의병투쟁 중에 또는 전쟁 전후로 죽게 됨으로써 서인들은 의병투쟁을 주도하였으면서도 정계의 주도권을 잡아가지 못하였다.451)

… 임진란에는 곤란을 당했던 서인들이 모두 절의節義에 죽었는데 고경명高敬命·조헌趙憲·김천일金千鎰·송상현宋象賢 등은 특히 드러난 사람들이었다.452)

임진왜란 이후 정국을 주도한 유성룡 등 동인이 선조 31년(1598) 남인과 북인으로 분기되어453) 남인 세력이 밀려나고, 이후 북인들은 선조 32년에는 대북과 소북으로 자체 분열하였다. 처음 대북이 우세하였다. 그래서 유희분은 외척이어서 제외 되었지만 소북 남이공과 김신국은 밀려났다. 그러다 선조 33년(1600) 여름에는 대북들끼리 다투다가 이산해·홍여순·이이첨 등이 모두 밀려나는 가운데454) 이산해와 이이첨은 광해군을 지지하는 세력으로 결집하였다.455)

선조 35년(1602) 2월 서인계 김제남의 딸이 계비로 간택된다.456)

---

451) 지두환, 2001, 『조선전기 정치사』(역사문화).
452) 『연려실기술』 권13 宣朝朝故事本末 「東西南北論分」(한국고전번역원 고전번역총서)
453) 『선조실록』 권125 선조 33년 5월 19일.
454) 『연려실기술』 권17 宣朝朝故事本末 「削奪柳成龍官爵」(한국고전번역원 고전번역총서).
     『연려실기술』 권18 宣朝朝故事本末 「東西南北論分」(한국고전번역원 고전번역총서).
455) 『연려실기술』 권18 宣朝朝故事本末 「光海嗣位」(한국고전번역원 고전번역총서)
     : 이산해와 이이첨 등이 드디어 불만을 품고 이에 은밀히 광해와 결탁하여 뒷날에 원한을 풀 계획을 하였고, 또 정인홍과 결탁하여 광해에게 소개하여 진출케 함으로써 산림에서 밖으로부터 원조하는 성세聲勢로 삼았던 것이다.
456) 『선조실록』 권146 선조 35년 2월 3일.

김제남은 당색이 현저하게 드러나지 않아 임진왜란 이후 당색에 비판적인 선조에게는 적합했을 것으로 보인다. 가계에서 언급하였듯이 성종대 이래 사림 가문이었지만 중종대 물의를 일으킨 김안로로 인하여 후손이 두각을 드러내지 못하고 김제남 대에 들어와 다시 성장하였다. 다만 앞서 김제남의 사돈이 되는 심엄이 인빈김씨 소생 정원군(1580~1619)과 동서간이며 유희발(1564~1623)과는 4촌처남매부간인 점이 주목된다. 인빈이 자녀 보호를 위해 광해군과 가까우며 정원군과도 가까운 가문으로 간택을 요청한 것은 아닐지 추측해본다.

이런 와중에 선조 35년(1602) 1월 또 다른 소북 유영경은 이조판서로 등용되고457) 선조 37년 그의 손자 유정량柳廷亮(1591~1663)이 선조의 부마가 되었으며458) 12월 영의정에 오르면서459) 7년간 정계를 주도하였다.460) 선조 39년 영창대군이 탄생하고, 선조 41년(1608) 정인홍은 유영경이 동궁을 동요시킨다고 탄핵하며 혼란을 일으키자461) 정인홍, 이이첨, 이산해의 아들 이경전이 귀양가는 상황에서 선조가 승하하였다.

광해군의 즉위 후 정인홍鄭仁弘(1535~1623), 이산해李山海(1539~1609), 이이첨李爾瞻(1560~1623) 등 선조 후반 밀려난 대북파와 유희분과 연계된 소북 세력과 정창연의 중북 세력이 다투며 주도하였다. 유자신의 사위 조국필의 조카가 광해군의 후궁이 되어 총애를 받고 있었으며462), 광해군의 즉위를 전후하여 유자신의 친족들이 고관에 오르는

457) 『선조실록』 권145 선조 35년 1월 12일.
458) 『선조실록』 권178 선조 37년 9월 12일. : 유정량이 全昌尉로 봉작되어 그즈음 혼인한 것으로 보인다.
459) 『선조실록』 권182 선조 37년 12월 6일.
460) 『광해군일기』 권9 광해군 즉위년 10월 13일.
461) 『선조수정실록』 권42 선조 41년 1월.
462) 『광해군일기』 권119 광해군 9년 9월 28일.
　　『광해군일기』 권136 광해군 11년 1월 6일. : 그리고 조국필은 박자홍의 딸이

것은 당연하였을 것이다.463) 이에 유자신 자손들은 광해군 즉위 후
해마다 과거에 급제하였다.464) 이처럼 광해군대 북인이 주도하는 상황에
서 이이李珥 이후 주장된 대동법은 시행되지 못하고 있었다.465)

이들 세력은 국내·외 전반에 걸쳐 혼란을 야기하였다.466) 광해군
5년 계축옥사로 서인과 연계된 김제남 가문은 몰락하였고 급기야 인목대
비는 서궁에 유폐되었다. 이에 인조반정으로 유자신은 관작과 봉호가
추탈되었으며, 아들 유희분·유희발·유희량 등은 유배, 처형되는 등
문화유씨는 몰락하였다.

인조반정으로 한준겸의 딸이 왕비에 오르니 인열왕후다. 이에 앞서
인열왕후는 선조 39년(1606) 간선되었다가, 선조의 승하로 광해군 2년에
혼인하였는데, 부친 한준겸은 남인이었다. 전술한 것처럼 선조 35년부터
는 유영경의 소북이 주도하는 정국으로 바뀌었다. 처음 인빈의 자녀들이
대체로 서인 가문과 연혼하였는데467) 인빈은 자녀 보호를 위해 동인
가문과도 혼인을 이루고자 노력한 듯 하다. 인빈은 선조 36년에는 의창군
을 동인東人 허엽의 아들인 허성(이헌국 사위)의 딸과, 선조 38년에는
다른 딸을 유영경의 손자 유정량과 혼인시켰다. 계속해서 광해군 2년

---

세자빈으로 되는데 공이 있었고, 광해군이 젊었을 때 함께 생활하기도 하였다.
463)『광해군일기』권50 광해군 4년 2월 7일. 유자신 졸기.
464)『광해군일기』권26 광해군 2년 3월 4일.
　　유희량은 광해군 즉위년(1608) 문과에, 유희발은 광해군 1년(1609) 조카 유효립
　　柳孝立과 함께 문과에 급제하였다. 유충립은 광해군 2년(1610) 문과에, 유정립은
　　광해군 10년 문과에, 유명립은 광해군 13년 문과에 급제하였다.
465) 지두환, 1997,「선조·광해군대 대동법 논의」『한국학논총』19.
466) 지두환, 2000,『인조대왕과 친인척』(역사문화).
467) 선조 22년경 1남 신성군을 신립의 딸과 혼인시켰는데, 仲兄 申礩은 동서의 논의가
　　격화된 선조 16년 이이를 옹호하는 상소를 하였고 줄곧 서인의 입장을 취하였던
　　인물이다. 선조 23년에는 2남 정원군을 구사맹의 딸과 연혼하였다. 구사맹의
　　아들 구굉이 김장생의 제자였고, 구사맹의 딸이 심의겸의 아들 심엄과 혼인하였다.

인조의 연혼 후, 인조의 동생 능원군(1592~1656)을 유자신의 손자인 유효립의 딸과 혼인시키고 있었다.

한준겸은 남인이었지만 정철과 성혼이 모함을 받을 때 옹호하는 입장을 취하였고468), 영남 방백 중에서 뛰어났다는 서인 이귀의 평가를 받았으며, 정인홍을 배척하는469) 등 서인과도 원만하게 지냈다. 특히 선조의 유교칠신遺敎七臣의 한 사람으로 광해군 5년(1613) 계축옥사에 연루되어 유배가는 등 서인들과 진퇴를 함께 하게 되었다.

청주한씨는 인조의 처가 집안이어서 남인들도 정계에 진출할 수 있는 기반이 되었다. 인조의 즉위 후 광해군대 폐모론을 반대하며 유배된 이원익이470) 영의정으로, 정경세鄭經世(1563~1633)가 부제학으로 기용되었다.471) 정경세는 한준겸의 형이 되는 한백겸韓百謙(1552~1615)과 종유從遊하였으며, 한준겸의 요청으로 한백겸의 묘갈명을 찬해주는 인연으로 이어졌다.472) 한준겸의 조카사위 이성구는473) 이조참판·병조판서를474) 거처 인조대 영의정까지 지낸다.

468) 『선조수정실록』 권31 선조 30년 4월.
469) 『선조수정실록』 권36 선조 36년 윤2월.
470) 『인조실록』 권29 인조 12년 1월 29일. : 이원익 졸기.
471) 『인조실록』 권1 인조 1년 3월 16일.
472) 『愚伏集(정경세)』 권18 「通政大夫戶曹參議韓公墓碣銘(한백겸)」(한국고전번역원 고전번역총서).
473) 『인조실록』 권28 인조 11년 1월 9일.
474) 『인조실록』 권25 인조 9년 11월 30일. ; 『인조실록』 권28 인조 11년 1월 6일.

제3편 조선 후기 왕비 가문

# 제1장 인조대 중반~현종대 왕비 가문

## 1. 인조대 중반~현종대 왕비 가문

### 1) 인조계비 양주조씨

인조 13년(1635) 인조의 초비 인열왕후가 승하하여 병자호란 후인 인조 16년(1638) 10월 인조의 계비로 조창원趙昌遠(1583~1646)의 딸이 결정되어475) 왕비에 오르니 장렬왕후莊烈王后(1624~1688)다.

조창원의 증조 조준수趙俊秀는 용인현령을 지냈고, 조부 조람趙擥이 족부族父 조연손의 후사後嗣로 들어가 성종부마가 된 조무강(1488~1541)은 조창원의 고조부가 된다. 부친 조존성趙存性(1554~1628)이 성혼成渾(1535~1598)의 문인으로 선조 23년(1590) 문과에 급제하였고 인조대 관찰사를 역임하다 인조 6년(1628)에 졸하였다.476) 조창원은 문과에는 급제하지 못하고 주로 외직을 지냈으며477), 제弟 조계원은 문과에 급제하였지만 이해의 옥사로478) 인조에게 미움을 받아 역시 주로 외직을 역임하고 있는 상황이었다.479)

---

475) 『인조실록』 권37 인조 16년 10월 26일.
476) 『계곡집』 권16 「資憲大夫知敦寧府事兼知義禁府事趙公行狀(조존성)」(한국고전번역원 고전번역총서) : 『숙종실록』 권19 숙종 14년 11월 16일. 「장렬왕후지문」.
477) 『약천집』 권15 「漢原府院君惠穆趙公墓誌銘(조창원)」(한국고전번역원 고전번역총서) : 인조 2년 稷山縣監에 임명되고 부친의 병으로 인조 5년 벼슬을 그만두었다. 인조 9년 軍資監正에 제수되었다가 겨울에 礪山郡守에 나갔으며 인조 16년에 仁川府使에 제수되었다.
478) 인조반정공신 李澥가 부친상을 당하고는 再從弟의 아내를 지목하였는데, 조계원이 그 억울함을 밝혔다. 이해가 조정에 하소연하자 인조는 조계원을 하옥하여 다스리도록 하였다.
479) 『약천집』 권22 「刑曹判書趙公行狀(조계원)」(한국고전번역원 고전번역총서).

【양주조씨 조창원 가계도】 : 부록 356쪽 참조

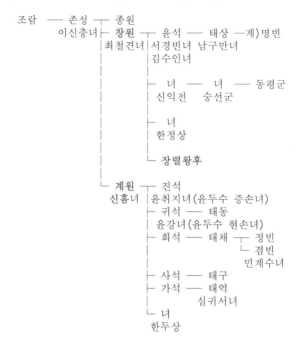

```
조람 ── 존성 ┬ 종원
         이신충녀├ 창원 ─┬ 윤석 ── 태상 ─계)명빈
              │최철견녀│서경빈녀 남구만녀
              │        │김수인녀
              │        │
              │        ├ 녀 ── 녀 ── 동평군
              │        │신익전  숭선군
              │        │
              │        ├ 녀
              │        │한정상
              │        │
              │        └ 장렬왕후
              │
              └ 계원 ┬ 진석
                신흠녀│윤취지녀(윤두수 증손녀)
                     ├ 귀석 ── 태동
                     │윤강녀(윤두수 현손녀)
                     ├ 회석 ── 태채 ┬ 정빈
                     │              └ 겸빈
                     │               민계수녀
                     ├ 사석 ── 태구
                     ├ 가석 ── 태억
                     │        심귀서녀
                     └ 녀
                       한두상
```

　　인조는 우선 소현세자와 가까운 가문의 인물로 계비를 고려하였을
것이다. 조창원 가문은 인조 초비인 인열왕후 가문과는 혼맥으로 가까웠
다. 곧 조창원의 맏딸(신익전처申翊全妻)은 인열왕후의 조카(한회일녀韓會
一女, 신익륭처)와는 평산신씨 가문의 4촌며느리사이다. 조창원의 다른
딸로 장렬왕후의 손위 언니는 인열왕후에게 백부가 되는 한중겸의 증손자
한정상韓鼎相과 혼인하였고, 조계원의 딸도 한정상의 동생으로 한회일의
아들이 되는 한이성의 양자로 간 한두상(1627~1687)[480]과 혼인하였다.
　　더군다나 조계원趙啓遠(1592~1670)은 소현세자의 처가와 가까웠다.

―――――――――――
480)「韓斗相墓碣(李鳳徵 撰)」(국립문화재연구소 한국금석문종합영상정보시스템) : 생
　　부는 한익명이나 한회일의 아들 한이성(1606~1634)에게 양자로 입양되었다.

조계원은 소현세자昭顯世子(1612~1645)에게 매부가 되는 강문성姜文星 (1603~1646)과는 동서사이였다. 이처럼 조창원 가문은 평산신씨 신흠 가문과의 중첩된 연혼을 매개로, 인조 초비인 인열왕후와 세자 처가의 강석기姜碩期 가문과 혼맥으로 매우 가까웠다.

【조창원 · 평산신씨 신익전 · 강석기 · 한준겸 혼맥도】 : 부록 357쪽 참조

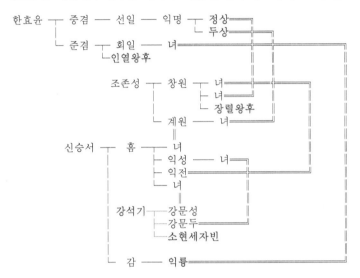

그리고 한편으로 조창원 가문은 당시 주도하던 주화파 세력과는 어느 정도의 교류가 있었던 듯하다. 병자호란 이후 우의정 · 좌의정 · 영의정에 오르며 주도한 최명길崔鳴吉(1586~1647)이 어려서 이항복李恒福(1556~1618)과 신흠申欽(1566~1628)에게서 수학하였는데[481], 조계원(1592~1670) 역시 이항복에게서 수학하였다. 아울러 신흠은 조계원의 장인이자 스승이었다. 또 최명길과는 매우 친밀한 장유張維(1587~1638)는 신흠

---

481) 『西溪集』(박세당) 권11 「領議政完城府院君崔公神道碑銘」(한국고전번역원 고전번역총서).

과는 나이를 생각 않고 서로 교유하는 사이였고, 조계원의 요청으로 장유가 부친 조존성의 행장을 찬해주는 등 교류하였음을 확인할 수 있다.

그러나 양주조씨 가문은 척화파와도 가까웠다. 조계원이 척화 5신인 신익성申翊聖·신익전申翊全과는 처남매부간이었고, 척화파의 수장이라고 할 수 있는 김상헌 가문과는 일찍부터 교류하였다. 곧 조존성이 김상헌의 중부가 되는 김원효金元孝(초명 달효達孝)와는 진사시에, 김상용金尚容과는 문과에 함께 급제한 인연이 있었고, 김상헌 자신과 부친과도 깊은 인연이 있었다.482) 조창원의 아들 조윤석趙胤錫(1615~1664)은 두번째 부인으로 김상용의 손자가 되는 김수인의 딸(1625~1698)을 맞는 것으로 이어진다. 이에 조계원은 김상헌을 모함한 유석을 비판하는 입장을 보이게 된다.483) 또 조윤석은 김집金集(1574~1656)의 문인484)이어서 송시열宋時烈(1607~1689)과는 동문이었고, 송시열은 조계원에게 지우를 받아 자녀들과는 매우 친하였는데, 그중에서도 특히 조귀석趙龜錫(1615~1665)과 가장 친밀하였다.485)

조윤석은 소론의 영수가 되는 남구만南九萬(1629~1711)486)과 함께 문과에 급제한 인연으로487) 아들 조태상趙泰相이 남구만의 딸과 혼인하

---

482) 『청음집』 卷33 「知敦寧府事趙公墓誌銘」(한국고전번역원 고전번역총서) : 尚憲後
　　公二十六年生 公之中兩科 與仲父曁伯兄先後同年 又與先君子厚契 乃折行輩 亦呼
　　尚憲爲少友 往來通家三紀于茲.
483) 『인조실록』 권40 인조 18년 1월 11일.
484) 『愼獨齋全書』(김집) 卷18 「문인록」(한국고전번역원 고전번역총서).
　　『藥泉集』 卷16 「右承旨趙公墓誌銘」(한국고전번역원 고전번역총서).
485) 송시열, 『송자대전』 卷170 「全羅監司趙公神道碑銘」(한국고전번역원 고전번역총서).
486) 『동춘당집』(송준길) 동춘당집속집 권12 부록7 「門人錄」(한국고전번역원 고전번
　　역총서) : 남구만은 송준길에게 수학한바 있지만 후일 소론이 된다.
487) 『藥泉集』(남구만) 卷15 「漢原府院君惠穆趙公墓誌銘」(한국고전번역원 고전번역
　　총서) ; 『國朝文科榜目』(한국학중앙연구원 한국역대인물종합정보시스템) : 효종
　　7년 급제하였다.

여 사돈간이 되었다. 조태상은 숙종 6년 허견 역모사건의 공으로 김석주에 의해 공신에 추록되는 등488) 서인의 재집권을 위한 역할을 하였다. 조사석은 숙종 15년 남인의 집권 이후 숙종 17년 윤7월에 숙종 6년 당시 김석주를 도왔다고 하여489) 유배되었다가 숙종 19년 유배지에서 졸하는 등 자녀대에서도 서인과 정치적 입장을 함께 하였다.

이후 양주조씨는 서인의 노소 분기시, 노론의 4대신인 조태채와 그의 아들로 노론 민정중의 손자인 민진장閔鎭長(1649~1700)의 딸과 혼인을 맺는 조겸빈趙謙彬(1692~?) 등 노론이 나온다. 아울러 조태채의 후손에 고종대 영의정에 오른 조두순이 있다. 그렇지만 주로 소론이 배출되었다. 소론 인물의 배출은 장희빈과 연계가 있었던 것으로 보인다. 곧 조사석이 숙종 13년 우의정에 제배될 때 장희빈의 역할이 있었다는 논란이 있었다. 이는 장희빈의 어머니가 조사석趙師錫의 처갓집 종이었고, 장희빈과 친밀한 동평군東平君은 조사석의 4촌누이의 손자였던 혼맥 관계가 작용된 것으로 보인다.490) 이같은 관계로 장희빈을 옹호하는 소론쪽에 서게 되는 것으로 보인다. 아울러 학맥으로도 조태동趙泰東(1649~1712)은 윤증尹拯(1629~1714)의 문인이었고491) 조태억趙泰億(1675~1728)은 남구만(1629~1711)의 문하인 최석정崔錫鼎(1646~1715)의 문인이었다.492) 또 조태구趙泰耉(1660~1723)는 최석정을 구하는 상소를 올리게 되며493) 이후 신임사화를 주도하는 등494) 주로 소론으로 활약하였다.

---

488) 『숙종실록』 권10 숙종 6년 9월 5일. ; 『숙종실록』 권10 숙종 6년 11월 28일.
489) 『숙종실록』 권23 숙종 17년 윤7월 17일.
490) 『숙종실록』 권18 숙종 13년 6월 16일. : 後宮張氏之母 卽趙師錫妻家婢也 師錫少時 私通 及爲張家妻後 猶時時往來師錫家 杭又師錫從妹之子也 及師錫拜相 一世擧疑 其由於奧援.
　　『숙종실록』 권25 숙종 19년 12월 24일. 조사석 졸기.
491) 『숙종실록』 권44 숙종 32년 12월 2일.
492) 『西堂私載(李德壽)』 卷12 「議政府左議政趙公行狀(趙泰億)」(한국문집총간).

2) 효종비 덕수장씨

인조 9년(1631) 장유張維(1587~1638)의 딸이 봉림대군(효종, 1619~
1659)의 부인이 되었다. 그러다가 봉림대군이 병자호란 후 인조 23년
5월 환국한 소현세자가 급서하자 윤6월 세자로 책봉되었다. 세자빈이
된 장유의 딸은 이후 효종의 즉위로 왕비에 오르니 인선왕후이다.

장유(1587~1638)의 고조부 장옥張玉은 기묘명현으로 중종대 문과에
급제하고 승문원판교承文院判校를, 증조 장임중張任重은 장례원사의掌隷
院司議를, 조부 장일張逸은 목천현감을 역임하였다.495) 아버지 장운익張
雲翼(1561~1599)은 서인과 정치적 부침을 함께한 인물로 1582년 문과에
급제하고 선조대 판서를 지냈다.496) 이에 장유는 선조 34년(1601)에
서인西人들인  윤근수尹根壽(1537~1616)·김장생金長生(1548~1631)
·신흠497)에게서 자연스럽게 배우게 되고498), 대표적인 서인이라고
할 수 있는 김상용(1561~1637)의 사위가 될 수 있었다.

장유(1587~1638)는 최명길(1586~1647)과는 어려서부터 친구로 지
내고499) 이항복(1556~1618) 문하에서 함께 수학한 바 있다.500)

---

493) 『숙종실록』 권46 숙종 34년 4월 24일.
494) 『경종수정실록』 권4 경종 3년 6월 6일. 「조태구 졸기」.
495) 김상헌, 『청음집』 권24 「刑曹判書張公墓碑銘(張雲翼)」(한국고전번역원 고전번역총서)
496) 『선조수정실록』 권25 선조 24년 7월 : 선조 24년 建儲問題로 서인 정철, 윤근수,
    홍성민 등이 유배될 때 장운익도 함께 유배되었다.
497) 『象村集(신흠)』 序 「象村先生集序[張維]」(한국고전번역원 고전번역총서).
498) 『사계전서』 권47 「門人錄」(한국고전번역원 고전번역총서).
    『송자대전』 권156 「谿谷張公神道碑銘」(한국고전번역원 고전번역총서) : 15세
    에 尹根壽에게 가르쳐 주기를 청하였고 또 김장생을 따라 배웠다.
499) 『인조실록』 권21 인조 7년 6월 22일.
500) 「崔鳴吉神道碑(朴世堂 撰)」(국립문화재연구소 한국금석문종합영상정보시스템)

【덕수장씨 장유 혼맥도】: 부록 358쪽 참조

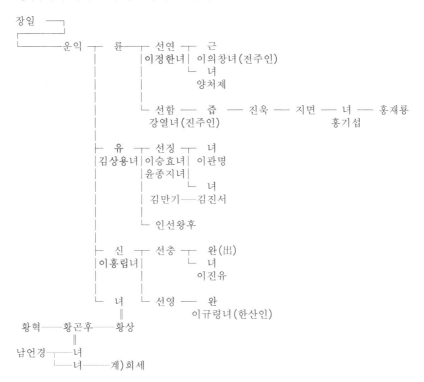

장유는 광해군 4년 김직재무옥때 황상의 일가로 연루되어 파직되기도
하였다. 이에 장유는 인조반정에 참여하게 되는데, 동생 장신의 장인인
이흥립은 반정공신 이귀와는 친한 사이였고[501] 박승종의 인가姻家였던
까닭에 당시 훈련대장으로 있었는데 반정 당시 내응하여 인조반정이
성공하는데 큰 역할을 하여 동생 장신과 함께 반정공신에 올랐다.[502]
장인 김상용이 인조 10년에 우의정에 오르며 주도하는 가운데, 장유는
인조 8년 대사헌에 올랐다. 장유는 병자호란 이후 채택되지는 않았지만

---

501) 『인조실록』 권1 인조 원년 3월 25일.
502) 지두환, 2000, 『인조대왕과 친인척』(역사문화)

항복 문서를 짓기도 하며 최명길과 함께 주화를 주장하였고, 최명길의 추천으로 우의정에 임명되었으나 나아가지 않았다.503) 한편으로 장유는 매부가 되는 황상黃裳의 부父 황곤후黃坤厚가 대표적 양명학자인 남언경南 彦經의 사위였으며, 이런 연혼 관계로 조선 양명학을 성립시켰다는 평가를 받게 된다.504)

　아들 장선징張善澂(1614~1678)은 현종 3년 문과에 급제하고 도승지・ 판서 등을 역임하였고, 사위로 이관명李觀命(1661~1733)과 김만기의 아들로 인경왕후仁敬王后(1661~1680)에게는 동생이 되는 김진서金鎭瑞 를 맞는 등 혼맥에서도 서인과 연혼이 계속된다. 그래서 현종 15년 2차 예송 때 서인의 설을 지지하였고,505) 숙종의 즉위 후 남인이 집권하고 송시열이 유배되자 숙종 1년 송시열의 죄를 구하려는 상소를 올렸다.506) 이에 정승으로 있던 6촌간 김수항(1629~1689), 숙종의 장인 김만기, 김우명의 조카 김석주와 함께 왕실에서 서인의 집권을 위해 노력하게 된다.507) 장유에게 조카가 되는 장선함의 현손녀가 헌종계비의 효정왕후 의 할머니이다.

---

503)『인조실록』권35 인조 15년 7월 7일. ;『인조실록』권35 인조 15년 7월 11일. ; 　　　『인조실록』권35 인조 15년 8월 5일. ;『인조실록』권35 인조 15년 11월 5일.
504) 지두환, 1991,「계곡 장유의 생애와 사상」『태동고전연구』7.
505)『숙종실록』권3 숙종 1년 4월 10일. : 처음에 大王大妃가 仁宣王后를 위한 喪服을 朞年으로 정하였을 적에 三司의 여러 신하들이 잘못되었다고 장차 箚子를 올려 論劾하려고 하니, 예관이 이에 大功으로 고쳐서 改付標하였다. 그때에 장선징이 안에 있었으므로 선왕께서 장선징에게 물으니, 대답하기를,"禮는 이와 같습니다." 하자, 선왕께서 드디어 윤허하여 내렸다.
506)『숙종실록』권2 숙종 1년 1월 15일.
507)『숙종실록』권3 숙종 1년 4월 23일. ;『숙종실록』권4 숙종 1년 10월 29일.

## 3) 현종비 청풍김씨

효종 2년(1651) 7월 청풍인 김육金堉의 손녀이자, 김우명金佑明의 딸이
세자빈으로 간택되었다가508) 1659년 현종이 즉위하여 왕비에 오르니
명성왕후이다. 김육은 김집·송시열 등 산림과는 대립되는 한당의 영수
였다.509)

김육의 고조 김식은 기묘명현으로 중종 14년(1519) 조광조趙光祖(148
2~1519) 등의 천거로 현량과에서 장원으로 급제하였다가 기묘사화로
화를 입었다. 증조 김덕수金德秀는 처사로, 조부 김비金棐는 군자감 판관
에 그쳤다. 부친 김흥우가 일찍 졸하였지만 성혼成渾과 이이李珥 문하에서
수업하였고510), 동생 김흥록金興祿은 백인걸의 아들이 되는 백유함의
딸과 혼인하는 등 학맥과 혼맥에서 서인 세력이라고 할 수 있다.

김육(1580~1658)은 광해군대 정인홍이 이언적·이황 등의 문묘종사
가 부당하다고 비방하자, 정인홍을 유적儒籍에서 삭제하는 것을 주도하다
이후 낙향하였고511) 족조族祖 김권金權은 광해군대 귀양지에서 죽기도
하였다.512) 이후 김육은 인조반정 이후 학행으로 발탁되어 정계에 진출하
였다513)

김육은 인조 2년 문과에 급제하고 수찬·교리·우부승지를 지내고,
병자호란 이후 도승지·우참찬·대사헌·예조판서를 역임하였으며, 효

---

508) 『효종실록』 권7 효종 2년 7월 27일.
509) 정만조, 1999, 「17세기 중반 漢黨의 정치활동과 國政運營論」 『한국문화』 23.
510) 『淸陰集(김상헌)』 권35 「贈吏曹判書金公墓誌銘」(한국고전번역원 고전번역총서).
    「金堉神道碑(李景奭 撰)」(국립문화재연구소 한국금석문종합영상정보시스템) :
    김육 나이 15세때 졸하였다.
511) 『潛谷遺稿(김육)』 「잠곡연보」(한국고전번역원 고전번역총서).
512) 『효종실록』 권3 효종 1년 1월 13일.
513) 『인조실록』 권9 인조 3년 7월 3일.

종이 즉위하고 9월에 우의정에 임명되었다.514) 효종 2년 간택 당시에는 영의정으로 재임하고 있었다.515) 김육의 장남 김좌명金佐明(1616~ 1671)은 인조 22년(1644) 문과에 급제하고 이어서 인조 24년 중시에 발탁되어516) 인조대 수찬·효종 2년 전랑銓郎517)을 지냈고, 차남 김우명 은 인조 20년(1642)에 진사시에 입격하고 인조 27(1649년) 강릉참봉康陵 參奉·효종 1년 익위사세마翊衛司洗馬에 임명되었다.518)

　김육의 자녀는 주로 서인과 연혼을 맺었다. 김육의 3녀(1611~?)는 서인 가문의 대구서씨 서원리徐元履(1596~1663)의 두번째 부인이 되었 다. 서원리의 조부는 송익필·이이의 문인인 서성徐渻이다. 서성은 광해 군 때 유배당하는데, 이때 서원리의 부친이자 부마 서경주에게 형이 되 는 서경우는 은거하였다. 인조반정 이후 서성은 판서를 지냈고, 서경우 는 인조 22년 우의정까지 지냈다. 김좌명金左明(1616~1671)은 인조 9년 신흠의 손녀로 선조 부마인 신익성(1588~1644)의 딸과 혼인하였고, 김우명(1619~1675)이 인조 12년(1634) 송준길과는 10촌 형제이며 김장 생의 문인인 송국택(1597~1659)519)의 딸과 혼인하였다. 김좌명의 1남 김석주金錫胄(1634~1684)는 인조 25년 김장생의 문인인 이후원李厚源 (1598~1660)의 딸과 혼인하였는데, 이후원의 어머니도 서인西人 황정욱 黃廷彧의 딸이다.

---

514)「金佑明神道碑(李景奭 撰)」(국립문화재연구소 한국금석문종합영상정보시스템).
515)『효종실록』권6 효종 2년 1월 11일.
516)『현종실록』권19 현종 12년 3월 8일. ;『國朝文科榜目』(한국학중앙연구원 한국역 대인물종합정보시스템).
517)『인조실록』권47 인조 24년 12월 6일. ;『인조실록』권49 인조 27년 1월 10일. ;『효종실록』권6 효종 2년 2월 28일.
518)「金佑明神道碑(李敏敍 撰)」(국립문화재연구소 한국금석문종합영상정보시스템).
519)『사계전서(김장생)』권47「門人錄」(한국고전번역원 고전번역총서).

【청풍김씨 김우명 가계도】 : 부록 359쪽 참조

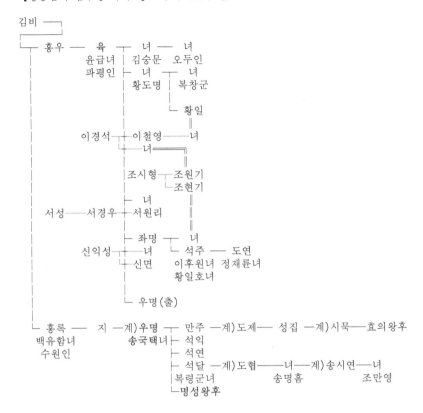

김육은 주화파 세력이라고 할 수 있는 최명길(1586~1647)·장유
(1587~1638)와는 깊이 교유한 사이로,520) 가평에 있는 집의 회정당기晦
靜堂記는 장유가 지었고521), 최명길 등과 현등사를 유람하기도 하는
등522) 친밀하게 지냈다. 또 혼맥에서도 김좌명의 딸은 인조 말 삼전도

---

520) 정만조, 1999, 「17세기 중반 漢黨의 정치활동과 國政運營論」 『한국문화』 23.
521) 『潛谷遺稿(김육)』 「잠곡연보」(한국고전번역원 고전번역총서) : 광해군 7년 작은
    집을 짓고서 회정당晦靜堂이라고 扁額하였다. ; 『계곡집(장유)』 권8 「晦靜堂記」
    (한국고전번역원 고전번역총서)
522) 『潛谷遺稿(김육)』 「잠곡연보」(한국고전번역원 고전번역총서) : 광해군 14년

비문을 찬한 이경석李景奭(1595~1671)의 외손자 조현기趙顯期(1634~ 1685)와 혼인하였고, 김육의 외손자 황일黃鎰은 이경석의 손녀와 혼인하였다. 이는 이경석이 김육이 효종 9년 졸하자 그의 신도비를 찬하는 것으로 이어졌다.

한편으로 김육은 남인과도 친하였는데 10세때 숙부들과 함께 이황 문하를 왕래하며 학문을 닦은 조호익曹好益을523) 스승으로 모신 인연이 있어 가능하였던 것으로 보인다. 그래서 남인 조경趙絅(1586~1669)과는 오랜 친구 사이였고524) 남인인 인평대군 가문과는 혼인도 이어졌다. 곧 인평대군의 아들 복창군(1641~1680)은 김좌명 형제에게 조카사위였고, 김우명의 아들 김석달金錫達이 복녕군(1639~1670)의 딸과 혼인하여 김우명과 복녕군은 사돈이었다.

이에 김육은 서인이었지만 산림 세력과는 의견 차가 나기도 하여, 김육이 효종 초에 대동법 시행 방법을 두고 김집과 대립되었다.525) 또한 김육이 효종 9년(1658) 졸하였는데 김좌명·김우명 형제가 김육의 묘소에 수도隧道를 설치하였다가 민유중의 탄핵을 받아 서인 산림과의 관계가 더욱 악화되었다.526) 이윽고 김우명은 현종 말년 민신閔愼의 일로 송시열을 배척하고 남인과 연합하여 숙종의 즉위 후 남인이 집권하는 데 큰 역할을 하였다.527)

그러나 이후 김우명은 남인과 연계된 인평대군의 아들 이정李楨과

---

최명길과 현등사를 유람하였다.
523) 『현종개수실록』 권10 현종 4년 12월 30일.
　　『잠곡유고(김육)』 권11 「贈吏曹參判芝山曹先生行狀」(한국고전번역원 고전번역총서).
524) 『현종개수실록』 권13 현종 3년 6월 14일.
525) 『효종실록』 권3 효종 1년 1월 13일. ; 『효종실록』 권3 효종 1년 1월 21일.
　　; 『효종실록』 권3 효종 1년 1월 22일.
526) 『효종실록』 권10 효종 10년 4월 8일.
527) 『숙종실록』 권4 숙종 1년 6월 18일. 김우명졸기.

이남李枏의 비리를 고발하며 다시 돌아서지만528) 남인 윤휴·허목 등의 배척을 받는 가는 가운데 근심으로 돌아갔다.529) 이에 김석주가 숙종 6년 서인이 집권하는데 공을 세우며530) 숙종 8년 우의정에 올랐다.531)

김우명의 1남 김만주金萬冑의 증손녀가 정조비 효의왕후이다. 4남 김석달金錫達의 손녀가 송명흠과 혼인하였고, 이들의 손녀가 효명세자빈(익종비, 신정왕후)의 부친이 되는 조만영과 혼인하였다.

528) 『숙종실록』 권3 숙종 1년 3월 12일. ; 『숙종실록』 권3 숙종 1년 4월 1일.
529) 『숙종실록』 권4 숙종 1년 6월 18일. 김우명졸기. ; 金佑明神道碑(李敏敍 撰)」(국립문화재연구소 한국금석문종합영상정보시스템).
530) 『숙종실록』 권15 숙종 10년 9월 20일. 김석주졸기.
531) 『숙종실록』 권13 숙종 8년 5월 18일.

## 2. 왕비 가문의 성격

인조 16년(1638) 양주인 조창원趙昌遠(1583~1646)의 딸이 인조의
계비(장렬왕후)가 되었다. 이후 인조가 재위 27년만인 1649년 돌아가고
효종이 즉위하여, 앞서 인조 9년(1631)에 혼인하였던 덕수인 장유의
딸(인선왕후)이 왕비가 되었으며, 효종 2년(1651)에 세자(현종)의 빈으로
간택된 청풍인 김우명의 딸(명성왕후)이 1659년 현종의 즉위로 왕비에
오르는 등 서인계 가문에서 왕비를 계속해서 배출하였다.

인조반정은 서인西人이 주도하고 남인南人이 동조하여532) 이후 정세는
서인이 우세하였다.533) 이는 인조대의 혼인으로 이어지는데, 인조는
인조 5년(1627)에 장남(소현세자)과 인조 9년에 차남(봉림대군)을 서인계
강석기(1580~1643)·장유(1587~1638) 가문과 혼인시켰다. 진주강씨
의 강석기는 백부인 강돈姜焞에게 입양되어, 외조부가 되는 김덕곤金德鵾
(1525~?)은 형兄 김덕룡金德龍(1518~?)과 함께 이황의 문인이었고534),
장인이 되는 신식申湜(1551~1623) 역시 이황李滉(1501~1570)에게 수학
하여535) 남인과도 연혼이 닿았다. 여기에다 신식 가문이 인열왕후 가문과
연혼을 가졌다. 곧 신식의 제수弟嫂(신용의 후취)와 인열왕후에게 백부伯父
가 되는 한백겸(1552~1615)의 사위 홍비洪棐와는 남매간이고, 신식의

---

532) 최완수, 1980, 「추사서파고」 『간송문화』 19

533) 오수창, 1985, 「仁祖代 政治勢力의 動向」 『韓國史學』 13. 64쪽 : 인조반정부터
    인조 3년 8월까지 중앙의 6품 이상 관직에 오른 인물을 대상으로 분석결과 서인이
    64%를 차지하였다.

534) 『성호전집(이익)』 권68 「金雲甫成甫二先生小傳」(한국고전번역원 고전번역총서).

535) 『葛庵集(李玄逸)』 별집 권6 「嘉善大夫司憲府大司憲兼同知春秋館事 贈資憲大夫
    吏曹判書兼知經筵義禁府春秋館成均館事 弘文館大提學 藝文館大提學 五衛都摠
    府都摠管拙齋先生申公諡狀(신식)」(한국고전번역원 고전번역총서). : 신식은 이
    황이 돌아간 후 성혼(1535~1598)에게서 수학하기도 하였다.

형수兄嫂(김정준의 딸)와 한백겸의 처와는 자매간이다. 신식이 부친상을 치르면서 심하게 야위어 한준겸으로부터 걱정하는 편지를 받는 등 한준겸과도 교류하였던 것으로 보인다.

【고령신씨 신식·강석기 혼맥도】 : 부록 355쪽 참조

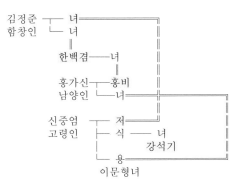

강석기 가문은 조선 전기에는 크게 두드러진 가문이 아니었다. 그러나 강성기의 친가는 서인의 핵심 가문들과 혼맥과 학맥이 폭넓게 닿았다. 생부生父 강찬姜燦(1557~1603)이 이이李珥(1536~1584)와 성혼을 흠모하였고, 송익필(1534~1599)과 김계휘(1526~1582)로부터 수학하여 선조 16년(1583) 문과에 급제하였다. 그러나 일직 돌아가 벼슬이 이조참의·관찰사에 그쳤다.536) 강찬의 부인이 바로 김계휘의 동생이 되는 김은휘金殷輝(1541~1611)의 맏딸이어서, 강찬은 송준길(1606~1672)의 부친이 되는 송이창宋爾昌(1561~1627)과는 동서간이며, 김장생과는 4촌처남매부간이 된다. 이런 인연으로 강석기는 김장생의 문인이 된다.537) 강석기(1580~1643)의 아들 강문성姜文星(1603~1646)과 강문

___

536) 『청음집(김상헌)』 권33 「觀察使姜公墓誌銘(강찬)」(한국고전번역원 고전번역총서).
　　　『신독재전서(김집)』 권10 「月塘姜公行狀(강석기)」(한국고전번역원 고전번역총서).
537) 『사계전서(김장생)』 권47 附錄 「門人錄」(한국고전번역원 고전번역총서).

두姜文斗가 신흠(1566~1628) 가문의 딸과 혼인하였다. 신흠은 인조반정 후 인조 5년까지 이조판서·우의정·좌의정·영의정으로 활약하였다. 강석기의 아들 강문명姜文明(1613~1646)은 김상용(1561~1637)의 아들 인 김광현의 딸과 혼인하는 등 서인의 안동김씨와도 연혼이 닿았다. 가례 당시 신흠은 좌의정으로 가례도감 도제조를, 김상용은 겸예조판서로 제조의 일원으로 참여하였다.538)

강석기는 광해군 8년(1616) 문과에 급제하였으나 당상관으로 있던 장인 신식과 함께 당하관 신분으로서 폐모에 참여하지 않은 대표적인 인물로539) 이후 정계에 나아가지 않았다. 인조반정 후 다시 나아가 전한을 지내다540) 딸이 세자빈으로 간택되었다. 이후 대표적인 척화파로 활동하며 인조 18년(1640)에는 우의정에 올랐다.

【금천강씨 강석기·김장생·송준길·김상용 혼맥도】 : 부록 355쪽 참조

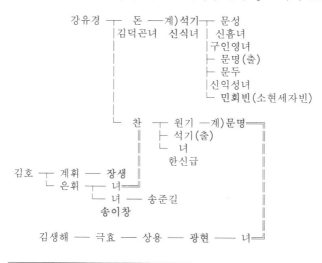

---

538) 『昭顯世子嘉禮都監儀軌』 4면(규장각한국학연구원)

539) 『광해군일기』 권123 광해군 10년 1월 4일.

540) 『신독재전서(김집)』 권10 「月塘姜公行狀(강석기)」(한국고전번역원 고전번역총서).

이후 인조 9년 서인계 김상용金尙容(1561~1637)의 사위이며 김장생金長生(1548~1631)의 문인인 장유張維(1587~1638)의 딸(1618~1674)이 봉림대군(효종, 1619~1659)의 부인이 되었다. 전술하였듯이 김상용의 아들 김광현金光炫(1584~1647)이 강석기와는 사돈간이었다.

그러다 인조 13년(1635) 12월 인조의 초취 인열왕후가 승하한 후 다음해 겨울 병자호란이 발발하였다. 정묘·병자호란을 거치는 동안 서인들은 청나라에 끝까지 저항한 반청파反淸派인 청서파淸西派와 화의和議를 진행시킨 친청파親淸派인 공서파功西派로 나뉘어 대립하게 되었다.541) 정국은 최명길이 우의정·좌의정·영의정에 오르는 등542) 주화파들이 우세하였다.

장렬왕후의 간택 당시는 선조대 인목대비가 계비로 간택되어 광해군대의 혼란을 경험하였고, 병자호란을 겪고 난 후였다. 또 세자가 청나라에 억류된 상황이었다. 처음 인조는 계비繼妃를 맞이하는 것에 대해 해독은 있으나 유익함은 없었다고 하면서 조심스러운 태도를 보였다.543) 조창원 가문은 전술하였듯이 소현세자의 외가인 한준겸 가문과, 처가인 강석기 가문과도 가까웠으며, 병자호란 이후 주도한 세력인 최명길 등 주화파 세력과도 가까웠다.

주화파 세력이 주도하게 되니 인조 16년(1638) 11월 김상헌은 삭탈관작削奪官爵 되었다가 인조 18년 청나라에 끌려가고, 인조 20년에는 청국의 연호를 쓰지 않는다고 하여 신익성·신익전 형제 등 척화 오신이 압송되는 상황이었다. 그러다가 인조 말년에는 김자점처럼 적극적으로 청나라와 결탁하는 세력도 형성되었다. 김자점은 한준겸의 사위가 되는

---

541) 지두환, 1987, 「조선후기 예송연구」 『부대사학』 11.
542) 『西溪集(朴世堂)』 권11 「領議政完城府院君崔公神道碑銘」(한국문집총간).
543) 『인조실록』 권34 인조 15년 3월 27일.

정백창을 통해 궁으로 들어간 인조후궁 조귀인544)과 밀착하여 인조 22년(1644) 심기원옥사를 일으키며 주도하였다.

이런 상황에서 인조 23년 2월 소현세자가 환국 후 급서하고, 소현세자 의 아들 대신 주화파의 지지를 받는 장유의 사위 봉림대군이 형망제급의 변칙으로 세자에 책봉되었다.545) 이후 효종의 즉위로 장유張維(1587~ 1638)의 딸(인선왕후)이 왕비에 오른다.546) 그러나 효종이 즉위하여 산림 들을 등용하고, 송준길 등 산림 세력이 김자점 같은 적극적인 친청파 인사들을 탄핵한다. 이때 김자점에 당부하는 인물로 신면이 언급되었는 데547), 김석주가 신면과 인척이어서 이를 옹호해 주고 있어 548) 산림과는 다른 입장을 취하고 있었다.

이후 효종 1년 1월 김집과 김육이 대동법 시행 방법을 두고 한당과 산당으로 대립되는 상황에서, 점차 청나라의 압박이 심해졌다. 청나라는 척화신들을 등용하고 김자점을 내쳤다고 하는 등의 문제를 삼아 사은사를 구류하기도 하였다.549) 그래서 산림들이 정국을 떠날 수 밖에 없었을 것이며, 청사淸使가 갑자기 방문하였을 때 김상헌·김집·송준길·송시 열 등은 조정에 없었다고 하는 실록의 언급은550) 당시의 상황이 잘 드러난다고 할 수 있다.

이에 현실적으로 척화를 주도한 산림계 가문을 세자빈으로 간택하는

---

544)『인조실록』권34 인조 8년 7월 2일.
545) 지두환, 1987,「조선후기 예송연구」『부대사학』11.
546) 지두환, 1987,「조선후기 예송연구」『부대사학』11.
547)『효종실록』권2 효종 즉위년 9월 13일.
　　　『효종실록』권8 효종 3년 3월 23일. : 신면은 청나라와 실제로 내통한 것으로 보인다.
548)『효종실록』권6 효종 2년 1월 11일.
549)『효종실록』권3 효종 1년 3월 1일.
550)『효종실록』권3 효종 1년 2월 18일.

것은 당시로서는 어려웠을 것이다. 가계도에서 언급하였듯이 김육은
주화파 최명길과 효종의 장인이 되는 장유와 매우 가까웠다. 그래서
김육(1580~1658)의 손녀가 왕세자빈(명성왕후)으로 간택되었을 것이
다. 더군다나 인열왕후에게 4촌오빠가 되는 한준겸의 조카 한흥일(1587
~1651)은 병자호란 당시 소현세자와 봉림대군을 배종한 인연도 있었고,
이때 산림 김집을 대신 해서 이조판서에 오르며 활약하고 있었다. 김육은
효종 즉위년 9월에 우의정에 올랐다가 효종 2년 1월 영의정으로, 한흥일
은 우의정으로 임명되는 등 당시 정국을 주도하였다.

그러다 효종 5년 김홍욱金弘郁(1602~1654)이 강빈원옥을 직간하다
장살되자 민심이 흉흉해졌다. 이를 회유하기 위해 김상헌·김집 계열의
청서파淸西派를 대거 영입할 것이 건의되어551) 효종대 후반 송시열·송
준길 등 산림 세력이 대거 진출하였는데, 이후원李厚源(1598~1660)과
김익희金益熙(1610~1656)가 이들을 적극 후원하였다.552) 이후원은 사
위가 김육의 손자인 김석주金錫胄(1634~1684)였고, 김우명의 장인이
되는 송국택과는 같은 김장생의 문인으로 가까워 효종 4년 이조판서·우
의정에553) 오르며 활약하였다. 이후원의 처남이 되는 김익희 역시 효종
7년 5월 이조판서에 오르며 4촌동서(이덕수, 이덕사의 사위임) 사이로
친밀하게 지낸 송시열을554) 후원하였다. 이에 효종대 후반 산림 세력이
대거 진출하며 주도하기 시작하였다. 이후 현종대에도 산림 세력의 주도
가 이어진다.

551) 지두환, 2001,『효종대왕과 친인척』(역사문화).
552) 지두환, 2008,「迂齋 李厚源의 生涯와 政治活動」『한국학논총』30.
　　　『현종실록』권2 현종 1년 2월 4일. 이후원 졸기.
553)『효종실록』권11 효종 4년 11월 6일. ;『효종실록』권19 효종 8년 9월 2일.
554)『효종실록』권1 효종 즉위년 6월 26일.

# 제2장 숙종대 전반 왕비 가문

## 1. 숙종대 전반 왕비 가문

### 1) 숙종비 광산김씨

현종 11년(1670) 12월 이조참의로 있던 김만기金萬基(1633~1687)의
딸(1661~1680)이 세자빈으로 정해져555) 다음해 3월 세자빈에 책봉되
었다가556) 1674년 숙종이 즉위하여 왕비에 오르니 인경왕후이다. 간택
당시 대왕대비로 장렬왕후莊烈王后가, 왕대비로 현종의 모후인 인선왕후
仁宣王后가, 왕비로 명성왕후明聖王后가 있었다.

김만기의 5대조 김계휘金繼輝(1562~1582)는 명종 4년(1549) 문과에
급제하여 선조대 대사헌·대사간·공조참판 등을 지내다 졸하였는데,
어질고 청백했다는 이이李珥(1536~1584)의 평가가 있었다.557) 김만기의
증조부인 김장생金長生(1548~1631)은 이이의 제자이며558) 장유張維(1587
~1638)·송준길(1606~1672)·송시열 등의 스승이다.559) 조부 김반金槃
(1580~1640)은 김집金集(1574~1656)의 동생이다. 김집은 효종대 유림의
영수로 추앙받으며560) 이조판서에 임명되지만 연산에 있으면서 정계에
는 나가지 않다가 효종 7년에 졸하고561) 현종 2년에 효종 묘정에 배향할

---

555) 『현종실록』 권23 현종 11년 12월 26일.
556) 『현종실록』 권19 현종 12년 3월 22일.
557) 「김계휘신도비(崔岦 撰)」(국립문화재연구소 한국금석문종합영상정보시스템).
558) 『인조실록』 권25 인조 9년 8월 9일. 김장생 졸기
559) 『사계전서』(김장생) 卷47 「門人錄」(한국고전번역원 고전번역총서) : 이외에도
    李厚源·崔鳴吉·宋國澤·任義伯·黃一皓·趙相禹·朴瀗·金塗·李時白·申
    景禛·具宏·羅萬甲·金光爀·尹履之·韓德及·鄭宗溟 등이 있다.
560) 『효종실록』 권8 효종 3년 4월 3일. ; 『효종실록』 권16 효종 7년 윤5월 22일.

신하로 김상헌과 함께 뽑히게 되었다.562) 송익필의 문인인 김반金槃
은563) 일찍이 대사헌大司憲이 되어 이계李烓 등을 논박論駁하여 배척排斥하
고, 김상헌金尙憲을 구출救出한 것으로서 춘추대의春秋大義를 밝혔다.564)
부친 김익겸(1615~1637)은 윤지尹墀(1600~1644)의 따님 해평윤씨(1617~
1689)와 혼인하였는데, 윤지는 윤두수尹斗壽(1533~1601)의 증손자로, 부
친 윤신지尹新之(1582~1657)는 선조宣祖 후궁 인빈김씨 소생인 정혜옹주
(1584~1638)와 혼인하여 부마가 된 인물이다. 김익겸은 생원시에 장원
하였고, 병자호란이 일어나자 어머니를 모시고 강도江都에 피난 중 적이
이르자 남문루에서 김상용을 따라 순절하였다.565)

   김만기 가문은 왕실의 여러 서인계 가문의 대비들과도 가까웠다. 현종
의 생모인 인선대비는 부친 장유가 김만기에게 증조가 되는 김장생의
제자임을 알고 있었고566), 현종비인 명성왕후와 4촌간인 김석주金錫胄
(1634~1684)는 김만기와는 4촌간이다. 곧 김석주의 장모가 되는 김반의
딸(이후원처李厚源 妻)이 김만기에게는 고모가 된다.

---

561) 『효종실록』 권8 효종 3년 4월 8일. 『효종실록』 권16 효종 7년 윤5월 13일. 김집 졸기.
562) 『현종실록』 권2 현종 2년 4월 24일.
563) 『신독재전서』 권8 「亡弟參判墓誌銘(김반)」(한국고전번역원 고전번역총서).
564) 『숙종실록』 권11 숙종 7년 2월 243일. 「인경왕후지문」(송시열 찬).
565) 『숙종실록』 권11 숙종 7년 2월 22일. 「인경왕후지문」(송시열 찬).
566) 『숙종실록』 권11 숙종 7년 2월 22일. 「인경왕후지문」(송시열 찬) : 처음에 仁宣大
   妃께서 말씀하시기를, '文元 金公(김장생)은 진실로 우리 先考 文忠公(장유)의
   스승이었는데, 이제 내가 그 子孫과 함께 王家의 지어미가 되었으니, 또한 한결같이
   기이하다.' 하셨다

【광산김씨 김만기 가계도】 : 부록 362쪽 참조

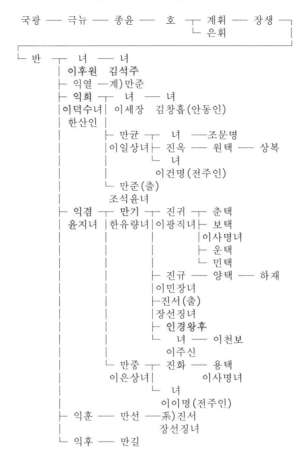

또 김만기의 장모(한유량처韓有良 妻)와 4촌간인 이혜李嵇의 부인(申翊全女)은 장렬대비에게 조카가 된다. 세자빈 간택 이후에도 김만기의 처남한두유韓斗愈(1632~1679)는 며느리로 인선내비와는 4촌간인 장선엄張善淹의 딸을 맞았고, 김만기의 아들 김진서金鎭瑞가 인선대비의 오빠인 장선징張善澂의 딸과 혼인하여 왕실 대비들의 친정과의 연혼이 계속되었다.

【청주한씨 한유량·김만기·인선왕후·장렬왕후 혼맥도】 : 부록 363쪽 참조

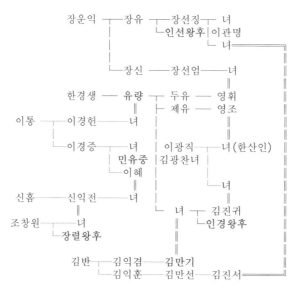

김만기의 증조 김장생(1548~1631)과 송준길(1606~1672)의 모친과(金
殷輝의 女)는 4촌간으로 이후 김장생 후손의 많은 인물들은 김장생에게
제자가 되는 송시열·송준길과 학맥과 혼맥이 이어졌다. 가학을 전수
받고 장유와 정홍명에게서 고문古文을 배운 김익희金益熙(1610~165
6)567) 역시 김장생의 제자인 이덕수李德洙(1577~1645)의 딸 한산이씨와
혼인하였다. 이덕수는 송시열(1607~1689)의 장인이 되는 이덕사의 형이
되어 김익희와 송시열은 4촌동서간이 된다. 이런 연혼으로 김익희는
송시열宋時烈(1607~1689)과 친하게 지냈다.568)

김만기는 백부 김익희金益熙에게서 수학하기도 하였으며 송시열의
문인이 되어, 효종 3년(1652) 사마시를 거쳐 이듬 해 별시 문과에 급제하

---

567) 『송자대전』 권158 「滄洲金公神道碑銘(김익희)」(한국고전번역원 고전번역총서).
568) 『효종실록』 권1 효종 즉위년 6월 26일.

였고, 김만중金萬重(1637~1692)은 아버지 김익겸이 강도에서 순절한 후 유복자로 태어나 역시 송시열의 문인이 되어 현종 6년 문과에 급제하였다. 김만기와는 4촌간인 김만균金萬均(1631~?) 역시 송시열의 문인으로 효종 5년(1654) 문과에 급제하여 사인舍人·승지를 역임하였다.569)

　김만기 가문은 당시 주도하던 서인의 여러 명문가와 혼맥이 닿았다. 김만균(1631~?)의 장인은 효종대 대제학·판서를 지낸 연안인 이일상李一相(1612~1666)인데, 이일상과 4촌간인 이은상李殷相은 김만중의 장인이 되어 겹사돈 관계였다. 또 김진귀金鎭龜(1651~1704)의 장모(李光稷妻)는 김수항金壽恒(1629~1689)과 남매간이며, 김만기의 4촌누이(이세장처 李世長妻)는 사위로 김수항의 아들 김창흡金昌翕(1653~1722)을 맞아 역시 겹사돈 관계였다. 김진귀金鎭龜의 동생 김진규金鎭圭(1658~1716)는 송시열의 문인으로 전주인 이민장李敏章의 딸과 혼인하여 송시열의 손자 송주석宋疇錫(1650~1692)과 동서간이 되며, 김만중과 김만균의 사위에 전주이씨의 이이명李頤命(1658~1722)·이건명李健命(1663~1722)이 있다. 이처럼 김만기 가문은 연안이씨·전주이씨·안동김씨와 겹사돈 관계였다.

---

569)『현종개수실록』권23 현종 11년 10월 19일. ; 『현종실록』권20 현종 13년 2월 18일.

【전주이씨 이이명, 김만기, 연안이씨 이일상・이은상, 안동김씨 혼맥도】: 부록 364
쪽 참조

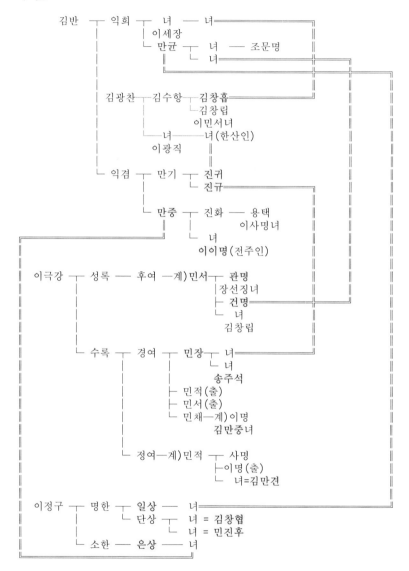

김만중은 숙종 15년(1689) 기사사화로 남해에 위리안치 되어 숙종 18년(1692)에 유배지에서 돌아갔다. 김진귀金鎭龜와 김진규金鎭圭도 환국으로 부침하는 가운데, 김진귀는 5조의 판서를 지내고 어영대장·수어사御營大將·守禦使 등의 직책을 겸임하다 숙종 30년에 졸하였다.[570] 김춘택金春澤(1670~1717)은 숙종 27년(1701) 소론의 탄핵을 받아 부안扶安에 유배되었다가 숙종 32년(1706) 희빈장씨의 소생인 세자를 모해하였다는 혐의로 김진규와 함께 유배되었다.[571] 이후 김진규는 숙종 34년 석방 되어[572] 대제학·판서를 지내다 숙종 42년에 졸하였고[573] 김춘택도 숙종 38년 5월 방송放送되어[574] 숙종 43년 돌아갔다.

김만중의 손자이며 이사명의 사위인 김용택金龍澤은 신임사화때 고문받다 돌아갔고[575] 김진귀金鎭龜의 아들 김운택金雲澤·김민택金民澤은 옥중에서 죽었다.[576] 아울러 김만균의 딸이 조인수趙仁壽와 혼인하였고, 그의 아들 조문명의 딸이 영조대 효장세자(진종)의 효순빈이 된다. 김만기의 외손자 이천보가 영조대 영의정, 김만균의 증손으로 홍봉한·민백상과 친하게 지낸[577] 김상복金相福(1714~1782)도 영의정에 올랐고, 김진규의 아들 김양택金陽澤(1712~1777)도 영의정에 올랐다. 김만기와 아들 김진규金鎭圭, 손자 김양택의 3대가 문형文衡을 맡았다. 그러다 김양택의 아들 김하재金夏材(1745~1784)는 정조 8년에 정조를 비난하다 처형되었다.[578]

---

570) 『숙종실록』 권40 숙종 30년 12월 24일. 김진귀 졸기.
571) 『숙종실록』 권43 숙종 32년 4월 2일.
572) 『숙종실록』 권46 숙종 34년 5월 21일.
573) 『숙종실록』 권48 숙종 36년 6월 19일. ; 『숙종실록』 권57 숙종 42년 6월 3일. 김진규 졸기.
574) 『숙종실록보궐정오』 권51 숙종 38년 5월 13일.
575) 『경종실록』 권7 경종 2년 4월 13일.
576) 『경종수정실록』 권3 경종 2년 12월 3일.
577) 『영조실록』 권97 영조 37년 2월 15일.

2) 숙종계비 여흥민씨

숙종 6년(1680) 숙종의 비 인경왕후가 승하하고 숙종 7년에 민유중閔維重의 딸이 간택되어579) 왕비에 오르니 인현왕후이다. 현종 15년(1674) 2차 예송으로 서인이 실각하고 남인이 정계를 주도하였다가 숙종 6년(1680) 4월 경신환국으로 남인이 패퇴하면서 다시 서인이 집권하는 시기였다.

민유중의 증조 민여건閔汝健은 장흥고령長興庫令을 지냈다. 조부 민기閔機(1568~1641)는 선조 30년(1597) 문과에 급제하여 선조대 사헌부감찰·공조좌랑, 광해군대 순창군수·부안현감 등을 지냈으며 인조대 승지를 거쳐 인조 14년(1636) 경주부윤慶州府尹을 지내다가 병자호란 후 은거하였다.580) 부친 민광훈閔光勳(1595~1659)은 인조 6년(1628) 문과에 급제하여 효종대 승지·강원도 관찰사를 지냈다.581) 민광훈의 여동생은 김상헌金尙憲(1570~1652)의 문인 조석윤趙錫胤(1605~1654)과 혼인하였는데, 조석윤은 인조 6년(1628) 문과에 급제 하였고 병자호란 당시 척화를 주장하였으며 효종 때 이조참판과 대제학을 지냈다.

민유중의 형 민시중閔蓍重(1625~1677)·민정중閔鼎重(1628~1692)은 김만기와 함께 송시열의 제자다. 민유중(1630~1687)은 송준길의 사위이자 문인이며, 송시열을 사사하였다.582) 민시중은 현종 5년(1664) 문과에 급제하여 현종대 호조참판 등을, 민정중閔鼎重은 인조 27년(1649) 문과에 급제하여 현종대 이조판서·의정부참찬議政府參贊 등을, 민유중도

578) 최성환, 2009, 「정조대 탕평정국의 군신의리 연구」(서울대 박사논문), 167~170쪽.
579) 『숙종실록』 권11 숙종 7년 3월 26일.
580) 『同春堂集(송준길)』 권18 「慶州府尹贈領議政閔公墓表(민기)」(한국고전번역원 고전번역총서).
581) 『효종실록』 권8 효종 3년 4월 9일. ; 『효종실록』 권10 효종 4년 5월 9일.
582) 『한수재집(권상하)』 권24 「驪陽府院君文貞閔公維重神道碑銘」(한국고전번역원 고전번역총서).

효종 1년(1650) 문과에 급제하여 현종대 우참찬·호조판서를 역임하였
다. 그러다가 남인이 집권하여 숙종 1년 2월 민시중은 경기도 관찰사로
나갔고[583] 윤5월에 민정중과 민유중은 삭출削黜되었다.[584] 이후 민시중
은 형조판서를 지내지만 숙종 3년에 졸하였고[585] 민유중은 숙종 4년
직첩을 돌려 받지만[586] 민정중과 함께 숙종 5년에 유배되었다.[587] 숙종
6년 경신환국 이후 민정중은 우의정에, 민유중은 공조판서에 임명되었
다.[588]

인현왕후 간택에 앞서 숙종 7년(1681) 3월 4일 송시열이 율곡 이이가
선조 초비를 간택할 때 올린 봉사를 빗대어 중전 간택에 신중할 것을
현도상소縣道上疏하였고, 3월 26일 삼간택 후 명성대비(현종비)는 빈청賓
廳에 모인 시원임時原任 대신에게 언서로 민유중 가문으로 정하였다고
하교하였다. 당시 숙종이 21세로 친정을 하였지만 대비가 간택에는 어느
정도의 영향력이 발휘한 것으로 보인다.


【여흥민씨 민유중 가계도】 : 부록 365쪽 참조

민제인 ── 사용 ┬ 여건 ──系)기 ▶
            │강사상녀
            │
            ├ 여준 ──기(出)
            │
            └ 여임 ── 계 ── 광혁 ── 치중


---

583) 『숙종실록』 권2 숙종 1년 2월 6일.
584) 『숙종실록』 권4 숙종 1년 윤5월 15일. ; 『숙종실록』 권4 숙종 1년 6월 4일.
   ; 『숙종실록』 권4 숙종 1년 10월 9일.
585) 『숙종실록』 권5 숙종 2년 1월 18일. ; 『숙종실록』 권6 숙종 3년 2월 3일.
586) 『한수재집(권상하)』 권24 「驪易府院君文貞閔公維重神道碑銘」(한국고전번역원 고전번역총서).
587) 「閔鼎重神道碑(李縡 撰)」(국립문화재연구소 한국금석문종합영상정보시스템).
588) 『숙종실록』 권9 숙종 6년 4월 29일.

민기 ─┬─ 광훈 ─┬─ 시중 ─┬─ 진하
홍익현녀│이광정녀│ 홍탁녀 │조귀석녀(양주인)
남양인 │ 연안인 │        └ 진주
　　　　│　　　　│
　　　　│　　　　├─ 정중 ─┬─ 녀 ── 녀
　　　　│　　　　│ 신승녀 │ 이인식　홍치중(남양인)
　　　　│　　　　│ 홍처윤녀│ 경주인
　　　　│　　　　│        └ 진장
　　　　│　　　　│            남이성녀(의령인)
　　　　│　　　　│
　　　　│　　　　├─ 유중 ─┬─ 녀 ── 이재
　　　　│　　　　│ 이경증녀│ 이만창
　　　　│　　　　│ 송준길녀│
　　　　│　　　　│ 조귀중녀├─ 진후 ─┬─ 녀
　　　　│　　　　│        │ 이단상녀│ 조규빈(양주인, 조계원 증손)
　　　　│　　　　│        │ 이덕로녀├─ 녀
　　　　│　　　　│        │        │ 김광택(광산인, 김만중 孫)
　　　　│　　　　│        │        ├ 익수 ─┬─ 백분
　　　　│　　　　│        │        │ 남정중녀└─ 녀 ── 홍상간
　　　　│　　　　│        │        │ 의령인　홍지해
　　　　│　　　　│        │        └ 우수
　　　　│　　　　│        │            윤경적녀(칠원인)
　　　　│　　　　│        │
　　　　│　　　　│        ├─ 진원 ─┬─ 창수
　　　　│　　　　│        │ 윤지선녀│ 김창집녀(안동인)
　　　　│　　　　│        │ 파평인 ├ 형수 ─┬─ 백상─계)홍섭(初名 弘烈)
　　　　│　　　　│        │        │ 이세항녀└─ 백홍──홍섭(出)
　　　　│　　　　│        │        │ 용인인
　　　　│　　　　│        │        ├ 통수 ── 백선 ── 항렬
　　　　│　　　　│        │        │ 송상기녀(은진인)
　　　　│　　　　│        │        └ 녀=이주진(덕수인)
　　　　│　　　　│        │
　　　　│　　　　│        ├─ 인현왕후
　　　　│　　　　│        └ 진영 ─┬─ 낙수
　　　　│　　　　│          이명승녀└─ 각수
　　　　│　　　　│          송상진녀　조정순녀(임천인)
　　　　│　　　　├─ 녀
　　　　│ 홍주원─┼홍만형
　　　　│        └─ 녀
　　　　│            정보연(연일인, 정철 현손)
　　　　│
　　　　└─ 녀 ─┬─ 녀
　　　　　 조석윤 │ 송광식(송준길 子)
　　　　　 백천인 │
　　　　　　　　 └─ 녀
　　　　　　 김익희──김만준

　민유중의 고모부가 되는 김상헌의 문인 조석윤은 딸이 송준길의 1남 송광식宋光栻(1625~1664)과 혼인하였다. 이런 인연으로 민유중(1630~1687)은 처음 혼인한 이경증의 딸(1628~1652)이 일찍 졸하여 송시열과 함께 산림을 대표하는 송준길의 딸(1637~1672)과 혼인하였다.

　민유중 가문도 장렬대비(인조계비)·숙종의 모후인 명성대비(현종비)·숙종 초비인 인경왕후의 친정 가문과 혼맥이 닿았다. 민유중의 처음 장인이 되는 이경증李景曾은 김만기(1633~1687)의 처외조부인 이경헌李景憲의 동생이고, 민유중의 4촌매부로 조석윤의 사위인 김만준이 김만기와 4촌간이다. 또 민유중의 아들 민진후閔鎭厚(1659~1720)가 이명한의 손녀사위로 김만준의 형 김만균(1631~?)과는 4촌동서사이다. 민유중의 처남이 되는 이혜李嵇(1635~1679)의 부인은 장렬대비에게 형부가 되는 신익전申翊全(1605~1660)의 딸이다. 민정중은 신익전에게 형이 되는 신익성의 손녀와 혼인하였고, 민시중의 아들 민진하閔鎭夏(1643~1673)는 효종 9년(1658) 조계원의 손녀이자 장렬대비의 조카가 되는 조귀석趙龜錫의 딸(1642~1709)과 혼인하였다.

　특히 민시중은 처가를 매개로 안동김씨와도 혼맥이 닿았다. 민시중은 홍탁의 딸과 혼인하였는데, 처남이 되는 홍주천洪柱天(1618~?)은 김수항金壽恒(1629~1689)과 처남매부간이다. 김수항은 효종비인 인선왕후와는 외가로 6촌간이서 현종대 좌의정에 오르고[589] 숙종 초 유배되지만 숙종 6년에 영의정에 제배되고 간택 당시에도 영의정이었다.[590]

---

589)『현종실록』권22 현종 15년 7월 26일.
590)『숙종실록』권9 숙종 6년 4월 3일.

【덕수이씨 이경증·민유중·김만기·장렬왕후·김수항 혼맥도】 : 부록 366쪽 참조

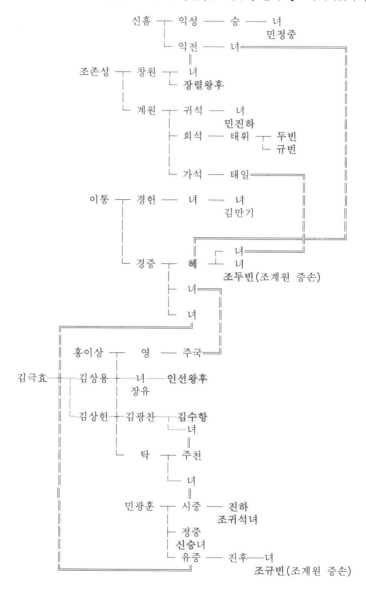

민시중의 아들 민진주閔鎭周(1646~1700)도 송시열의 문인으로 숙종
대 대사헌·이조판서 등을 지냈다. 민정중의 아들 민진장閔鎭長(1649~
1700) 역시 송시열의 문인으로 숙종대 우의정까지 올랐고, 민유중의
아들 민진후閔鎭厚(1659~1720)도 송시열의 문인으로 숙종대 예조판
서·의정부우참찬 등을 지냈다. 민진후의 동생 민진원閔鎭遠(1664~
1736)도 송시열의 문인으로 경종대 신임사화로 유배되었다가 영조대
좌의정을 지냈다.

민정중의 외손녀사위 홍치중洪致中(1667~1732)은 영조대 영의정을
역임하였다. 민진후의 사위로 김만중의 손자인 김광택金光澤(1685~
1742)은 신임사화로 유배되었고 형 김용택은 죽임을 당하였다. 민유중의
외손자 이재李縡(1680~1746)는 김창협의 문인으로 노론 낙론을 대표하
는 학자였다.

민유중의 증손자 민백상이 영조대 우의정을 지내다 졸하였다. 민백분
의 외조카이자 홍계희의 손자인 홍상간洪相簡(1745~1777)과 7촌조카
민항렬閔恒烈(1745~1776)이 정조 즉위를 반대하였다가 처형되었
다.591) 또 민백상은 동생이 되는 민백흥閔百興의 아들 민홍섭閔弘燮을
후사後嗣로 삼았는데, 민홍섭이 정조의 즉위를 반대한 홍계능洪啓能과
서로 결탁을 했다가 몰락하였다.592)

---

591) 지두환, 2014, 『왕실친인척과 조선정치사』(역사문화).
592) 『영조실록』 권97권 영조 37년 2월 15일. 민백상 졸기.

## 2. 왕비 가문의 성격

현종 11년(1670) 12월 세자빈으로 간택된 김만기의 딸이 1674년 숙종이 즉위하여 왕비(인경왕후)에 올랐다가 숙종 6년에 돌아가, 숙종 7년 민유중의 딸이 숙종의 계비로 간택되어 왕비(인현왕후)에 올랐다. 김만기의 딸이 간택될 때는 전술하였듯이 효종대 후반 청서파가 대거 진출하고 이후 계속 주도하였던 시기였다. 효종대 후반 세자빈 가문인 청풍김씨와는 사돈인 이후원과 그의 처남 김익희가 송시열·송준길을 적극 후원하여 이들이 계속 주도하였다.

현종이 1659년 즉위하였을 때는, 왕비와 대비 가문의 친정이 산림과 매우 친밀하여 산림을 적극 옹호하고 있었다. 명성왕후의 동생인 김석연(1648~1723)과 인선대비의 4촌 장선연, 송시열의 아들인 송기태(1629~1711)가 모두 이정한의 사위들로 동서사이인 연혼도 있었다. 김상용의 외손녀이자 현종의 모후인 인선대비(효종비)가 현종 15년까지 있었고, 김장생의 문인이자 송준길과는 10촌간인 송국택(1597~1659)의 외손녀 명성왕후(현종비)는 숙종 9년까지 있었다. 이에 친정가의 인물이 발탁되어 중책을 맡아 갔다. 현종의 즉위 후 인선대비(1618~1674)와 6촌간으로 척화파의 수장 김상헌의 손자가 되는 김수항金壽恒(1629~1689)이 효종대 문과에 급제한 후 현종~숙종대 정계를 주도하였다.593) 김수항은 현종 4년에 이조판서에, 현종 13년에는 우의정에 오른다.594) 인선대비의 오빠 장선징張善澂(1614~1678)이 현종 3년 문과에 급제하고 현종 6년 동부승지로 발탁되고 현종 7년에 도승지에 오르며595) 활약하고

---

593) 지두환, 2009, 「文谷 金壽恒의 家系와 政治的 活動」, 『한국학논총』 32.
594) 『현종개수실록』 권25 현종 13년 5월 16일.

있었다.

이렇게 송시열·송준길이 산림으로 주도하며, 이들과 가까운 왕비·
대비 친정의 인물들이 활약하는 가운데 현종 11년 송시열 등과 연계되고,
김장생·김집의 후손인 척화 산림 가문의 김만기의 딸이 왕세자빈으로
배출된다.

그러다 현종 후반기에는 앞서 효종대에 한당漢黨·산당山黨으로 김육
과 김집이 분리되었던 것이, 김육의 수도隧道 문제·민신閔愼 상복문제로
김좌명·김석주가 남인과 연합하여 숙종의 즉위 후 남인이 집권하게
되었다. 이는 앞장의 김우명 가계에서 언급하였듯이 청풍김씨가 남인과
의 연계가 있었기 때문에 가능하였을 것이다. 김좌명(1616~1671)은
남인 서필원徐必遠(1614~1671)과는 평소 친하게 지내며596) 1차 예송에
서 부친 김육과 친하게 지낸 남인 조경과 의견이 같아597) 송시열의
예론을 틀리다고 여겼다.598) 김육은 특히 인평대군(1622~1658)과 친하
여599) 연혼 관계를 이어갔는데, 외손녀(황도명의 딸)가 복창군(1641~
1680)과600) 손자 김석달金錫達(1657~1681)은 복녕군(1639~1670)의
딸(1656~1698)과 혼인하였음도 언급하였다. 인평대군 아들들인 복녕군
(1639~1670) 등 삼복三福 형제는 친형제親兄弟가 없는 현종(1641~1674)
과는 가장 친하였으며601), 생질로 청남清南 오정창吳挺昌 등과 함께 당시

595) 『현종개수실록』 권12 현종 6년 3월 16일. : 『현종개수실록』 권16 현종 7년 9월 9일.
596) 『현종개수실록』 권19 현종 9년 8월 3일.
597) 『현종개수실록』 권19 현종 9년 4월 12일.
598) 『현종개수실록』 권11 현종 5년 10월 28일.
599) 『潛谷遺稿(김육)』 권12 「領議政昇平府院君贈諡文忠金公墓誌銘」(한국고전번역
    원 고전번역총서). : 전하께서 신 김육이 공(인평대군)과 친하게 지내어 … 묘비명
    을 짓게 하였다.
600) 『숙종실록』 권38 숙종 6년 윤8월 4일.
601) 『현종개수실록』 권27 현종 14년 12월 18일.

세력이 가장 컸다.602)

이후 서인들이 대거 제거되거나 퇴거하는 가운데 복창군福昌君 형제와 연합한 허적 등 남인南人들이 일시적으로 정권을 장악하게 되고, 오히려 송시열을 비롯한 서인들을 처벌하는 문제로 강경파인 청남淸南과 온건파인 탁남濁南으로 갈라질 정도로 남인이 정국을 주도하게 된다.603)

【동복오씨 오억령, 한준겸·한홍일, 김육, 인평대군 혼맥도】 : 부록 359쪽 참조

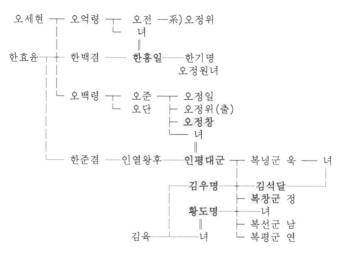

김우명은 송시열 등을 쫓아내어 숙감宿憾을 풀고자 하였으나 이때 남인의 형세가 성하여 다시 제어할 수 없어 후회하게 되었다.604) 이처럼 김우명 자신의 세력마저 풍전등화 격이 되는 운명에 놓이게 되니, 이를 만회하기 위해 숙종 1년 3월 복창군·복평군이 궁녀와 몰래 간통한 사실을 적출摘出해 내어 차자를 올리는 한편, 딸인 대비를 내세워 복창군

602)『숙종실록』권4 숙종 1년 6월 4일.

603) 지두환, 2009,『숙종대왕과 친인척 1』(역사문화 )

604)『숙종실록』권3 숙종 1년 4월 10일. ;『숙종실록』권4 숙종 1년 6월 18일. 김우명 졸기.

형제의 비행을 들어 복창군 형제는 귀양을 가게 되었다.605) 이후 남인의
세력이 조금 꺾여졌다.606) 그리고 김석주도 다시 돌아서서607) 김만기와
함께 윤휴의 집을 기찰譏察하는 등608) 견제하였다. 김만기는 숙종의
장인이어서 서인이 밀려날 때도 총융사摠戎使·훈련대장을 역임하며
건재하였다.609) 또 2차 예송 때 서인의 설을 지지하고610) 김만기와는
사돈간이며 인선대비의 오빠인 장선징張善澂(1614~1678)은 숙종 1년
송시열의 죄를 구하려는 상소를 올리는 등611) 서인의 집권을 위해 노력하
였다.

또 송시열과 친하게 지낸 조사석·조가석 형제들이 송시열 등을 옹호하
였다. 장렬대비(1624~1688)의 4촌동생이 되는 조사석趙師錫(1632~
1693) 역시 승지·호조판서를 지내며 꾸준히 활동하고 있었다.612) 조사
석은 정철의 관작을 추탈하자고 청하자 이를 반대하였고,613) 조가석은
송시열을 상소하였다가 관직이 삭탈되기도 하였다.614)

김좌명·김만기·조사석이 숙종 6년 경신환국을 주도하여 서인 집권
에 공을 세웠다.615) 여기에 명성대비의 동생인 김석익(1635~1686)은

---

605) 지두환, 2009, 『숙종대왕과 친인척 1』(역사문화 ).
　　　『숙종실록』권3 숙종 1년 3월 12일. ;『숙종실록』권3 숙종 1년 3월 14일.
　　　『숙종실록』권4 숙종 1년 6월 18일 김우명졸기.
606)『숙종실록』권3 숙종 1년 4월 1일.
607) 지두환, 1987,「조선후기 예송 연구」『부대사학』11.
　　　『숙종실록』권3 숙종 1년 4월 23일.
608)『숙종실록』권4 숙종 1년 10월 29일.
609)『숙종실록』권2 숙종 1년 1월 18일. ;『숙종실록』권7 숙종 4년 윤3월 21일.
　　　;『숙종실록』권9 숙종 6년 3월 28일.
610)『숙종실록』권3 숙종 1년 4월 10일.
611)『숙종실록』卷2 숙종 1년 1월 15일.
612)『숙종실록』권6 숙종 3년 2월 9일. ;『숙종실록』권10 숙종 6년 12월 13일.
613)『숙종실록』권6 숙종 3년 2월 18일.
614)『숙종실록』권6 숙종 3년 4월 11일.
615)『숙종실록』권23 숙종 17년 윤7월 17일. ;「金萬基神道碑(宋時烈 撰)」(국립문화

특별히 자급資級을 올려받는 등616) 왕비 가문의 친정 인물들이 활약하였다. 이런 상황에서 숙종 7년 송준길의 외손녀이자 송시열의 제자인 민유중의 딸 인현왕후가 계비로 간택된다.

그러다 숙종 15년 인현왕후는 폐비되고 송시열·김수항 등 많은 산림 세력도 화를 입었고, 장희빈이 왕비에 책봉되었다. 다시 숙종 20년에 인현왕후가 왕비에 복위되고 장희빈이 폐빈되었다가 숙종 27년 사약을 받고 돌아갔다.

---

재연구소 한국금석문종합영상정보시스템)
616) 『숙종실록』 권10 숙종 6년 11월 22일.

송시열 초상, 황강영당본

오른쪽 위에 있는 김창협金昌協(1651~1708)의 찬문은 김창협의 동생인
김창업金昌業(1658~1721)이 초상을 그렸음을 말해 준다.

# 제3장 숙종대 후반~영조대 초반 왕비 가문

## 1. 숙종대 후반~영조대 초반 왕비 가문

### 1) 숙종2계비 경주김씨

숙종 27년(1701) 8월 14일 인현왕후가 승하하고, 기년碁年이 지난 숙종 28년(1702) 9월 숙종은 순안현령으로 재직중인 김주신金柱臣(1661 ~1721)의 딸을 왕비로 직접 간택하니617) 인원왕후이다. 당시는 대비가 모두 돌아간 상황이었다.

김주신의 고조부 김명원金命元(1534~1602)은 선조대 정여립鄭汝立의 난을 수습하는 데 공을 세워 평난공신平難功臣에 책봉되었으며 좌의정을 역임하였다. 증조부 김수렴金守廉(1574~1651)은 선조 28년 공신의 아들로 중림찰방重林察訪에 제수되었다가 인조대 첨지중추부사를 지냈으며618), 조부 김남중金南重(1596~1663)은 광해군 10년(1618) 문과에 급제하고 효종~현종대 판서를 지내는 등619) 고조부와 조부가 고위직을 역임하였다. 그러나 부친 김일진金一振(1633~1665)은 효종 5년 생원시에 입격하였으나620) 젊어서 졸하였고, 형 김성신金聖臣(1654~?)과 김주신 자신도 초시에만 입격하고621) 문과에는 급제하지 못하는 등 간택 당시는 크게 주도하지는 못하였다.

---

617) 『숙종실록』 권37 숙종 28년 9월 3일.
618) 『호곡집壺谷集(남유용)』 권17 「贈領議政龜原君金公墓誌銘(김수렴)」(한국문집총간).
619) 『문곡집文谷集(김수항)』 권20 「禮曹判書金公墓表(김남중)」(한국문집총간).
620) 『甲午式年司馬榜目』(한국학중앙연구원 한국역대인물종합정보시스템).
621) 김성신은 숙종 7년 진사시에, 김주신은 숙종 22년에 생원시에 각각 입격하였다.

【경주김씨 김주신 가계도】 : 부록 371쪽 참조

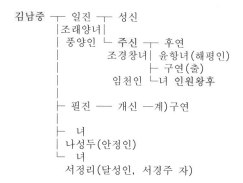

김명원金命元(1534~1602)은 어려서 이황(1501~1570)에게 수학하였
지만622) 서인 정철鄭澈(1536~1593)과는 어려서부터 교류하였다.623)
이에 김명원의 손자로 김주신의 조부가 되는 김남중金南重(1596~1663)
은 서인으로 인조반정 공신인 박정朴炡(1596~1632) 등과 교유하였
고624), 현종 1년 4월 대사헌으로 윤선도를 국문하여 처단할 것을 청하는
등625) 서인 입장을 취하였다.

김주신의 모친은 조래양趙來陽(1614~1648)의 딸(1633~1684)인데,
조래양은 조익趙翼(1579~1655)의 아들로 효종대 영의정을 지낸 이시백
李時白(1581~1660)의 사위이며 윤증(1629~1714)과는 매우 친밀한626)
소론 영수 조지겸趙持謙(1639~1685)의 부친이 되는 조복양(1609~
1671)의 제弟여서, 김주신의 모친이 조지겸과는 4촌간이 된다. 김일진은
부친 김남중과 교유한 박정의 사돈이며 남구만의 숙부가 되는 남이성南二

---

622) 「김명원신도비(이정구 찬)」(국립문화재연구소 한국금석문종합영상정보시스템).
623) 『연려실기술』 권18 선조조고사본말 「선조조상신」, 김명원(한국고전번역원 고전번역총서).
624) 『서계집(朴世堂)』 권13 「成均生員金君墓碣銘(金一振)」(한국고전번역원 고전번역총서).
625) 『현종실록』 권2 현종 1년 4월 21일.
626) 『숙종실록』 권16 숙종 11년 7월 19일.

星(1625~1683)과 교류하였다.627) 아울러 김주신의 이모부가 되는 박태
두朴泰斗의 조부 박미朴瀰(1592~1645)는 박정과 6촌간이다. 이런 인연으
로 김주신(1661~1721)은 박정의 아들이며 남구만南九萬(1629~1711)의
매부인 소론계 박세당朴世堂(1629~1703)에게서 수학하였다.628)

【반남박씨 박태두·박세당, 김주신, 남이성 혼맥도】 : 부록 372쪽 참조

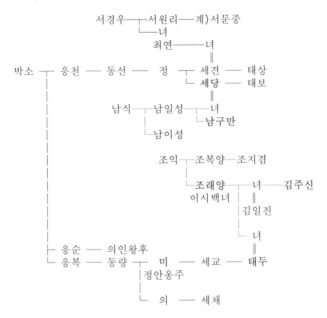

　　경주김씨의 간택은 왕실과 혼맥이 닿았다는 점도 고려해볼 수 있을
것이다. 곧 김주신에게 둘째 고모부인 서정리徐正履(1617~1678)에게는
생질甥姪이 되는 이만웅李萬雄의 딸은 숙종 22년에 간택된 세자빈에게는
증조모629)가 된다. 서정리의 조카이면서 박세당의 형수와 4촌간인 서문

627)「金一振墓碣(朴世堂 撰)」(국립문화재연구소 한국금석문종합영상정보시스템).
628)「金柱臣神道碑(朴宗薰 撰)」(국립문화재연구소 한국금석문종합영상정보시스템).
629)「李萬雄神道碑(宋時烈 撰)」(국립문화재연구소 한국금석문종합영상정보시스템).

중徐文重(1634~1709)은 숙종 28년 1월 숙종 26년에 이어 다시 영의정에
오르며 활약하고 있었다.630)

【대구서씨 서정리·서문중, 김주신, 심호 혼맥도】: 부록 372쪽 참조

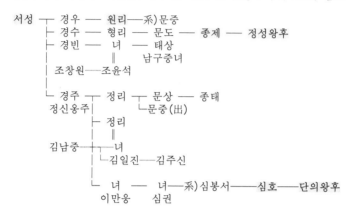

　　특히 당시 주도하던 안동김씨와 혼맥이 주목된다. 김주신의 딸이 간택
될 수 있었던 점은 노론인 김수항(1629~1689)의 처외4촌 아우였던 점도
고려되었다.631) 김주신의 첫째 고모부인 나성두羅星斗(1614~1663) 집
안도 소론이었는데,632) 나성두의 어머니가 이이의 문인인 정엽鄭曄
(1563~1625)의 딸이어서 후손 중에 노론과도 혼맥이 닿게 된다. 곧
나성두의 아들 나명좌羅明佐는 인조 26년에는 송준길의 사위가 되었
고633) 딸은 노론 김수항金壽恒과 혼인하였다. 그래서 김필진의 요청으로
김수항이 김남중의 묘갈명을 남기고 있고634), 김주신의 요청으로 김창협

---

：이만웅(1620~1661)은 김수항과는 지기였고 김수항이 행장을 짓고 송시열이 신도비를
　지었다. 또 이만웅의 조부 이중기는 김상헌과 친하였다.
630) 숙종 28년 1월 24일 계속해서 면직을 청하다 숙종 28년 9월 29일에 허락된다.
631) 최완수, 2006, 『고덕면지』 288쪽(고덕면지 편찬위원회).
632) 정만조, 2010, 「영조대 私親追崇의 정치적 의미」『淑嬪崔氏資料集 3-儀註 式例』(장서각)
633) 『동춘당집(송준길)』 속집 권6 부록1 「송준길 연보」(한국고전번역원 고전번역총서).

이 김일진의 묘지명을 찬하면서 외조모가 김일진의 누이가 된다고 밝히고 있다.635) 아울러 간택 당시 가례도감 도제조가 김상헌의 외증손 이세백李世白(1635~1703)이었고, 제조가 예조판서 김진귀金鎭龜(1651~1704)와 호조판서 김창집이었다.636)

【안정나씨 나성두・김주신・김수항・민유중 혼맥도】 : 부록 373쪽 참조

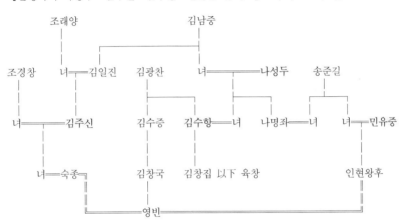

김주신은 영평현령을 역임한 조경창趙景昌(1634~1694)의 딸(1660~1731)과 혼인하였다. 조경창의 조부는 율곡학파를 잇는 대표적 인물인 조희일趙希逸(1575~1638)이다. 처가의 인물들도 김수항 가문과 혼맥으로 가까웠으며 교류하였다. 조희일의 아들로 김주신의 처조부 조석형趙錫馨(1598~1656)은 김상용의 아들이 되는 김광현金光炫(1584~1647)의 딸과 혼인하였다. 장인 조경창은 송준길의 문인인 형兄 조경망趙景望(1629~1694)과 함께 김수항을 방문하는 등 교류하고 있었다.637) 조경망

---

634) 『국조인물고』「김남중묘갈묘(김수항 찬)」 (세종대왕기념사업회)
635) 『農巖集』(김창협) 권27 「成均生員金公墓誌銘(김일진)」(한국고전번역원 고전번역총서).
636) 숙종인원왕후가례도감의궤(肅宗仁元王后嘉禮都監儀軌).
637) 『문곡집(김수항)』 권4 「同福趙使君雲老 景望 來訪。有詩追寄。次韻以謝」(한국

의 아들로 송시열과 송준길의 문인인 조정만趙正萬(1656~1739)의 형제
들도 김창협(1651~1708) 형제와 친하게 지냈다.638) 김창흡金昌翕(1653
~1722)이 이단상과 조경창과 6촌간인 조성기趙聖期(1638~1689)에게서
수학한 인연도 있었다.639)

【임천조씨 조경창·김주신·김수항 혼맥도】 : 부록 373쪽 참조

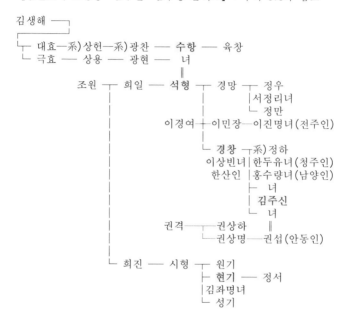

문집총간). ; 『문곡집(김수항)』권4「趙君景昌自湖西到同福。與其兄子正萬來
訪。臨別書贈」(한국문집총간).

638) 『농암집(김창협)』권4「趙正郎 景望 內室挽」(한국고전번역원 고전번역총서).
: '여러 아들 나와 함께 한 또래로 놀았는데 / 諸郞序齒均魚隊 부군夫君께선 촌수
따져 형제로 대우했지 / 夫子敦親屈鴈行'; 『농암집(김창협)』권4「趙正郎 景望
挽 乙亥」(한국문집총간).

639) 『三淵集(김창흡)』권23「一峰集序」(한국문집총간).

　김주신의 조카인 김상연의 처남의 처남이 되는 소론 심수현沈壽賢(1663
~1736)은 영조대 영의정에 올랐다.640) 김주신의 증손자 김사목金思穆
(1740~1829)이 순조대 좌의정에 올랐다.

【김주신 후손 혼맥도】 : 부록 371쪽 참조

---

2) 경종비(추존) 청송심씨, 계비 함종어씨

숙종 22년(1696) 4월 유학幼學 신분인 심호의 딸이 세자빈으로 간택되어[641] 왕세자빈에 책봉되었다가 숙종 44년(1718) 2월 돌아갔다.[642] 그 후 경종의 즉위로 왕비로 추존되니 단의왕후이다.

심호는 세종의 국구 심온의 후손으로 명종의 국구가 되는 심강의 후손이다. 심호의 고조부 심열沈悅(1569~1646)은 인조대 영의정을 지냈고[643] 증조부 심명세沈命世(1587~1632)와 심희세沈熙世(1601~1645)는 인조와는 이종4촌간이 된다. 이에 심명세는 인조반정에 참여하여 공신에 책록되어 공조참판·원주목사를 역임하였고[644] 심희세는 인조 17(1639) 문과에 급제하고[645] 이조좌랑을 역임하였다.[646] 그러다 심희세가 인조 23년 김자점과 당부한 신면申冕의 뜻에 부합하여 성초객成楚客을 임용하였다가, 김익희의 탄핵을 받아[647] 삭직되는 일이 있었는데 얼마 되지 않아 죽었다.[648] 그 이후 가세가 조금 기운 듯 하다. 심호의 조부가 되는 심권沈權(1643~1697)의 백형 심추는 과거에 급제하지 못하고 목사에 그쳤고, 중형 심기(1639~1659)는 일찍 졸하였으며, 심권이 문과에 급제하고 숙종 21년 이조좌랑·숙종 22년 2월 부응교副應敎를 지냈으며 간택 이후 관찰사에 올랐다.[649] 부친 심봉서와 심호 자신은 간택 이후

---

641) 『숙종실록』 권30 숙종 22년 4월 8일.
642) 『숙종실록』 권61 숙종 44년 2월 7일.
643) 『인조실록』 권44 인조 21년 5월 6일.
644) 『谿谷集』(장유) 권14 「青雲君沈公神道碑銘(심명세)」(한국고전번역원 고전번역총서).
645) 『國朝文科榜目』(한국학중앙연구원 한국역대인물종합정보시스템).
646) 『인조실록』 권44 인조 21년 7월 6일.
647) 『인조실록』 권46 인조 23년 2월 11일. ; 『인조실록』 권46 인조 23년 3월 26일. : 『인조실록』 권46 인조 23년 5월 19일.
648) 『春沼子集(신최申最)』 권6 「沈校理墓誌銘(심희세)」(한국문집총간).

의금부 도사·영소전 참봉永昭殿參奉에 각각 임명되었다.650) 심호沈浩의
장인 박빈은 효종 5년 생원시에만 입격하고651) 현종대 금성현령金城縣令
를 지냈다.652)

【청송심씨 심호 가계도】 : 부록 334쪽 참조

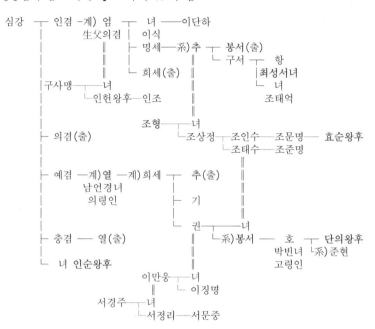

649)『숙종실록』권29 숙종 21년 7월 12일. ;『숙종실록』권30 숙종 22년 2월 10일.
  ;『숙종실록』권31 숙종 23년 1월 7일.
650)『숙종실록』권22 숙종 22년 4월 8일.
651)『甲午式年司馬榜目』(한국학중앙연구원 한국역대인물종합정보시스템).
652)『현종개수실록』권23 현종 11년 11월 30일.

심권沈權(1643~1697)은 김수항金壽恒(1629~1689)과는 지기知己인 이만웅李萬雄(1620~1661)의 딸(1642~?)과 혼인하였고,653) 이사명李師命(1647~1689)과 친하였으며654) 최석정과는 어려서 잘 지낸 사이였다.655) 숙종 1년(1675) 생원시에 입격하였으나 윤헌尹𡖴 등과 함께 송시열을 옹호하는 소를 올렸다가 폐거되어 양근으로 돌아가 생활하였다. 그러다 숙종 8년(1682)에 문과에 급제하여 지평 등을 지냈으며, 숙종 11년 대교待敎 시절에 학유學儒 김성대金盛大가 윤증을 성토하였는데, 심권은 동료들과 함께 김성대에게 벌주기를 청하였다가 유학幼學 이진안에게 배척을 받는 등656) 소론의 입장을 보였다. 그 후 숙종 15년에 당시 조사석의 정승 제배가 장희빈의 연줄이 있었다는 말을 전하였다가 유배되었다.657)

심호 가문은 소론과 혼맥이 많았다. 심권의 처4촌에 서문중徐文重(1634~1709)이 있다. 서문중의 조카 서종태가 어려서 심권에게 수학하였으며 그의 묘지명을 지었다.658) 심권의 형으로 심호의 생조生祖가 되는 심추沈樞(1631~1688)도 소론 가문과 연혼이 있었다. 곧 심추는 서인 조형趙珩(1606~1679)의 딸과 혼인하였다. 계속해서 심권沈權의 딸은 조형의 손자이자 조현명의 숙부인 조태수趙泰壽(1658~1715)와 혼인하였다. 이처럼

---

653) 「李萬雄神道碑(宋時烈 撰)」(국립문화재연구소 한국금석문종합영상정보시스템)
　　 : 김수항이 행장을 짓고 송시열이 신도비를 지었다. 또 이만웅의 조부 이중기는 김상헌과 친하였다.
654) 『숙종실록』권19 숙종 14년 3월 26일.
655) 『明谷集(최석정)』권24 「全羅道觀察使沈公墓碣銘(심권)」.(한국문집총간)
656) 『숙종실록』권16 숙종 11년 2월 4일.
657) 『숙종실록』권18 숙종 13년 9월 11일.
　　 『明谷集(최석정)』권24 「全羅道觀察使沈公墓碣銘(심권)」.(한국문집총간)
658) 『晩靜堂集(서종태)』권15 「全羅道觀察使沈公墓誌銘(심권)」(한국문집총간).
　　 『明谷集(최석정)』권24 「全羅道觀察使沈公墓碣銘(심권)」(한국문집총간).

청송심씨 가문은 서인이었다가 소론이 된 풍양조씨659)와 겹사돈이었다.

심추의 아들 심구서(1655~1699)는 소론계 최석정崔錫鼎(1646~1715)의 문인 조태억趙泰億(1675~1728)을 사위로660), 소론 최규서의 동생 최성서의 딸을 며느리로 맞았다.661)

심호의 장인 박빈朴鑌(1629~1674)은 현종대 이조판서를 지낸 박장원朴長遠(1612~1671)662)의 아들로, 고령박씨 가문도 소론과 혼맥이 많았다. 박빈의 동생 박심朴鐔은 소론 윤지완尹趾完(1635~1718)의 딸과 혼인하였고, 다른 동생 박선朴銑은 윤지완의 손녀를 며느리로 맞아 겹사돈관계였다. 특히 윤지완의 동생이 되는 윤지선이 간택 당시 가례도감 제조로 있었다. 당시 남구만이 도제조였으며, 심호의 조부 심권도 도청이었으나 병으로 교체되었다.663)

또 박빈의 누이가 이광좌李光佐(1674~1740)의 부친 이세구李世龜(1646~1700)와 혼인하였고, 박선의 아들 박항한朴恒漢은 이광좌의 8촌 형인 이태좌李台佐(1660~1739)의 누이와 혼인하여 소론 이광좌 가문과도 겹사돈간이었다.

---

659) 정만조, 1986, 「歸鹿 趙顯命 硏究: 그의 蕩平論을 中心으로」(한국학논총) 8, 126~127쪽.
　　　　본서 영조대 진종비(추존) 풍양조씨조 참조
660) 『謙齋集(조태억)』 권36 「外舅承政院注書沈公行狀(沈龜瑞)」(한국문집총간).
661) 『艮齋集(최규서)』 권9 「本生考司䆃寺正府君墓誌(崔碩英)」(한국문집총간).
662) 『현종실록』 권8 현종 5년 4월 19일.
663) 경종단의왕후가례도감의궤(景宗端懿王后嘉禮都監儀軌)
　　　　숙종 22년 5월 도제조는 남구만에서 유상운으로 바뀌었다.

【고령박씨 박빈, 심호, 윤지완, 이태좌·이광좌, 최석정 혼맥도】 : 부록 335쪽 참조

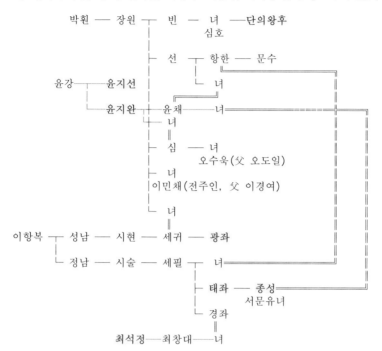

단의빈이 돌아간 후 어유구의 딸(1705~1730)이 숙종 44년(1718) 윤8월 세자빈으로 결정되었다가, 경종이 즉위하자 왕비에 오르니 선의왕후이다. 어유구의 5대조 어운해魚雲海(1536~1585)는 이이·성혼과 교유하였으며664), 고조 어몽린魚夢麟은 성혼의 문하에서 수학하는 등665) 서인이었다. 어운해가 생원 진사에 입격 후666) 평창군수에, 어몽린은 동몽교관에667), 증조 어한명도 생원시에 입격하고668) 좌수운판관左水運判官을 역임하는데 그쳤다.669)

선조가 비교적 크게 두드러진 활약을 하지 못하였지만 조부는 주목된다. 조부 어진익魚震翼(1625~1684)이 현종 3년 급제하고 민정중(1628~1692)·이민서(1633~1688)·이단하(1625~1689) 등과 교유하고670) 숙종때 승지와 강원도 관찰사를 역임하였다.671) 부친 어사형魚史衡(1647~1723)은 숙종 4년에 승지에 오른 유거柳椐(1645~1690)672)의 딸과 혼인하였고, 음보蔭補로 선공감감역이 되었다가673) 손녀가 세자빈에 오른 이후 한성우윤을 역임한다.674)

664) 『국조인물고』「牛栗從遊親炙人」「어운해 행장」(세종대왕기념사업회).
665) 『杞園集(어유봉)』권24「高祖童蒙教官贈左承旨府君墓表(魚夢麟)」(한국문집총간).
666) 『嘉靖四十三年甲子七月二十日司馬榜目』(한국학중앙연구원 한국역대인물종합정보시스템)
667) 『寒水齋集(권상하)』권24「觀察使魚公震翼神道碑銘(어진익)」(한국문집총간).
668) 『戊午式年司馬榜目』(한국학중앙연구원 한국역대인물종합정보시스템).
669) 『영조실록』권27 영조 6년 8월 27일. 선의왕후 誌文.
670) 『寒水齋集(권상하)』卷24「觀察使魚公震翼神道碑銘(어진익)」(한국문집총간).
671) 『숙종실록』권13 숙종 8년 1월 18일. ; 『숙종실록』권14 숙종 9년 5월 26일.
672) 『숙종실록』권7 숙종 4년 1월 3일.
673) 『杞園集(어유봉)』권23「先考漢城府右尹贈領議政府君墓誌(어사형)」(한국문집총간).
674) 『경종실록』권8 경종 2년 5월 16일.

【함종어씨 어유구 가계도】 : 부록 374쪽 참조

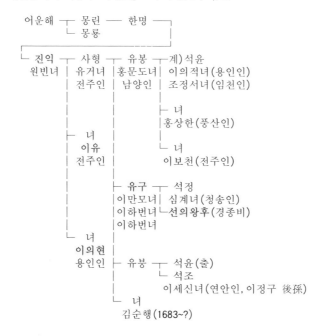

어유구魚有龜의 조부대祖父代 부터 노론 가문과 연혼을 가졌다. 특히 안동김씨와는 혼맥과 학맥으로 긴밀하였다. 어유구의 고모가 되는 어진익의 딸들이 노론의 비중 있는 인사로 숙종대 영의정에 오른 전주인 이유李濡(1645~1721)와 숙종대 도승지를 거쳐 영조대 영의정에 오른 용인인 이의현李宜顯(1669~1745)[675]과 혼인하였다. 송시열의 문인인 이유는 이후원의 후손으로 외조부가 김광찬金光燦(1597~1668)이어서 김창집과는 4촌관계며, 송시열의 수제자 권상하權尙夏(1641~1721)와는 처남매부사이다. 권상하가 이유의 부친 이중휘李重輝(1622~1678)의 사

---

675) 『陶谷集(이의현)』 권32 「紀年錄」(한국문집총간). : 이의현은 숙종 9년(1683) 김창협을 빈으로 하여 관례를 올리고, 그해 가을 어진익의 딸과 초혼하여 자녀를 두지 못하였다. 그리고 두번째 송하석의 딸, 세 번째 유인의 딸과 혼인하였다.

위이다. 이의현은 조모가 역시 김광찬의 딸이어서, 부친이 되는 좌의정 이세백李世白(1635~1703)은 김창집 형제와 4촌이며, 이의현 자신은 김창협金昌協(1651~1708)의 문인이다. 아울러 이의현의 두번째 장인 송하석은 송인수宋麟壽의 후손으로 숙조叔祖가 되는 송시열·송준길의 문하에서 공부하였다.676) 어유봉魚有鳳(1672~1744)은 이런 인연으로 해서 숙종 15년(1689) 홍문도의 딸과 혼인하였다. 홍문도(1650~1673)의 부인인 김수증金壽增(1624~1701)의 딸은 김창집金昌集(1648~1722) 형제들과는 4촌간이다. 어유봉魚有鳳(1672~1744)은 숙종 18년(1692) 김창협(1651~1708)의 문인이 되었으며677), 어유구 역시 김창협의 문인이 되었다.

그리고 어유구의 누이는 김상용의 5대손 김순행金純行(1684~?)과 어유구 아들 어석윤魚錫胤(1701~1768)은 처음 이의현과 4촌으로 이정악의 손자인 이의적李宜迪의 딸과 혼인678)으로 이어졌다. 또 어유봉은 사위로 자신의 문인인 홍상한洪象漢(1701~1769)을 맞았는데, 홍상한의 부친 홍석보(1672~1729) 역시 김창협의 문인이다.

간택 당시 송시열의 문인으로 김창집(1648~1722)의 동생 김창립과는 처남매부사이인 전주인 이건명이 가례도감 도제조로, 김창집과는 4촌간인 송상기(1657~1723. 송상기의 모친이 김수항의 여동생)가 제조로 있었다.

---

676) 『陶谷集(이의현)』 권17 「司䆃寺主簿宋公墓誌銘(宋夏錫)」(한국문집총간).
677) 『杞園集(어유봉)』 杞園先生年譜 권1 「年譜」(한국문집총간).
678) 『陶谷集(이의현)』 권17 「叔父漢城府右尹府君墓誌銘(李世晟)」(한국문집총간).

【전주이씨 이유·어유구·용인이씨 이세백·안동김씨 혼맥도】 : 부록 375쪽 참조
부록 75쪽 참조

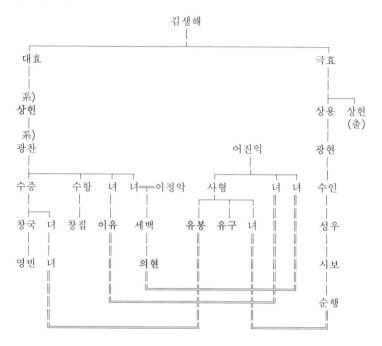

한편 어유구의 첫번째 장인 이만모는 소론 유봉휘柳鳳輝(1659~1727)
의 동생 유봉협과 4촌동서사이다. 어유구의 세 번째 장인 김동열은 연령군
의 장인으로 소론 온건파로 김창흡의 문인인 김동필과는 8촌사이다.
김동열은 유학幼學 신분으로 숙종 28년 진사 신분인 어유구와 함께 좨주祭
酒 권상하를 소환召還하기를 청하는 상소에 함께 참여기도 하였다.679)

---

679) 『숙종실록』 권37 숙종 28년 윤6월 27일. ; 『승정원일기』 숙종 28년 윤6월 27일.

【상산김씨 김동열·김동필, 어유구, 유봉휘 혼맥도】 : 부록 375쪽 참조

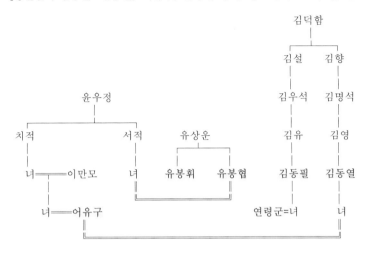

어유봉의 계자 어석윤(1701~1768)은 재취로 조정서趙正緒의 딸과
혼인하였는데, 김창흡(1653~1722)이 조정서의 숙부가 되는 조성기의
문인이었다.680) 이에 김창흡이 조정서의 부친으로 신최의 문인인 조현기
(1634~1685) 문집의 서문과 함께 조성기와 조정서 자신의 묘지명을
찬하였고681), 조정서(1667~1714)는 김창협의 삼주三洲에 있는 외헌外軒
의 동쪽 처마 '삼산각三山閣'의 글씨를 쓰는 등682) 안동김씨 가문은 어유봉의
사돈인 임천조씨 가문과도 매우 친밀하게 지냈다. 어유봉의 두 딸은 홍상한
洪象漢(1701~1769)·이보천李輔天과 혼인하였다. 홍상한은 홍봉한과 4촌
간이다. 이보천은 박지원의 장인이 되며 어유봉의 손자 어용림魚用霖은
박지원의 고모인 박필균의 딸과 혼인하였다. 어석정魚錫定(1731~1793)은
영조 부마 김한신과는 처남매부간인 심계沈銈의 딸과 혼인하였다. 아울러

680) 『三淵集(김창흡)』 권23 「一峰集(조현기문집)序」(한국문집총간).
681) 『三淵集(김창흡)』 권28 「扶餘縣監趙公墓誌銘(趙正緒)」(한국문집총간).
682) 『농암집(김창협)』 별집 권3 附錄 「語錄」(한국문집총간).

고종대 활약한 어윤중이 있다.

【어유구 후손 혼맥도】 : 부록 374쪽 참조

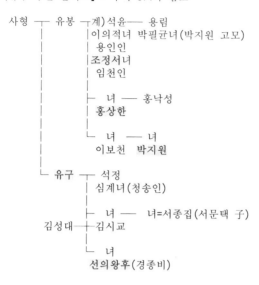

3) 영조비 대구서씨

숙종 30년(1704) 2월에 서종제의 딸(1692~1757)이 연잉군(후일 영조) 부인으로 결정되어 영조의 즉위로 왕비에 오르니 정성왕후이다. 서종제 (1656~1719)의 고조부 서성徐渻(1558~1631)은 송익필宋翼弼(1534~ 1599)과 이이李珥(1536~1584)의 문인이다.683) 증조 서경수徐景需 (1575~1646)는 진사시에 입격하고684) 인조대 전첨典籤을, 조부 서형리 徐亨履(1596~1667)도 생원시에 입격하고685) 인조대 첨정僉正을, 부친 서문도徐文道(1628~1700)는 사평司評을 역임하는데 그쳤다. 외조부인 안동인 김정지金鼎之는 참봉參奉을, 장인인 우봉인 이사창李師昌도 통덕 랑通德郎을 역임하는데 그쳤다.686)

서종제의 형 서종척徐宗惕은 관직에 오르지 못하고, 동생 서종신은 영조가 즉위하고 나서야 선공가감역膳工假監役이 되지만 병이 중하여 개차改差되었다.687) 서종제는 숙종 13년 사마司馬 양시兩試에 입격하 고688) 간택 당시 관직에는 진출하지 못하였다가 혼인이 결정된 이후 사릉참봉·명릉참봉·임파현령臨坡縣令·공조좌랑·신천군수를 역임 하다 숙종 45년에 돌아갔다.689)

---

683) 『淸陰集(김상헌)』 권37 「判中樞府事徐公行狀(서성)」(한국고전번역원 고전번역 총서). ; 서성은 약관弱冠의 나이에 구봉 송익필의 문하에서 종유하면서 학문을 배웠다. 성혼과 이이 두 선생이 보고는 모두 나라의 그릇감으로 여겼으며, 정철 역시 공의 조사藻思가 민첩한 것을 사랑하여 이르기를, "운장雲長은 의당 사석師席 을 양보해야 할 것이다." 하였다. 그러자 한때의 명사들이 모두들 공과 교제를 맺기를 원하였다.

684) 『萬曆三十三年乙巳增廣司馬榜目』(한국학중앙연구원 한국역대인물종합정보시스템).

685) 『崇禎六年癸酉三月二十日增廣別試司馬榜目』(한국학중앙연구원 한국역대인물 종합정보시스템).

686) 『영조실록』 권89 영조 33년 3월 12일. 정성왕후 행장.

687) 『승정원일기』 영조 원년 7월 14일. ; 25일.

688) 『丁卯式年司馬榜目』(한국학중앙연구원 한국역대인물종합정보시스템).

【대구서씨 서종제 가계도】: 부록 376쪽 참조

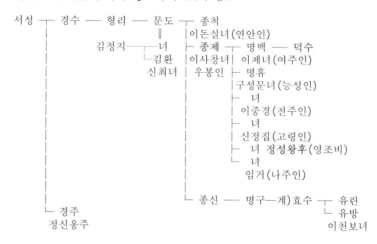

서종제徐宗悌의 당색은 노론이다. 후일 혜경궁의 부친 홍봉한이 영조 20년에 과거에 급제하자 정성왕후는 혜경궁을 특별히 불러 같은 당색이어서 매우 기뻐했다고 한다.690) 서종제(1656~1719)의 외삼촌이 되는 김환金奐(1637~1689)은 신최(1619~1658)의 사위로 숙종 8년(1682)에 신최의 조카이면서 우의정으로 있던 김석주金錫胄(1634~1684)와 연계되어 남인 허새許璽(?~1682) 등의 역모를 고변하고 품계가 올랐으나 숙종 15년 처형되었다.

서종제의 장남 서명백徐命伯(1678~1733)은 감역을 역임한 여주인 이제李隮의 딸(1676~1733)과 혼인하였다. 이제의 증조 이덕언李德言은 처음에 정철을 섬겼고 이이와 성혼이 중하게 대한 인물이었다.691) 이제의 양부養父 이동암李東馣(1643~?)은 이동형李東亨(1637~?)·이동욱李東

689) 『陶谷集(이의현)』 권20 「贈達城府院君孝僖徐公墓表(서종제)」(한국문집총간).
690) 『혜경궁의 읍혈루(上 : 譯校註』 2009(홍기원, 민속원), 385쪽.
691) 『宋子大全(송시열)』 권197 「進士李君墓表(李烜)」(한국문집총간).

郁(1646~1708) 형제와 함께 모두 송시열 문인이 되었다. 그러나 뒤에
이동암과 이동욱은 소론 최규서崔奎瑞(1650~1735)와 친하게 지내며692)
소론 영수 조지겸趙持謙(1639~1685) 측에 서서693) 소론 입장을 취하였
다. 차남 서명휴徐命休는 능성인 구성문具聖問의 딸과 혼인하였는데, 구성
문의 부친 구시경具時經(1637~1699)은 독실한 송시열의 문인으로 조근
趙根(1631~1690)·송상민宋尙敏(1626~1679) 등과 교유하며 현감을 역
임하였다.694)

【여주이씨 이동암·이제, 서종제, 최규서 혼맥도 】: 부록 377쪽 참조

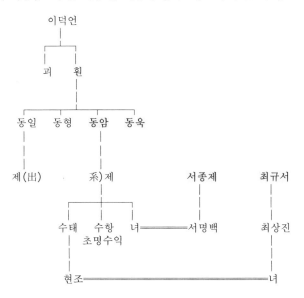

    서종제의 직계 선조는 크게 두각을 드러내지 못했지만, 대구서씨의
많은 친인척들은 소론·노론과 혼맥을 맺고 정계에 폭넓게 포진되었다.

---

692)『艮齋集(崔奎瑞)』권9「孫女孺人李氏婦墓誌銘」(한국문집총간).
693)『숙종실록』권16 숙종 11년 9월 10일.
694)『丈巖集(鄭澔)』卷16「漢城府判官具公墓碣銘(具時經)」(한국문집총간).

서경주가 선조의 부마로 그 자손들이 가장 활발하였다. 서경주의 3남
서진리徐晉履의 자손들은 노론이 된다. 서진리는 송시열과 친밀하게 지낸
김경여金慶餘(1596~1653)의 딸과 혼인하였는데, 김경여는 송시열과 30
여년 교류하였으며 장인은 서인으로 인조반정 공신 이귀李貴(1557~
1633)이다.695) 아들 서문환徐文煥과 서문택徐文澤이 송시열의 문인이었
고, 서종급徐宗伋(1688~1762)은 권상하權尙夏(1641~1721)의 문인이
다. 서문택徐文澤(1657~1706)은 숙종 15년(1689) 기사환국시 이이·성
혼·송시열을 처단하라는 상소에 대해 이를 반박하는 소를 올리고 있었
다.696) 서경주의 1남 서정리徐貞履의 자손들은 주로 소론이 된다. 서정리
의 아들 서문중徐文重(1634~1709)은 숙종대 영의정을 지냈고 혼인 당시
는 판부사判府事였다.

---

695) 『宋子大全(송시열)』 권157 「松崖金公神道碑銘(김경여)」(한국고전번역원 고전번역총서).
696) 『陶谷集(李宜顯)』 권16 「廣興倉主簿徐公墓誌銘(徐文澤)」(한국문집총간).

【대구서씨 서종제 가계도】: 부록 376쪽 참조

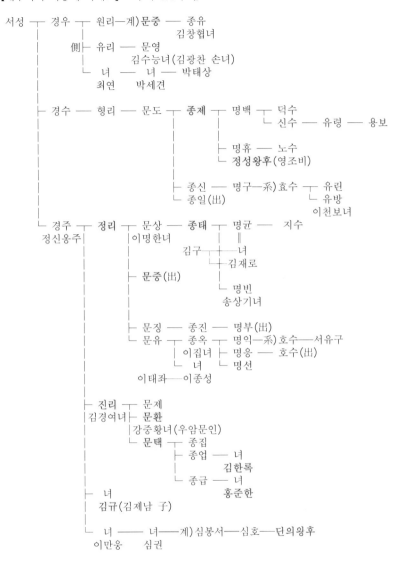

서성 ┬ 경우 ┬ 원리―계)문중 ── 종유
　　　│　　　│　　　　　　　　김창협녀
　　　│　　側├ 유리 ── 문영
　　　│　　　│　　　　　김수능녀(김광찬 손녀)
　　　│　　　└ 녀 ── 녀 ── 박태상
　　　│　　　　　최연　　박세견
　　　│
　　　├ 경수 ── 형리 ── 문도 ── **종제** ┬ 명백 ┬ 덕수
　　　│　　　　　　　　　　　　│　　　│　　　└ 신수 ── 유령 ── 용보
　　　│　　　　　　　　　　　　│　　　│
　　　│　　　　　　　　　　　　│　　　├ 명휴 ── 노수
　　　│　　　　　　　　　　　　│　　　└ **정성왕후**(영조비)
　　　│　　　　　　　　　　　　│
　　　│　　　　　　　　　　　　├ 종신 ── 명구―系)효수 ┬ 유린
　　　│　　　　　　　　　　　　└ 종일(出)　　　　　　　└ 유방
　　　│　　　　　　　　　　　　　　　　　　　　　　이천보녀
　　　│
　　　└ 경주 ┬ 정리 ┬ 문상 ── **종태** ┬ 명균 ── 지수
　　　　　정신옹주│　　│ 이명한녀　　│　　║
　　　　　　　　　│　　│　　　　　 김구 ┬ 녀
　　　　　　　　　│　　│　　　　　　　　├ 김재로
　　　　　　　　　│　　├ 문중(出)　　　│
　　　　　　　　　│　　│　　　　　　　└ 명빈
　　　　　　　　　│　　│　　　　　　　송상기녀
　　　　　　　　　│　　│
　　　　　　　　　│　　├ 문징 ── 종진 ── 명부(出)
　　　　　　　　　│　　└ 문유 ── 종옥 ┬ 명익―系)호수──서유구
　　　　　　　　　│　　　　　　이집녀 ├ 명응 ── 호수(出)
　　　　　　　　　│　　　　　　　　　└ 녀　　└ 명선
　　　　　　　　　│　　　　　이태좌──이종성
　　　　　　　　　│
　　　　　　　　　├ 진리 ┬ 문제
　　　　　　　　　│김경여녀├ **문환**
　　　　　　　　　│　　　강중황녀(우암문인)
　　　　　　　　　│　　　└ **문택** ┬ 종집
　　　　　　　　　│　　　　　　　├ 종업 ── 녀
　　　　　　　　　│　　　　　　　│　　　김한록
　　　　　　　　　│　　　　　　　└ 종급 ── 녀
　　　　　　　　　├ 녀　　　　　　　　**홍준한**
　　　　　　　　　│ 김규(김제남 子)
　　　　　　　　　│
　　　　　　　　　└ 녀 ── 녀 ─ 계)심봉서──심호──**단의왕후**
　　　　　　　　　　이만웅　심권

경종 2년에 신임사화로 서명백(1678~1733)은 최규서의 구원으로[697] 유배되는데 그쳤으나, 손자 서덕수는 죽었고 서종급은 경종 1년 유배되었다. 서명백은 영조 1년 4월 석방되었다가[698] 영조 9년 돌아갔고, 서종급은 영조 1년(1725) 풀려나 다시 등용되어 홍문관의 수찬修撰에 임명되었다. 이후 대사헌, 호조·예조판서 등을 역임하였다.

서종제의 후손에서는 노론 세력이 계속해서 배출되었다. 서유령徐有寧(1733~?)은 영조 42년 문과에 오르고 영조대 승지·정조대 판서를 역임하였고, 서용보徐龍輔(1757~1824)는 영조 50년 문과에 급제하고 정조대 판서·순조대 영의정에 올랐다. 한편 서문중·서종태의 후손에서는 소론이 배출되었다. 서종태의 아들 서명균은 영조 8년 우의정·좌의정을 역임하였다. 서명선은 소론 완론계 인물로[699] 사도세자 보호에 힘써 정조대 영의정에 올랐다. 서명균의 아들 서지수는 영조대 정조대 활약하였다. 순조대 서매수와 고종대 서당보도 활약하였다.

---

697)『영조실록』권2 영조 즉위년 11월 17일.
698)『승정원일기』영조 원년 4월 2일.
699) 최성환, 2009,「정조대 탕평정국의 군신의리 연구」(서울대 박사논문), 139쪽.

## 2. 왕비 가문의 성격

숙종 22년(1696) 소론계 심호(1668~1704)의 딸이 세자(경종)의 초취로 간택되고, 숙종 27년(1701) 인현왕후가 돌아가[700] 다음해 역시 소론계 김주신(1661~1721)의 딸(인원왕후)이 숙종의 계비가 되었다. 경종의 초취(단의왕후)가 세자빈 시절인 숙종 44년(1718) 돌아가 재취로 노론계 어유구(1675~1740)의 딸(선의왕후)이 숙종 44년(1718) 간택되어 경종의 즉위로 왕비에 올랐다. 이후 영조가 즉위하여 숙종 30년(1704)에 혼인한 노론계 서종제(1656~1719)의 딸(정성왕후)이 왕비에 올랐다. 이처럼 숙종대 중반 처음에는 소론계에서 세자빈이나 왕비를 배출하다가, 후반에는 노론계에서 왕자부인과 세자빈을 배출하였다. 이처럼 왕실에서 소론 가문에서 노론 가문으로 바뀌며 배출되는 동안 당시를 주도한 정치 세력의 교체도 있었다.

숙종 20년(1694) 3월 노론계의 김춘택과 소론계의 한중혁 등이 인현왕후 복위 운동을 하다 실권을 쥐고 있던 남인계 민암 등에게 국문을 받았다.[701] 4월에 폐비 사건을 후회하고 있던 숙종은 국문을 주관하던 남인 우의정 민암(1636~1694)과 판의금부사 유명현(1643~1703)·권대운(1612~1699)·목래선(1617~1704) 등을 귀양 보냈다.[702] 정국은 일변되어 서인이 다시 정국政局을 주도하였다.[703] 숙종은 동왕 20년 4월 송준길의 문인으로 서인이었다가 소론 입장을 취한 남구만南九萬(1629~1711)을 영의정에, 유상운(1636~1707)을 이조판서에[704], 박세채朴世采

---

700) 『숙종실록』 권35 숙종 27년 8월 14일.
701) 『숙종실록』 권26 숙종 20년 3월 23일. ; 3월 26일.
702) 『숙종실록』 권26 숙종 20년 4월 1일.
703) 지두환, 2009, 『숙종대왕과 친인척』 역사문화.

(1631~1695)를 좌의정에, 윤지완(1635~1718)을 우의정에 임명하는 등705) 소론이 주도하도록 하였다. 당시는 서인이 노소로 분기되었던 시기로 노론이 명분에서 압도하였지만706) 국왕이 정국을 주도하는 가운데 숙종 27년(1701) 신사옥 발생 전까지는 소론이 정국을 주도하였고, 그 이후부터 숙종 42년(1716) 병신처분까지는 노론과 소론의 균형이 유지되었다.707)

이는 세자의 생모인 장희빈을 옹호하는 세력이 소론이어서, 세자의 처지가 고려되었기 때문일 것이다. 남인 민암과 인척 관계가 있었던708) 소론계 서문중(1634~1709)은 갑술환국 후 고모의 외손자 박태상朴泰尙 (1636~1696) 등과 상의하여 '왕세자가 있어 희빈도 중하다'는 내용의 상소를 하려다 박태상의 만류로 그만두기는 하였지만709) 장희빈을 보호하고자 하는 입장을 취하였다. 또 병조판서 지의금부사를 겸하여 국옥鞫獄에 참여하였는데 '옥사를 봐주려 한다'는 김상용의 후손인 김시걸의 비판을 받는 가운데710) 금천衿川에 퇴거하였다. 박세채(1631~1695)는 숙종에게 서문중에 대해 가벼운 벌을 내렸다가 수서收敍하자고 건의하여711) 서문중은 잠시 삭직削職되었다가712) 숙종 20년 9월 훈련대장·10월에 형조판서로 다시 등용된다. 숙종 21년 1월 윤지완(1635~1718)이 우의정

---

704) 『숙종실록』 권26 숙종 20년 4월 1일.
705) 『숙종실록』 권26 숙종 20년 4월 27일.
706) 정옥자, 1989, 「17세기 思想界의 再編과 禮論」 한국문화 10.
707) 이근호, 2002, 「英祖代 蕩平派의 國政運營論 硏究」(국민대 박사논문) 20쪽.
708) 『숙종실록』 권35 숙종 27년 11월 25일. : … 判敦寧府事 徐文重은 말하기를, "죄인 민암은 신에게 婦家의 外黨이 되니, 감히 관례에 따라 獻議하지 못하겠습니다." …
709) 『국조인물고』 「서문중시장(이진망찬)」 (세종대왕기념사업회).
    『숙종실록』 권26 숙종 20년 4월 12일.
710) 『숙종실록』 권26 숙종 20년 4월 28일.
711) 『국조인물고』 「서문중시장(이진망찬)」 (세종대왕기념사업회).
712) 『숙종실록』 권27 숙종 20년 6월 21일.

에 올랐다가 졸한 박세채를 대신해 2월에 좌의정으로 승진하고, 서문중은 숙종 21년 2월 병조판서에 오른다.

이렇게 소론이 주도하는 상황에서 숙종 22년(1696) 4월 소론과 가까운 심호의 딸이 왕세자(경종) 빈으로 간택되었다. 앞의 가계도에서 보이듯이 심호의 조부가 되는 심권의 부인은 당시 병조판서에 재임하고 있던 서문중과는 4촌간이었고, 심호의 처가인 박빈朴鑌 가문이 소론계 윤지완·이광좌李光佐(1674~1740) 가문과는 겹사돈 관계였다. 앞 시기와 비교해서 심호 가문은 비교적 당시를 주도하는 가문은 아니었으나, 혼맥에서 당시 주도하던 소론과 가까웠으며, 역시 소론 주도 세력이 가례도감의 주요 관원이었음을 전술하였다.

한편 세자빈 간택 중인 숙종 22년 4월 장희재의 가동 업동業同이 장희빈의 부친이 되는 장경의 묘에 흉물을 묻어 서인이 왕세자를 해하려 한다고 거짓 고변하는 옥사가 일어났다.713) 이때 국청대신鞫廳大臣 남구만·유상운 등이 더 이상 옥사를 진행하지 않아 비판을 받았다.714) 그러나 숙종은 계속해서 소론을 중용하였다. 숙종 22년 8월에 남구만을 대신하여 좌의정으로 있던 유상운은 영의정, 윤지완의 형 윤지선尹趾善(1627~1704)은 좌의정에, 서문중은 우의정에 제배除拜되었다.715) 노론계 지평 신임申銋이 유상운·서문중을 비판하자, 윤지선이 서문중을 잠시 체차하였다가 다시 제배除拜하기를 청하여716) 다음날 서문중의 사직은 윤허되어717) 판돈령부사判敦寧府事가 된다. 이어 숙종 23년 3월에 이조판서

713) 정경희, 1993, 「숙종대 탕평론과 '탕평'의 시도」『한국사론』30 147~148쪽.
714) 『숙종실록』 권30 숙종 22년 6월 2일.
715) 『숙종실록』 권30 숙종 22년 8월 11일.
716) 『숙종실록』 권30 숙종 22년 10월 3일.
717) 『숙종실록』 권30 숙종 22년 10월 4일.

최석정(1646~1715)이 우의정으로, 윤증(1629~1714)이 이조판서로 임명되는 등718) 계속해서 소론이 주도하였다.

그러다가 인현왕후가 숙종 27년(1701) 8월 돌아가고, 9월 장희빈 사건이 일어나 최석정과 서문중 등이 장희빈을 보호하자고 상소하지만719) 10월에 국모에 대한 저주와 모해를 꾀한 장희빈은 사사되었다.720) 이때 남인은 재기불능의 타격을 입었고,721) 이와 동시에 왕세자의 처지를 내세워 그들에 대한 보호론을 펴던 소론도 명분을 잃게 되며, 노론의 정치적 입장이 강화되었다.722) 10월 1일 최석정이 진천현鎭川縣에 부처되었고 11월 9일 남구만과 유상운이 삭탈관작 문외송출 되었다가723) 다음해인 숙종 28년 5월 아산현牙山縣과 직산현稷山縣에 각각 부처付處되었고, 서문중의 동생 서문유徐文裕·조카 서종태徐宗泰(1652~1719), 조상우趙相愚(1640~1718)가 파직되는724) 등 일시 소론계가 밀려났다. 그러나 서문중은 판돈령부사判敦寧府事로725), 윤지완은 거듭된 파직 요청이 불허되어726) 영돈녕領敦寧으로 계속 정계에 남았다. 그러면서 소론계가 점차 세력을 만회하는데, 이에 앞서 먼저 숙종 28년 1월에 최석정이 방송放送되고727) 서문중은 다시 영의정에 임명되며728) 중도부처中道付處

---

718) 『숙종실록』 권31 숙종 23년 3월 12일.
719) 『숙종실록』 권35 숙종 27년 9월 27일. ; 10월 3일. ; 10월 8일.
720) 『숙종실록』 권35 숙종 27년 10월 8일. ; 10월 10일
721) 정경희 1993, 「숙종대 탕평론과 '탕평'의 시도」『한국사론』 30 148쪽
722) 조준호, 2004, 「朝鮮 肅宗~英祖代 近畿地域 老論學派 研究」(국민대 박사논문) 21쪽.
723) 『숙종실록』 권35 숙종 27년 11월 9일.
724) 『숙종실록』 권36 숙종 28년 5월 13일.
725) 『숙종실록』 권35 숙종 27년 10월 19일.
726) 『숙종실록』 권35 숙종 27년 11월 6일.
　　　『숙종실록』 권35 숙종 27년 11월 9일.
727) 『숙종실록』 권36 숙종 28년 1월 5일.
728) 『숙종실록』 권36 숙종 28년 1월 24일.

한 남구만·유상운은 방귀전리放歸田里되었다.729) 서문중이 35차례 면직을 청하고 나서730) 판중추부사가 되고, 최석정은 12월에 판중추부사判中樞府事에 제배除拜되었다가731) 다음해 1월에 나아가진 않지만 영의정에 임명되고 있었다.732)

이런 가운데 숙종 28년(1702) 9월 김주신의 딸이 숙종의 계비로 간택된다. 김주신 가문 역시 간택 당시 정계를 주도하고 있지는 못하였다. 김주신은 소론계이지만 김창협에게서 시와 문학을 배워서 노론과도 교유하였다.733) 앞 가계도에서 보이듯이 노론과 척련戚聯을 가졌다. 고종4촌 누이인 안정나씨가 김수항에게 시집가서 김창집 등 육창 형제를 낳음으로써 노론과 연결된 고리를 갖고 있었다. 처가의 인물들도 안동 김문과 매우 친밀하였다. 이런 연혼계가가 당시 좌의정 이세백, 예조판서 김진귀 등 노론을 대표하는 인물들도 기쁘게 따랐던 것이다.734)

숙종 29년(1703) 5월 김창집이 호조판서에서 이조판서에 임명되었다가735) 상喪을 당하여736) 송시열의 문인으로 김창집·이이명·민진후 등과 친밀하게 지낸 이유李濡(1645~1721)가 이조판서에 임명되고, 김만기의 아들로 인경왕후의 오빠인 김진귀金鎭龜(1651~1704)는 병조판서에 오른다. 숙종 29년 8월 박세채朴世采의 문인으로 노론으로 옮겨간 신완申琓737)은 영의정에, 이여李畬(1645~1718)는 좌의정에, 김구金構(1649~

---

729) 『숙종실록』 권37 숙종 28년 11월 23일.
730) 『숙종실록』 권37 숙종 28년 9월 29일. : 35차례 면직을 청하여 체임遞任되었다.
731) 『숙종실록』 권37 숙종 28년 12월 2일.
732) 숙종 29년 2월 11일. 숙종 29년 6월 16일 사직을 청하여 허락되었다.
733) 최완수, 1993, 『겸재진경산수화』(범우사) 289쪽
734) 정만조, 2010, 「영조대 私親追崇의 정치적 의미」『溫寧崔氏資料集 3-儀註, 式例』(장서각)
735) 『숙종실록』 권38 숙종 29년 5월 21일.
736) 『숙종실록』 권38 숙종 29년 6월 22일.
737) 정경희, 1993, 「숙종대 탕평론과 '탕평'의 시도」『한국사론』 30 114쪽

1704)가 우의정에 임명되는 등 노론이 점차 주도하며 소론을 견제하도록 하였다.

이처럼 노론이 점차 세력을 강화하는 가운데 숙종 30년에는 연잉군(영조)의 부인으로 노론계 서종제의 딸이 간택되었다.738) 이때의 혼인은 영조의 생모 숙빈이 숙종후궁 영빈에게, 영빈이 다시 왕비인 인원왕후를 통해 숙종에게 혼인을 요청하였을 것이다. 영빈은 안동김씨로 숙종 15년 기사환국으로 쫓겨났다 숙종 20년 갑술환국시 인현왕후의 복위와 함께 입궐하고 숙종 28년 정1품 영빈으로 올랐다. 숙빈은 연잉군을 영빈김씨의 양자가 되게 하여 노론계 안동김씨의 지원을 받도록 하였는데,739) 노론이면서 소론과 연계된 가문의 후원이 영조의 안전을 위해 필요 했을 것으로 생각되며, 이점 숙종도 동의하였을 것이다. 서종제는 노론으로 직계 선조는 두드러지게 활약하지 못하였지만 대구서씨는 매우 벌열 가문이어서 소론 인물들도 많았다. 당시 세자빈(단의왕후)과도 혼맥이 닿고 영의정을 지낸 서문중은 서종제의 7촌 족부族父가 되며, 서문중은 며느리로(서종유徐宗愈의 부인) 김창협金昌協의 딸을 맞아 김창협과는 사돈간이 되어 안동김씨와도 연혼을 가졌다. 서문중의 조카 서종태도 숙종 29년 판윤判尹·공조판서740) 등을 지내다가 숙종 31년 우의정, 32년 좌의정, 36년 영의정에 오르며 활약하였다.

한편 숙종 41년에 『가례원류』의 간행을 둘러싸고 노소론 사이의 시비가 정국의 혼란으로 이어지자 숙종 42년 노론과 소론간의 논쟁인 가례원류시비와 회니시비를 소론이 잘못하였다는 판정인 병신처분이 있었다.741) 정국은 노론이 주도하여 숙종 43년(1717) 김창집이 영의정·이

---

738)『숙종실록』권39 숙종 30년 2월 21일.
739) 최완수, 1981년, 「謙齋眞景山水畵考」『간송문화』21.
740)『숙종실록』권38 숙종 29년 1월 22일. ;『숙종실록』권38 숙종 29년 8월 6일.

이명이 좌의정에 오르고742), 송시열의 스승이자 이이의 직통인 사계 김장생이 문묘에 배향되었으며743), 윤선거와 윤증 부자의 관작은 추탈追奪되어744) 명분에서도 노론의 승리로 확정되었다. 이런 가운데 숙종 44년(1718) 2월에 앞서 왕세자(경종)의 초취初娶 심호의 딸 단의왕후가 돌아가 그해 윤8월 노론계 어유구의 딸이 세자빈으로 간택되었다. 어유구 형제는 안동김씨 가문과는 혼맥과 학맥으로 연계되었음을 전술하였다.

숙종 46년(1720) 6월 숙종이 승하하고 경종이 즉위하였고, 숙종 말肅宗末 이래 집권하고 있던 노론세력이 세제책봉과 대리청정을 성급히 요구하다가 소론의 반격을 받아 대거 축출逐出되어 소론정권이 들어서면서 경종 1년 9월에 세제로 책봉된 연잉군마저 신변의 위태로움을 느낄 정도로 정국은 격화되고 있었다.745) 경종은 10월 승정원을 거치지 않고 몰래 청대請對한 조태구를 인견하고 세제 대리청정의 명을 환수하였다.746) 12월에는 소론少論의 김일경金一鏡・이진유李眞儒(1669~1730)・서종하徐宗廈(1670~1730) 등이 상소하여 노론 4대신을 역적逆賊으로 공격하여747) 노론4대신 중 김창집・이이명・조태채와 민진원・서종급徐宗伋・홍석보・김제겸金濟謙 이외에도748) 김익훈의 손자 김진상金鎭商(1684~1755)749)・임방任埅 등이 유배되었으며, 주청사로 청나라에 가

741) 이근호, 2002, 「英祖代 蕩平派의 國政運營論 硏究」(국민대 박사논문), 21쪽. 『숙종실록』 권58 숙종 42년 7월 6일.
742) 『숙종실록』 권59 숙종 43년 5월 12일.
743) 『숙종실록』 권59 숙종 43년 2월 29일.
744) 『숙종실록』 권59 숙종 43년 5월 29일.
745) 정만조, 1986, 「歸鹿 趙顯命 硏究: 그의 蕩平論을 中心으로」 한국학논총 8, 130쪽.
746) 『경종실록』 권5 경종 1년 10월 17일.
747) 『경종실록』 권5 경종 1년 12월 12일.
748) 『경종실록』 권5 경종 1년 12월 12일.
749) 『경종실록』 권5 경종 1년 12월 16일.

있던 4대신 중 한 명인 이건명은 다음해 4월 유배가게 된다. 계속해서 환관이 세제를 살해하려 하였으나 소론 가문이지만 안동 김문과 가까운 인원대비가 구원하여 위기를 넘기도 하였다.750) 당시 소론은 김일경·이진유 등의 급소急少와 서명균·김동필 등의 완소緩少가 있었고, 조태구·이광좌·최석항·조태억 등 대신급은 처음 김일경의 급소와 함께 일하였으나 김일경의 발호로 각립各立, 완소緩少를 지원하였다. 또 조문명·송인명이 청류淸流를 자처하는 일대一隊가 있었다.751)

조현명 형제는 완소의 대표적 인물이던 윤순에게 급소인 김일경·이진유, 그리고 남인南人과 결탁되어 있던 심단沈檀에 대한 견제와 치토致討를 촉구하면서 영조를 보필하였다.752) 이에 완소와 청류 세력들은 외직으로 나가게 되었다.753) 곧 김일경에 의해 경종 2년 1월 송인명이 탄핵을 받았고754), 조문명은 이진유에 의해 천안군수로755), 서명균은 김일경에 의해 안악군수로756), 김동필도 외방인 남읍南邑에 보직되었다.757)

그리고 경종 2년(1722) 3월 27일 목호룡이 김용택金龍澤(?~1722)·김민택金民澤(1678~1722)·김성행金省行 등이 경종을 시해하려 했다고 상변上變하였다. 이 사건으로 노론4대신이 죽고 그 자제와 문도들이 참화慘禍를 입는 큰 사화士禍가 일어났다. 김창집·이이명·이건명·조태채·

---

750) 최완수, 2006, 『고덕면지』(고덕면지 편찬위원회), 297쪽.
　　『경종실록』권5 경종 1년 12월 22일. ;『경종실록』권5 경종 1년 12월 23일.
751) 정만조, 1983,「英祖代 初半의 蕩平策과 蕩平派의 活動」진단학보 56, 32~33쪽. / 48쪽.
752) 정만조, 1986,「歸鹿 趙顯命 硏究: 그의 蕩平論을 中心으로」한국학논총 8, 130쪽.
753) 정만조, 1983,「英祖代 初半의 蕩平策과 蕩平派의 活動」진단학보 56, 33쪽.
　　『경종수정실록』권3 경종 2년 11월 23일.
754) 『경종실록』권6 경종 2년 1월 26일.
755) 『경종실록』권6 경종 2년 2월 22일.
756) 『경종수정실록』권2 경종 2년 5월 3일.
757) 『경종실록』권9 경종 2년 9월 21일.

김제겸金濟謙·김성행金省行·서덕수徐德修 등이 죽임을 당하였다. 김제 겸金濟謙은 김창집의 아들이고, 김성행金省行은 김제겸의 아들이다. 김만 중의 손자로 이이명에게 형兄이 되는 이사명李師命의 사위 김용택金龍澤과 김진귀金鎭龜의 아들 김운택金雲澤·김민택金民澤이 옥중에서 죽었다. 서 덕수徐德修는 정성왕후의 조카이다. 서덕수의 부친 서명백은 유배에 그쳤 다. 유배되었던 홍석보는 다시 신문을 받았지만 신임사화를 일으킨 이진 유의 외삼촌이 되어서 절도에 유배되었다.[758]

경종이 재위 4년만인 1724년 8월에 돌아가고 영조가 즉위하여 서종제 의 딸이 왕비에 올랐다. 영조의 즉위 후 민진원·서종급·홍석보·조상 경·김재로·김취로 등은 풀려난다.

심호·김주신·어유구·서종제의 선조는 앞 시기의 김만기·민유중 과 비교하면 훨씬 미약하였다고 할 수 있다. 김주신의 조부 김남중은 판서에 올랐지만 부친 김일진과 형 김성신, 김주신이 생원시에 그쳤다. 함종어씨에서도 어유구의 조부 어진익만이 문과에 올라 관찰사를 역임하 였고, 어유구 형제가 김창협 문하에 들어가면서 사류士類에 낄 수 있었다고 한다.[759] 한편 소론이라도 노론계와 매우 밀접하게 매우 밀접하게 연계되 어 있음을 살필 수 있었다. 아울러 심호와 서종제 가문의 선조 중에 왕실과 연혼을 맺고 있었다는 점도 지적할 수 있을 것이다. 심호는 세종· 명종 국구의 후손이고, 서종제의 증조부가 되는 서경수의 동생 서경주는 선조의 부마이다.

---

758) 『경종실록』 권12 경종 3년 4월 14일. : 홍석보와 이진유가 從兄弟라 되어 있다.
759) 『영조실록』 권5 영조 1년 4월 29일.

# 제4장 영조대 중반~정조대 왕비 가문

## 1. 영조대 중반~정조대 왕비 가문

### 1) 진종(추존)비 풍양조씨, 장조(추존)비 풍산홍씨

경종이 재위 4년만에 돌아가 영조(1694~1776)가 즉위하여 동왕 3년 9월에 이조참의 조문명(1680~1732)의 딸(1715~1751)이 왕세자(효장세자)의 빈(효순빈)으로 간택되어760) 세자빈에 책봉되었다. 그러다 다음해인 영조 4년(1728)에 왕세자가 돌아가고, 효순빈도 영조 27년에 돌아갔다. 후일 정조가 효장세자의 후사가 되어 효장세자는 진종으로, 효순빈은 효순왕후로 추존되었다.761)

조문명의 6대조 조세훈趙世勛은 풍저창수豊儲倉守, 5대조 조기趙磯는 사헌부감찰을 지냈다.762) 고조부 조희보趙希輔(1553~1622)는 선조 21년(1588) 문과에 급제하고 성혼(1535~1598)의 문인 오윤겸(1559~1636)763)과 친하게 지내며 장령掌令·사간司諫을 역임하였다.764) 광해군 3년(1611) 성주 목사星州牧使 재임시 정인홍당의 청탁을 거절하여 정인홍의 사주로 파직되기도 하였고, 이이첨과는 어려서부터 알고 지낸 사이었으나 왕래를 끊는 등765) 북인과는 대립되는 정치 행보를 보였다.

---

760) 『영조실록』 권12 영조 3년 8월 28일.
761) 『정조실록』 권1 정조 즉위년 3월 19일
762) 『국조인물고』「조희보묘갈명(이경석 찬)」(세종대왕기념사업).
763) 『국조인물고』「오윤겸묘갈명(김상헌 찬)」(세종대왕기념사업).
764) 『東溟集』(鄭斗卿) 권18「分承旨贈吏曹判書趙公墓誌(조희보)」(한국고전번역원 고전번역총서).
765) 『국조인물고』「조희보묘갈(이경석 찬)」(세종대왕기념사업.)

조희보의 1남 조민趙珉은 감역監役에 그쳤으나, 2남으로 조문명의 생증조生曾祖가 되는 조형趙珩(1606~1679)은 인조 8년(1630) 문과에 급제하고 현종대 판서에 올랐다. 조문명의 조부 조상정趙相鼎(1631~1660)은 진사시에 입격하였으나 일찍 졸하였고, 부친 조인수趙仁壽(1648~1692)는 도사都事에 그쳤다.766)

【풍양조씨 조문명 가계도】: 부록 378쪽 참조

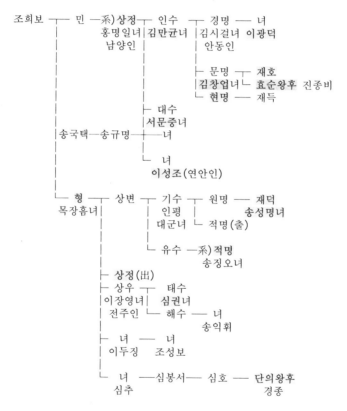

조문명의 증조 조형은 인조대 도승지를 지낸 남인南人 목장흠睦長欽 (1572~1641)767)의 딸과 혼인하였는데, 목장흠의 처남에 인조대 좌의정을 지낸 남이웅南以雄(1575~1648)이, 조카에 남인으로 숙종대 우의정에 오른 목래선(1617~1704)이 있다. 그러나 조형은 서인에 속하여768) 이정구의 손자 이일상(1612~1666)과 친하게 지내며769) 현종 2년(1661) 윤선도를 옹호한 남인 조경을 비난한 입장을 취하였다.770) 또 현종 갑인예송甲寅禮訟 당시 예조판서로서 기년복으로 결정했다가 대공복大功服으로 고쳐서 유배되었고 숙종 1년에 풀려나지만 숙종 5년에 졸하였다.771)

조형의 한딸은 심추沈樞(1631~1688)와 혼인하였고, 조형의 아들로 조현명의 숙조부가 되는 조상우趙相愚(1640~1718)는 이경석(1595~1671)의 조카가 되는 이장영李長英의 딸과 혼인하였다. 이는 조형이 이경석(1595~1671)에게 부친 조희보의 묘갈명을 청하기도 하였고772), 조상우가 처음 이경석李景奭의 문하에서 수학한 인연으로773) 가능하였을 것이다. 조상우의 처가에 소론 인물들이 많았다. 곧 조상우는 소론 윤증尹拯(1629~1714)의 문인으로 소론이 되는 조태동趙泰東(1649~1712)과는 동서간이고, 처남이 되는 이관성이 소론 남구만南九萬(1629~1711)과는 처남매부간이다. 또 이관성의 사위에 조태동의 4촌 제弟 조태구趙泰耉(1660~1723)도 있었다.774) 계속해서 조상우의 4촌동서간에 소론 윤지

767) 『인조실록』권3 인조 1년 윤10월 25일.
768) 『현종실록』권21 현종 14년 12월 3일. ;『숙종실록』권4 숙종 1년 8월 10일.
769) 「趙珩神道碑(崔錫鼎 撰)」(국립문화재연구소 한국금석문종합영상정보시스템). ; 『현종개수실록』권4 현종 1년 7월 13일.
770) 『현종개수실록』권5 현종 2년 6월 10일.
771) 「趙珩神道碑(崔錫鼎 撰)」(국립문화재연구소 한국금석문종합영상정보시스템).
772) 『국조인물고』「조희보묘갈명(이경석 찬)」(세종대왕기념사업회).
773) 『謙齋集(趙泰億)』권37「議政府右議政趙公諡狀(趙相愚)」(한국문집총간).

완의 제弟 윤지인尹趾仁(1656~1718)이 있다. 신임사화를 일으킨 이진유
李眞儒(1669~1730)는 조상우의 4촌처남이 되는 이대성李大成(1651~
1718)의 아들이다. 조상우는 최석정(1646~1715)과 교유하여 부친의
신도비를 최석정에게서 받았다.775) 조상우(1640~1718)의 아들 조태수
(1658~1715)가 고모부가 되는 심추의 동생 심권(1643~1697)의 딸과
혼인하여 청송심씨와는 겹사돈 간이었다. 조상우는 심추와 심권 가문의
증손녀가 경종의 초비 단의왕후여서 소론 입장을 취하였을 것으로 보이며
숙종 37년(1711) 우의정에 오르며 소론의 선봉격으로 활약하였다.776)

　조문명의 부친 조인수趙仁壽(1648~1692)는 박세당(1629~1703)과
8촌간인 소론 박세채(1631~1695)의 문인이었고777) 조인수의 동생 조대
수趙大壽(1665~?)의 초취가 소론 서문중의 딸이다. 조문명에게 형이
되는 조경명趙景命(1674~1726)의 딸이 이경석李景奭(1595~1671)의 고
손자 이광덕李匡德(1690~1748)과의 혼인으로 이어져 이경석 가문과의
혼인도 계속 이어졌다. 이광덕의 고모부가 되는 박사한朴師漢(1677~?)의
형 박항한朴恒漢(1666~1698)의 부인이 소론 이태좌李台佐(1660~1739)
의 누이이다.

---

774)『國朝文科榜目』(한국학중앙연구원 한국역대인물종합정보시스템) : 조태구의 두
　　번째 부인이 이관성의 딸이다.
775)「趙珩神道碑(崔錫鼎 撰)」(국립문화재연구소 한국금석문종합영상정보시스템).
776) 정만조, 1986,「歸鹿 趙顯命 硏究: 그의 蕩平論을 中心으로」한국학논총 8, 126쪽.
777)『영조실록』권75 영조 28년 1월 22일. 효순왕후 지문.

【전주이씨 이경석·이장영, 조상우, 이태좌 혼맥도】 : 부록 379쪽 참조

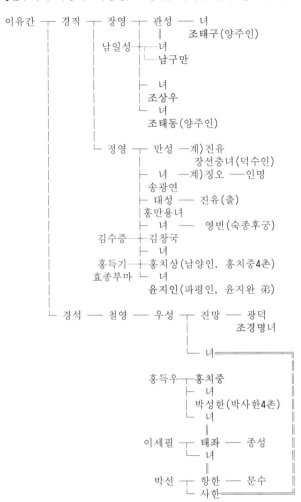

조상우의 4촌동서가 송광연이었는데, 조문명趙文命(1680~1732) 형제들과 6촌간인 조적명趙迪命(1685~?)은 송광연의 손자인 소론 송인명宋寅明(1689~1746)의 누이와 혼인하였고, 조적명의 조카 조재덕趙載德(1709~?)은 송인명과는 6촌간인 송성명宋成明(1674~1740)의 딸과 혼인하였으며, 역시 6촌간이 되는 조해수趙海壽(1672~?)의 딸은 송성명宋成明의 아들 송익휘宋翼輝(1701~?)와 혼인하여 여산송씨 송인명 가문과도 겹사돈 간이었다.778)

【여산송씨 송인명·조적명 혼맥도】: 부록 380쪽 참조

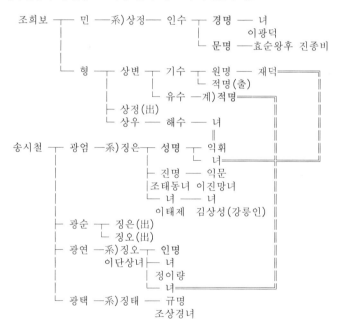

---

778) 이근호, 2002, 「英祖代 蕩平派의 國政運營論 硏究」(국민대 박사논문) 43~46쪽.

그러나 한편으로 조문명 가문은 노론과도 혼맥이 닿았다. 조상우(1640
~1718)는 김창국(1644~1717)·홍치상(1654~?)과도 4촌동서간이었
다. 또 조상정에게 처남이 되는 홍처우(1648~1693)의 사위가 김창즙金昌
緝(1662~1713)이다. 홍치상과 4촌간에 노론 홍치중洪致中(1667~1732)
이 있다. 조문명 형제의 외조부는 김장생의 증손이자 숙종 국구 김만기의
4촌형 김만균이고, 이모부는 노론4대신 중의 일인인 이건명이다. 그리고
고모부인 이성조李成朝(1648~1696)는 김창즙의 형이 되는 김창협金昌協
(1651~1708)과 국구 민유중의 아들 민진후閔鎭厚(1659~1720)와는 4촌
처남매부간이 된다. 조문명의 맏형 조경명趙景命(1674~1726)은 김상용金尙容
(1561~1637)의 후손인 감사監司 김시걸金時傑의 딸과 혼인하였다.

특히 안동김씨의 김창협과 김창즙과 연혼이 닿게 된 이후 조문명은 김수항
金壽恒(1629~1689)의 아들인 김창업金昌業(1658~1721)의 딸(1681~1710)
과 혼인으로 이어졌다. 이런 혼인관계가 노소 분당시 노론 세력과의 일정한
연계를 맺게 해 주었다.779) 조상우는 사마시에 입격한 후 송준길宋浚吉
(1606~1672)의 문인이 되었으며780) 김창협金昌協(1651~1708)·권상
하權尙夏(1641~1721) 등과 교류하였고781) 조문명은 김창협의 문인으로
활동하였다.782)

---

779) 정만조, 1986,「歸鹿 趙顯命 研究: 그의 蕩平論을 中心으로」한국학논총 8, 128쪽.
780)『同春堂集(송준길)』속집 권12 부록7「門人錄」(한국고전번역원 고전번역총서).
781)『農巖集(김창협)』권1「南平訪趙子直 相愚 謫居留贈 丙辰」: 김창협이 11세
    연상인 조상우의 귀양지를 찾아가 떠나면서 시를 지어주고 있었으며 여러차례
    회합을 갖고 있었다.
    『寒水齋集(권상하)』권1「趙子直相愚左遷瑞山 以彩牋求詩 題寄」: 조상우가 서산
    으로 좌천되어 와서 권상하에게 시를 써 주기를 요청하였고, 권상하는 씨를 써서
    부치고 있었다.
782) 조준호, 2003,「조선 숙종~영조대 근기지역 노론학파 연구」(국민대 박사학위논문), 97쪽.

【풍양조씨・광산김씨・안동김씨・연안이씨・전주이씨 혼맥도】: 부록 381쪽 참조

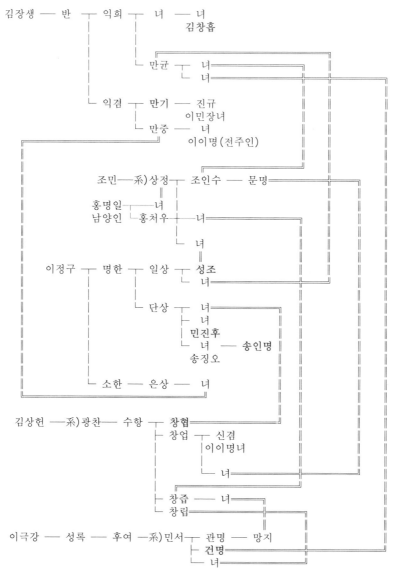

조문명은 숙종 39년(1713) 문과에 급제하여 숙종대 검열을 거쳐 경종 1년 8월 세제(영조)의 동궁 요속인 문학이 되었다.783) 동생 조현명은 숙종 45년(1719) 문과에 급제하여 경종 1년 8월 역시 동궁 요속인 겸설서 가 되어784) 당시 세제인 영조와 인연이 닿았다. 조문명은 동궁 요속 재임시 동생 조현명, 송인명과 함께 영조에게 크게 인정받았다.785) 그러 다 조문명은 경종 2년 2월 소론 이진유에 의해 천안군수로 출보되어786) 한동안 향리에 살았다.787)

조현명趙顯命(1690~1752)은 영조 4년(1728)에 '이인좌李麟佐의 난'이 발생하자 오명항吳命恒의 종사관으로 종군하여 분무공신奮武功臣에 녹훈 되었고, 영조 16년(1740) 경신처분庚申處分 직후 영조의 특별 배려로 우의정에 발탁되고 뒤이어 좌의정·영의정에까지 올랐다.

조문명의 아들 조재호趙載浩(1702~1762)는 원명구元命龜의 딸과 혼인 하였다. 조재호는 영조 15년 우의정 송인명宋寅明의 천거로 세자시강원에 등용되었고, 영조 30년에 우의정에 올랐으나, 영조 38년(1762) 사도세자 가 죽는 '임오화변壬午禍變'에 연루되어 유배지에서 사사당하였다가 영조 51년(1775)에 관작이 회복되고 자손들이 서용敍用되었다. 조현명의 아들 조재득趙載得(1718~1776)은 영조 49년(1773)에 조문명으로 인하여 특별 히 승지에 임명되었다.

---

783) 『경종실록』 권4 경종 1년 8월 23일.
784) 『경종실록』 권4 경종 1년 8월 25일.
785) 『영조실록』 권12 영조 3년 7월 13일. : 사신은 논한다. "조현명은 조문명의
     아우인데, 임금이 東宮에 있을 때에 조현명 형제와 宋寅明 등이 宮僚로서 매우
     깊이 인정받았으므로, 이때에 이르러 임금이 총애하고 신임하였다"
786) 『경종실록』 권6 경종 2년 2월 22일.
787) 『영조실록』 권3 영조 1년 1월 23일

영조는 동왕 19년(1743) 11월 생원 진사에 입격하여 세마洗馬로 있던 홍봉한의 딸(1735~1815)을 세자빈으로 간택하였다.788) 영조 38년(1762) 사도세자가 돌아가는 임오화변이 발생하자 세손(정조)이 영조 40년(1764) 2월 효장세자의 후사가 되어 1776년 즉위하였고, 혜빈은 혜경궁이 되었으나 왕비로 추존되지 못하였고 후일 고종의 황제 즉위 후 황후로 추존되었다.

홍봉한(1713~1778)의 증조 홍만용洪萬容(1631~1692)은 선조의 적실 자손으로는 유일한 정명공주 아들로 현종 3년 정시와 7년 중시 문과에 급제하여 숙종대 판서에 올랐다가 숙종 15년(1689) 기사환국시 송시열을 적극 신구伸救하고 사직하여 고향으로 돌아갔다.789) 홍만용은 아들 홍중기와 함께 부친 홍주원의 시편詩篇을 송시열(1607~1689)에게 보내어, 송시열이 홍주원 문집의 서문을 남기는 등790) 송시열을 따랐다. 동생 홍만형洪萬衡(1633~1670)은 민유중(1630~1687)과는 처남매부간으로 현종 3년(1662) 문과에, 현종 7년(1666) 문과 중시에 급제하여 부교리·이조좌랑 등을 역임하였으나 젊은 나이에 돌아갔다.

홍봉한의 조부 홍중기洪重箕(1650~1706)는 부친 홍만용이 송시열을 따랐던 인연으로 송시열의 문하에서 함께 공부한 권상하權尙夏(1641~1721)·정호鄭澔(1648~1736)와 친밀하게 교유하였고, 송시열·김창흡·김진규의 아낌을 받았으며791) 현종대 호조정랑 등을 역임하였다. 홍중기는 모친(윤방尹昉의 손녀)이 돌아가자 송시열에게 묘지명을 청하였

---

788) 『영조실록』 권58 영조 19년 11월 13일.
789) 『陶谷集(李宜顯)』 권22 「禮曹判書洪公諡狀 (홍만용)」(한국문집총간).
790) 『宋子大全(송시열)』 권139 「無何堂文集序」(한국문집총간).
791) 『杞園集(어유봉)』 권23 「僉正贈吏曹參判洪公墓誌銘(洪重箕)」(한국문집총간).
　　：所交皆一時賢士大夫 如遂菴權文純公 丈岩鄭相公 與之最密 金尙書竹泉 處士三淵金公 尤愛敬之不衰

고792) 송시열 사후 소렴小斂 물품을 보내고 있었다.793) 이에 부친 홍현보
洪鉉輔(1680~1740)가 송시열·송준길의 문인 임방任埅의 딸과 혼인하는
것으로 이어졌다. 홍현보는 숙종 44년(1718) 문과에 급제하여 영조대
예조판서를 역임하다 영조 16년에 죽었다. 4촌간인 홍상한洪象漢(1701~
1769)은 영조 11년(1735)에 문과에 급제하여 병조판서를 지냈다. 이처럼
홍봉한의 선조는 왕실의 후손으로 서인, 노론 세력과 혼맥을 맺으며
고위직을 계속 지내왔다.

【풍산홍씨 홍봉한 가계도】: 부록 382쪽 참조

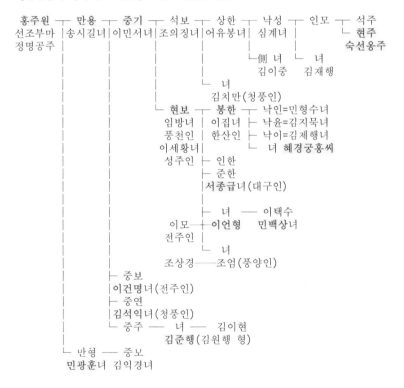

---

792) 『宋子大全(송시열)』 권187 「貞夫人宋氏墓誌銘」(한국문집총간).
793) 『宋子大全(송시열)』 송서속습유 부록 권2 「楚山日記 門人閔鎭綱錄」(한국문집총간).

홍봉한은 영조 부마인 김한신·박명원 가문과 혼맥이 닿았다. 홍봉한
(1713~1778)과는 6촌동서간인 박필하朴弼夏(1656~1719)의 손자가 영
조 14년(1738) 사도세자의 동복누이 화평옹주和平翁主와 혼인한 박명원朴
明源(1725~1790)인데, 박명원에게 큰형수가 되는 이모李模의 딸(박홍원의
처)은 홍봉한에게 매부妹夫가 되는 이언형李彦衡(1710~?)의 여동생이다.

【한산이씨 이집·박명원 혼맥도】 : 부록 383쪽 참조

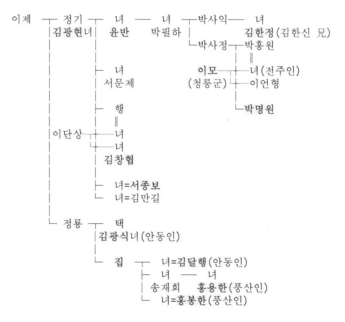

한편 홍현보와 이종4촌간인 이건명의 아들 이술지李述之(1694~1722)
의 부인은 김한신에게 누이가 되는 김홍경의 딸이고, 홍현보와 친4촌간인
홍경보洪鏡輔(1702~?)는 이건명의 사위로 김홍경과 4촌간이 되는 김희경
(1695~?)과는 동서사이이며, 홍봉한의 5촌조카 홍낙성洪樂性(1718~1798)
의 부인은 김홍경의 사위가 되는 심계沈銈(1696~?)의 딸이다. 김한신의

형 김한정金漢禎이 박명원과는 4촌간인 박사익朴師益(1675~1736)의 딸과 혼인하여 부마끼리도 가까운 가운데[794] 김한신의 부친 김홍경은 영조 11년 11월에 영의정에 오르며 활약하였고, 혼인 당시에도 판부사로 재임 중이었다.

아울러 왕비인 정성왕후 가문과도 혼맥이 닿았다. 동생 홍준한(1731~?) 은 정성왕후의 부친 서종제와 8촌간으로 권상하의 문인인 서종급徐宗伋 (1688~1762)의 딸과 혼인하였고, 홍봉한의 장인이 되는 한산인 이집李潗 의 4촌처남에 서문제徐文濟·서종보徐宗普(1653~?)가 있다.

【서종급·서종제, 김한록, 홍준한 혼맥도】 : 부록 **376**쪽 참조

```
서성 ┬ 경수 ── 형리 ── 문도 ── 종제 ── 정성왕후
     │
     └ 경주 ── 정리 ──문중(出)─서종보
     정신옹주│              이정기녀
          └ 진리 ── 문제
              │이정기녀
              └ 문택 ┬ 종업 ── 녀=김한록
                     └ 종급 ── 녀=홍준한
```

그리고 영조대를 주도한 안동김씨와 학맥과 혼맥이 닿았다. 홍중기洪重 箕는 이민서의 사위여서[795] 김수항의 아들 김창립金昌立(1666~1683)과 동서간이고, 홍석보洪錫輔(1672~1729)가 김창협金昌協(1651~1708)의 문인이며, 홍석보의 아들 홍상한洪象漢(1701~1769)은 김창협의 문인인 어유봉魚有鳳(1672~1744)의 문인이자 사위였다. 홍현보와 4촌간에 김원 행金元行(1702~1772)의 형이 되는 김준행이 있다. 또 홍봉한은 김창집의 손자로 김원행의 동생이 되는 김달행金達行(1706~1738)과 동서간이다.

---

794) 신채용, 2009, 「영조대 탕평정국과 駙馬 간택」『조선시대사학보』 51.
795) 『屛山集(이관명)』권14「僉正洪公墓碣銘」(한국문집총간). : 홍중기 사후 이민서
    의 아들 인관명이 묘갈명을 남긴다.

또 당시 영조 중반 영조로부터 송인명과 함께 탕평책 추진의 기대를
받으며 영조 16년 영의정에 오르며 정계에 영향력을 끼친 김재로와도
혼맥이 닿았다. 곧 홍봉한의 사촌누이가 김재로의 조카가 되는 김치만金致
萬(1697~1753)과 혼인하였다. 아울러 홍봉한 누이의 시아버지인 조상경
(1681~1746)은 김창협의 문인으로 영조 8년 이조판서에 제수되어796)
영조의 권우眷遇을 입으며797) 10년간 동전과 서전의 인사를 담당하였으
며798) 영조 19년 11월 호조판서로 있었다.

【청풍김씨 김치만·홍봉한·이의현 혼맥도】 : 부록 384쪽

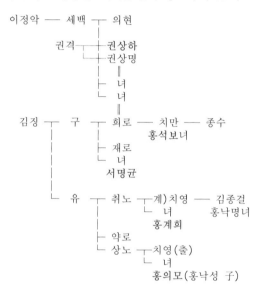

홍봉한의 외조부 임방任埅(1640~1724)은 신임사화로 유배갔다가 유
배지에서 졸하였고, 백부 홍석보洪錫輔(1672~1729)와 동생 홍준한洪駿漢

---

796)『영조실록』권31 영조 8년 5월 25일.
797)『영조실록』권55 영조 18년 3월 28일.
798)『영조실록』권52 영조 17년 4월 9일.

(1731~?)의 장인 서종급徐宗伋(1688~1762)도 유배되었다가 영조의 즉위 후 풀려났다. 이후 홍석보는 이조참의·관찰사 등을, 서종급은 판서를 지낸다. 홍봉한의 4촌처남인 김치만金致萬(1697~1753)의 부친 김희로는 동생 김재로와 4촌간인 김취로金取魯(1682~1740) 등과 함께 역시 유배되었으며799) 영조대 다시 진출한다.

홍봉한은 당대 민유중의 증손자 민백상閔百祥(1711~1761)·김만균의 증손 김상복金相福(1714~1782)과 서로 친하게 지냈으며 서로 잇달아 정승의 지위에 들어갔으므로, 세상에서 세 정승의 친구〔삼태지우三台之友〕라고 하였다 한다.800) 홍봉한의 아들 홍낙인洪樂仁(1729~1777)은 민유중의 손자이자 민진원의 아들인 민형수閔亨洙(1690~1741)의 딸과 혼인하였고, 사위 이언형李彦衡의 아들 이택수李澤遂(1739~?)는 민형수의 손녀인 민백상閔百祥(1711~1761)의 딸과 혼인하여 여흥민씨와의 연혼이 계속되었다.

【풍산홍씨·여흥민씨 혼맥도】 : 부록 384쪽 참조

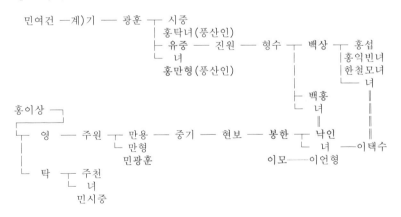

799) 『경종실록』 권11 경종 3년 1월 19일.
800) 『영조실록』 권97 영조 37년 2월 15일.

홍봉한의 동생 홍인한은 정후겸鄭厚謙(1749~1776) 등과 세손(정조)의 즉위를 반대하여 정조의 즉위 후 사사賜死되었다. 홍봉한의 백부 홍석보와 사돈인 김재로에게 4촌이 되는 김상로金尙魯(1702~?)와 그의 조카 홍계희洪啓禧(1703~1771)는 사도세자 죽음에 관련되어 유배당하기도 하였으며 정조대 관작을 추탈당하였다.801)

홍낙성(1718~1798)이 정조대 영의정을 지냈고, 그의 손자인 홍석주(1774~1842)가 순조대 좌의정에 올랐다. 홍만형의 현손 홍낙순洪樂純(1723~?)은 정조때 문형文衡으로 좌의정을 지냈고, 홍낙순의 동생이 되는 홍낙춘洪樂春의 아들은 홍국영洪國榮이고, 딸은 정조正祖후궁 원빈홍씨元嬪洪氏이다. 김치만의 아들로 정조 때 좌의정을 지낸 노론 벽파 김종수(1728~1799)가 있다.

---

801) 『정조실록』권1 정조 즉위년 3월 30일. ; 『정조실록』권3 정조 1년 8월 23일.

## 2) 영조계비 경주김씨

영조의 비 정성왕후가 영조 33년(1757) 2월 승하하여 김한구金漢耉 (1723~1769)의 딸(1745~1805)이 영조 35년(1759) 6월 간택되었다가 왕비에 오르니 정순왕후이다. 김한구의 고조부가 김홍욱(1602~1654)이 다. 김홍욱의 백형 김홍익은 병자호란 당시 남한산성으로 가던 중 험천險 川에 이르러 순절한 인물이다. 김홍욱도 효종 5년(1654) 소현세자빈 원옥冤獄을 거론하여 장살되었지만 그의 충직함이 세상에 알려졌고, 사림 의 추앙을 받았다. 숙종 42년 병신처분 이후 김홍욱이 숙종 44년 이조판서 에 증직되었다가 다음해 문정이라는 시호가 내려졌고, 김홍익은 영조대 에 정려되었다.802)

증조대인 김세진은 금정찰방金井察訪, 김계진(1646~1709)은 황간현감 黃澗縣監에 그쳤다. 조부대도 김두성金斗星과 김두정金斗井은 생원에, 김두 규金斗奎는 낭천현감狼川縣監에, 김두벽金斗璧은 영유현령永柔縣令에 그치 고, 김두광金斗光(1674~1702)은 일찍 졸하여 관직에 오르지 못하였다. 부친대인 김선경金選慶(1701~1760)도 과거에 급제하지 못하고 영조 32 년 목천현감木川縣監을 역임하는 등803) 직계 선조는 미약하였다.

김한구의 외조부 홍주화(1660~1718)는 숙종 15년(1689) 송시열이 사사되자 스승의 신원을 상소하기도 하였다가 벼슬할 뜻을 버리고 학문에 전념한다. 그리고 숙종 30년(1704) 권상하가 송시열의 유명으로 만동묘 를 세울 때 이를 보좌하여 그 건립에 힘쓰고 있었다.

김한구(1723~1769)의 4촌형인 김한록(1722~1790)은 한원진의 문인

---

802) 『영조실록』 권54 영조 9년 9월 14일.
803) 『鶴洲全集(김홍욱)』 附錄 권2 「家狀(金興慶撰)」(한국문집총간).

으로804) 호론湖論의 대표적 학자였다.805) 김한록은 영조 11년(1735)
서종제와는 8촌간인 서종업의 딸과 혼인하였는데, 서종업의 선조는 노론
이었다.

【경주김씨 김한구 가계도】 : 부록 386쪽 참조

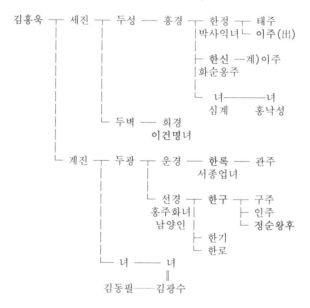

정순왕후의 왕비 간택에는 혜경궁의 부친 홍봉한의 역할이 있었으
며806) 가례시 홍봉한과 함께 4촌인 홍상한이 가례도감 제조로 있었
다.807) 아울러 혼맥도 닿았다. 곧 김한구는 영조 13년(1737) 원주인
원명직(1683~1725)의 딸 원주원씨(1722~1774)와 혼인하였다. 원명직
과 홍현보와는 6촌간이며, 홍봉한의 장모(임방 녀)와 김한구의 처외조모

---

804) 유봉학, 1986, 「18, 9세기 老論學界와 山林」『한신논문집』 3.
805) 권오영, 2005, 「金漢祿(1722~1790)의 사상과 政治的 驛程」『조선시대사학보』 33.
806) 권오영, 2005, 「金漢祿(1722~1790)의 사상과 政治的 驛程」『조선시대사학보』 33.
807) 『영조정순왕후가례도감의궤』 「도청의궤」 좌목(한국고전번역원 고전번역총서).

(임좌 녀)가 4촌 자매간이었다. 원명직元命稷의 고모부 권상유權尙游
(1656~1724)는 송시열의 문인 권상하(1641~1721)의 동생이다. 원명직
과 6촌간인 원명구의 아들 원경하元景夏는 영조대 후반 영조의 탕평을
주도하는 노론계 인물이었다.808) 또 김한구와 8촌간인 김한신이 영조의
총애를 받았고, 부친 김흥경은 영조 26년 졸하였지만 영의정까지 오른
인물이다.

【원주원씨 원명직·김한구·홍봉한 혼맥도】 : 부록 387쪽 참조

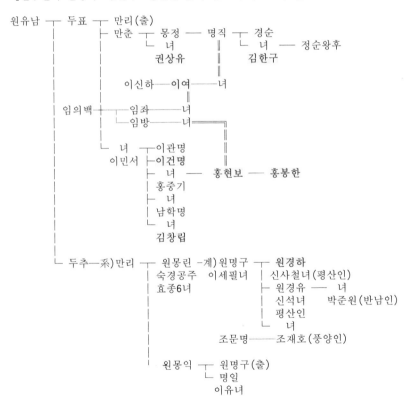

---

808) 정만조, 1986, 「英祖代 中半의 政局과 蕩平策의 再定立」『역사학보』111.

　　김흥경의 자손들은 이후 계속 활약한 반면, 김한구·김한록 가문은
부침이 많았다. 김한록(1722~1790)은 경주김씨 정치세력의 배후에서
이론가로 활동하면서 홍량해洪量海 등과 함께 사도세자와 정조를 공격하
는 입장을 가졌다.809) 영조 48년(1772) 7월에 김한록은 아들 김관주와
종질 김구주를 앞세워 홍봉한 세력을 공격하였다가810) 김구주金龜柱는
사판仕版에서 삭제되고811) 김관주金觀柱(1743~1806)는 유배되었다.812)
이후 김구주는 정조의 즉위 후 영조의 딸인 화완옹주和緩翁主의 양자인
정후겸鄭厚謙 및 홍인한洪麟漢·정이환鄭履煥 등과 결탁해 정조를 해치려
한 사실이 드러나 유배되었다가 죽었다. 김관주는 정조대 다시 서용되어
용궁현감이 되었으나 그 이상 크게 쓰이지 못하다가 1800년 6월 정조가
죽은 뒤 정순대비가 수렴청정하자, 1802년에 우의정으로 기용되었으며,
1806년에 삼간택三揀擇을 방해한 권유를 방조한 죄목으로 탄핵되어,
유배가는 도중 죽었다.

809) 권오영, 2005, 「金漢祿(1722~1790)의 사상과 政治的 驛程」『조선시대사학보』33, 202쪽.
810) 권오영, 2005, 「金漢祿(1722~1790)의 사상과 政治的 驛程」『조선시대사학보』33, 206~207쪽.
811) 『영조실록』권119 영조 48년 7월 21일.
812) 『영조실록』권119 영조 48년 7월 29일.

3) 정조비 청풍김씨

영조 37년(1761) 12월 김시묵의 딸이 세손빈으로 정해졌다가 정조가
왕위에 오르니 효의왕후이다. 당시 정순왕후가 영조 35년에 계비로 간택
되어 중전으로 있었고, 홍봉한의 딸이 세자빈(혜경궁)으로 있었다.

김시묵金時默(1722~1772)의 고조부는 현종비 명성왕후의 부친 김우명
(1619~1675)이다. 김시묵 자신과 조부 김도제金道濟가 모두 다른 이의
후사가 되어, 김우명의 아들들인 김만주金萬冑·김석익金錫翼·김석연金
錫衍 세 사람이 김시묵의 증조부가 된다. 김만주金萬冑는 일찍 졸하여
관직에는 오르지 못하는 듯 하고813), 김석익金錫翼(1645~1686)은 숙종
6년(1680) 허적의 역모 사건으로 공신에 추록되고 가자加資되었으며
좌윤·총융사摠戎使를 지냈다.814) 김석연(1648~1723)은 숙종 6년
(1680) 음보로 관직에 나아가 예빈시정·전설典設 등을 역임한 뒤, 숙종
15년(1689) 기사환국으로 관직에서 추방당했다가815) 숙종 20년(1694)
갑술환국으로 다시 기용되어816) 어영대장御營大將 등 장수의 직임을 오랫
동안 역임하다817) 판서에 오르는 등818) 서인 세력과 부침을 함께 하고
있었다. 김석연의 동생 김석달金錫達은 판관判官을 역임하다 숙종 13년에
졸하였다.

김시묵의 생조부 김도영金道泳(1671~1700)은 윤신지의 손자가 되는
윤하명의 딸과 혼인하였고, 숙종 25년(1699) 진사에는 입격하지만 다음

---

813) 『疎齋集(李頤命)』 권14 「安城郡守金君墓表(金道濟)」(한국문집총간).
814) 『月谷集(吳瑗)』 권11 「漢城左尹金公墓誌銘(金錫翼)」(한국문집총간).
815) 『숙종실록』 권21 숙종 15년 12월 13일.
816) 『숙종실록』 권26 숙종 20년 4월 2일.
817) 『숙종실록』 권44 숙종 44년 6월 7일.
818) 『경종실록』 권13 경종 3년 8월 17일. 김석연 졸기

해에 졸하여 관직 활동은 못하였고819) 양조부가 되는 김도영의 형 김도제
金道濟(1665~1707)도 음서로 감찰·군수를 역임하는데 그쳤다.820) 김시
묵의 양부 김성집金聖集(1691~1710)은 일찍 졸하여 관직에 나아가지
못하였고, 백부 김성하金聖廈는 음서로 부사府使를 지냈다.

 김시묵의 생부 김성응金聖應(1699~1764)은 서로 왕래하며 잘 지내는
사이로 신임사화로 유배되었다가 풀려나와 '이인좌의 난'을 진압한 장신將
臣 장붕익張鵬翼의 천거를 받았다. 영조는 이인좌의 난 이후 심려心膂를
가탁可托할 장재將材를 찾고 있었는데, 장붕익이 천거하자 영조는 기뻐하
여 동왕 6년에 사복시내승司僕寺內乘을 제수하였다.821) 계속해서 영조가
9년에 내시사內試射에 친림親臨하여 특별히 권무勸武 별군직別軍職 김성응
金聖應을 전시殿試에 직부直赴시킬 것을 명하였다.822) 영조 11년(1735)
어영대장, 이듬해 훈련대장, 영조 13년(1737)에 병조판서에 올랐다.
그리고 영조는 22년에 김우명의 봉사손이 벼슬하지 못하여 흠전欠典이
된다고 하면서 소과에 입격한 김시묵(1722~1772)을 녹용하라고 하였으
며823) 김시묵은 영조 26년(1750) 문과에 급제한다. 동생 김지묵은 영조
26년에 생원시에 입격하고 영조 32년 의릉참봉에 제수되었다.

---

819) 『知守齋集(俞拓基)』 권9 「成均進士贈議政府左贊成金公墓碣銘(金道泳)」(한국문
  집총간)
820) 『疎齋集(李頤命)』 권14 「安城郡守金君墓表(金道濟)」(한국문집총간). :
  『영조실록』 권5 영조 1년 4월 25일.
821) 『渼湖集(金元行)』 권16 「判書金公神道碑銘(金聖應)」(한국문집총간).
822) 『영조실록』 권35 영조 9년 7월 22일.
823) 『승정원일기』 영조 22년 12월 5일. 而惟於淸風國舅之孫金道濟後, 爲奉祀孫者,
  無一人冠冕者, 可謂欠典, 亦豈追逑先志之道? 其令該曹, 奉祀孫錄用. 出榻敎 仍
  下敎曰, 金時默旣爲小科, 則不計年歲矣. 予曾見而言之曰, 汝若爲武則好矣, 渠必
  聞之贍落矣. 金哥本是儒家, 而時默則無異將種矣.

【청풍김씨 김시묵 가계도】 : 부록 360쪽 참조

```
김비 ┬ 홍우 ── 육 ┬ 좌명
     │              └ 우명(出)
     └ 홍록 ── 지 ─系)우명

김우명 ┬ 만주──系)도제──성집──系)시묵 ┬ 기대
       │ 민임녀 이민적녀 이표녀  남직관녀│이장원녀(연안인)
       │        전주인  전주인  홍상언녀├ 효의왕후
       │                              └ 庶 녀
       │                                 홍낙손(풍산인)
       │
       ├ 석익 ┬系)도영 ┬ 성하(出)
       │ 윤협녀│윤하명녀└ 성응 ┬ 시묵(出)
       │ 파평인│ 해평인  홍우령녀├ 지묵 ┬ 기후
       │      │      └ 녀    │이규환녀├ 녀
       │      홍만용──홍중연    │ 한산인 │ 홍낙윤(홍봉한 子)
       │                      │        │ 녀
       │                      │        홍병실
       │                      │
       │                      └ 치묵 ── 기상
       │                         송익흠녀(은진인)
       │
       ├ 석연 ┬ 도제(出)
       │이정한녀├ 도함─系)성채 ┬ 상묵
       │ 전주인 │조성보녀 윤식녀│민우수녀
       │어상준녀│ 풍양인 │     └ 광묵
       │ 함종인 │       │        송문흠녀
       │       ├ 도영(出)
       │       ├ 도협(出)
       │       └ 도흡 ── 녀 ──系)시연 ── 녀
       │             송명흠        조만영
       │
       ├ 석달 ─系)도협 ── 녀
       │             박문수
       └ 명성왕후
```

김시묵 가문은 풍산홍씨와 혼맥으로 가까웠다. 김석익의 두 아들은 일찍 죽었으며 외동딸이 홍봉한에게 숙조부가 되는 홍중연洪重衍과 혼인하였다. 홍봉한이 김성응 대부인大夫人의 수연壽宴에 참석하며 교류하고 있었고 김시묵의 딸을 어렸을 때 보았던 인인이 있었으며, 사도세자가 정조와의 혼인을 결정한 것으로 보인다.824) 간택 이후에도 김시묵의

---

824) 『혜경궁의 읍혈루(上 : 譯校註』 2009(홍기원, 민속원), 193~195쪽.

동생이 되는 김지묵(1724~1799)의 딸은 혜경궁(1735~1815)의 동생 홍낙윤(1750~1813)과 혼인하여 홍봉한과는 사돈간이 되었다.

또 김시묵 처의 대고모부가 민승수閔承洙인데, 민승수와 6촌간인 민형수閔亨洙(1690~1741)가 홍봉한과 사돈간이며, 민승수의 외손자로 김시묵의 처와 6촌간에 이상주李商舟가 있다. 이상주의 처부가 원경하와 장만익인데, 장만익은 김시묵의 부친 김성응을 영조에게 천거한 장붕익의 4촌이 된다.

【의령남씨 남직관·김시묵·여흥민씨 혼맥도】: 부록 360쪽 참조

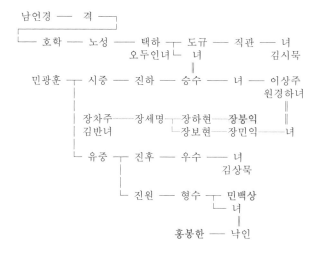

김시묵 가문은 송준길의 후손들과 겹사돈을 맺었다. 숙조부 김도흡金道洽의 사위에 이재李縡(1680~1746)의 문인 송명흠宋明欽(1705~1768)이 있다. 동생 김치묵金峙默이 송익흠宋益欽(1708~1757)의 딸과, 8촌간인 김광묵金光默(1730~?)은 송문흠宋文欽(1710~1752)의 딸과 혼인하였다. 이에 김시묵 형제들은 부친 김성응의 묘표를, 김상묵 등은 김석연의 행장을 송명흠에게 청하고 있었다.825)

【은진송씨 송익흠·김시묵·안동김씨 혼맥도】 : 부록 361쪽 참조

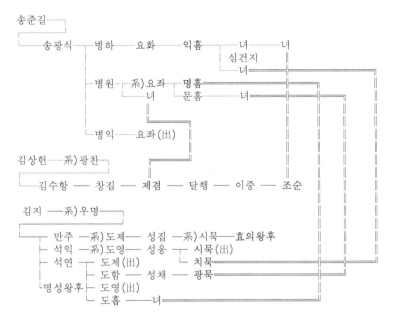

　김시묵(1722~1772)은 영조대 후반 정후겸과 연대한 홍인한(1722~1776)과 연계하기도 하였다 영조 48년 돌아갔고, 김기대金基大(1738~1776)는 영조 43년(1767) 문과에 급제하여 병조참의를 지내다 40세의 이른 나이로 돌아갔다. 6촌간인 김상묵(1726~1779)은 정후겸과 연계하기도 하였으며826) 김종수金鍾秀(1728~1799)와는 친구 사이였다.827) 김상묵·김광묵(1730~?) 형제들은 영조 46년을 전후한 시기 홍봉한과 대립되는 청명당 인물에 들어 있다.828)

825) 『櫟泉集(송명흠)』 권16 「兵曹判書金公墓表(김성응)」(한국문집총간).
　　　『櫟泉集(송명흠)』 권18 「判書贈左贊成金公行狀(김석연)」(한국문집총간).
826) 최성환, 2009, 「정조대 탕평정국의 군신의리 연구」(서울대 박사논문) 88~89쪽. ; 96~97쪽.
827) 『夢梧集(김종수)』 권6 「金伯愚墓碣銘(김상묵)」(한국문집총간).
828) 박광용, 1994, 「조선후기 탕평 연구」(서울대 박사학위논문) 49~50쪽.

김시묵의 동생 김지묵(1725~1799)은 정조대에 총융사摠戎使·어영대
장·금위대장·장용사壯勇使 등을, 동생 김치묵은 홍국영과 가깝게 지내
고 정조대 동부승지·공조참판 등을 역임하였다. 김시묵의 손자로 김기
대의 아들인 김종선金宗善(1766~1810)은 박윤원朴胤源·오윤상吳允常의
문인이 되어 순조대 형조참판·우윤을 역임하였다.

## 2. 왕비 가문의 성격

영조 3년(1727) 정빈이씨 소생 효장세자孝章世子(진종, 1719~1728)의 빈으로 소론계 조문명(1680~1732)의 딸(1715~1751)이 간택되었으나 효장세자가 다음해에, 세자빈도 영조 27년(1751)에 돌아갔다. 효장세자 사후 영조 19년(1743) 영빈이씨 소생 사도세자의 빈으로 노론계 홍봉한의 딸이 세자빈으로 책봉되었고, 영조의 초비 정성왕후가 영조 33년(1757) 돌아가 영조 35년(1759) 노론계 김한구의 딸이 영조의 계비가 되었으며, 영조 37년(1761) 12월 세손(정조) 빈으로 노론계 김시묵의 딸이 결정되어 다음해에 책봉되었다. 영조대 초반 조문명 가문을 제외하고는 정조대까지는 모두 노론 가문에서 왕비를 배출하였다.

노론의 지지를 받는 영조의 즉위 후 곧바로 노론 세력이 주도하는 것은 아니었다. 소론 중에서 급소急少인 김일경·이진유·이사상 등은 처벌되며829) 영조 1년(1725) 3월에 경종 연간의 신임사화辛壬士禍를 소론의 무고에 의한 '무옥誣獄'으로 판정한 '을사처분乙巳處分'이 단행되어 노론이 주도하였다. 그러나 노론의 주도는 오래 가지 못하였다. 소론에 대한 노론의 공세攻勢는 영조로 하여금 탕평의 유지가 힘들다고 판단케 하였고, 영조 3년(1727) 7월 정미환국의 단행으로 이어졌다. 노론삼사 및 입시제신 등 모두 100여인이 파직되고, 소론 이광좌李光佐(1674~1740)·조태억趙泰億(1675~1728)을 영·좌의정으로 이태좌李台佐(1660~1739)·윤순尹淳(1680~1741)·이집李㙫(1664~1733)·서명균徐命均(1680~1745)·오명항吳命恒(1673~1728)을 판서로 하는 소론 정권이 성

---

829) 김일경은 영조 즉위년 12월 처형되고, 이사상과 이진유는 영조 1년 유배되었다가 이사상은 7월에 賜死되며, 이진유는 영조 6년 후일 소환되어 문초 받다 죽었다.

립되었다.830)

이처럼 소론으로 정권이 바뀐 후인 영조 3년 8월에 영조는 효장세자孝章世子(1719~1728)의 빈으로 소론 세력 중에서 준소峻少와는 다른 청류라고 할 수 있는 조문명의 딸을 간택하였다. 이는 조문명을 중심으로 한 탕평세력을 양성하여 장차 정권을 그들 위주로 구성하고, 이를 기반으로 탕평을 추진하겠다는 왕의 의도를 명백히 표출한 것이다.831) 영조는 노론과 연혼이 닿은 소론 청류 세력을 끌어 들여 자신의 세력을 강화하고자 한 것이다. 앞 가계도에서 보이듯이 조문명 가문은 청류인 송인명 가문과는 겹사돈으로 가까웠고, 소론 이태좌李台佐(1660~1739)와도 연혼이 닿았다. 아울러 노론과도 혼맥이 닿았다. 특히나 조문명(1680~1732)은 김창업(1658~1721)의 사위였다. 또 숙조부가 되는 조상우(1640~1718)는 홍치상과는 4촌동서사인데, 홍치상(1654~?)과 4촌간에 홍치중洪致中(1667~1732)이 있다. 노론계 홍치중은 소론 이광좌와도 친교가 있었으며, 이광좌와 8촌간인 이태좌와는 처남매부간이다. 영조는 소론계 조문명·송인명(1689~1746)과 노론계 홍치중洪致中을 중심으로 초반 탕평을 추진해 나갔다.

이런 와중에 영조 4년(1728) 3월 '무신란(戊申亂, 이인좌의 난)'을 계기로 점차 노론이 진출하게 되며 영조 5년(1729) 3월 탕평파인 조현명(1690~1752), 송인명에 의해 노론 4대신 중에서 이건명과 조태채 2인에 대한 신원이 거론되어832) 영조 5년 8월 좌의정 이태좌·이조판서 조문명·호조판서 서명균·형조판서 윤순·도승지 조현명 등 소론이 주도하는 가운데, 노론 4대신 중 이건명李健命과 조태채趙泰采의 관작官爵을 복구

---

830) 정만조, 1983,「英祖代 初半의 蕩平策과 蕩平派의 活動」『震檀學報』56, 46~48쪽.
831) 정만조, 1983,「英祖代 初半의 蕩平策과 蕩平派의 活動」『震檀學報』56, 48~50쪽.
832) 정만조, 1983,「英祖代 初半의 蕩平策과 蕩平派의 活動」『震檀學報』56, 58~59쪽.

하였다.833)

이후 홍치중이 영조 8년(1632) 돌아가고 영조 11년 11월 부마 김한신의 부친 김흥경을 영의정, 다소 평완平緩한 노론계 김재로를 좌의정, 송인명 宋寅明을 우의정, 조현명을 이조판서로 삼았다. 이때 사신의 평가에서 영조는 김재로와 송인명의 임명은 탕평을 책임지우려는 의도였다고 한 다.834) 김재로가 홍치중을 대신해서 새롭게 등장하며 주도하였다. 다음 해인 영조 12년 3월 김재로와 송인명의 발의發議로 이건명과 조태채의 복시復諡가 시행되었다.835)

그러면서 영조 14년 12월 왕비의 사친私親 잠성부부인의 졸거卒去를 계기로 왕비의 마음을 위로한다는 명분으로 김창집과 이이명의 신원 문제에 비하면 훨씬 수월한 정성왕후의 조카 서덕수를 우선 신원하였 다.836) 그리고 영조 15년(1739) 11월 판부사 송인명, 풍원군 조현명을 입시케 하여 동의를 받아 다음해에 김창집과 이이명의 신원을 결정하였 다.837) 이에 영조 16년 1월 노론 4대신 중 김창집과 이이명이 복관되었 다.838) 6월에 경신처분이 내려져 임인옥이 무고에 의한 무옥임이 밝혀졌 으며839) 다음해 신유대훈辛酉大訓으로 대내외에 천명되어 명분상으로 노론의 승리로 일단락되었다. 아울러 영조 16년 9월 노론 탕평대신 김재로를 영의정, 송인명을 좌의정, 조현명을 우의정으로 하는840) 노론

833) 『영조실록』 권23 영조 5년 8월 18일.
834) 『영조실록』 권40 영조 11년 11월 20일.
835) 『영조실록』 권41 영조 12년 3월 19일.
836) 정만조, 1986, 「英祖代 中半의 政局과 蕩平策의 再定立」 『역사학보』 111. 79쪽.
837) 정만조, 1986, 「英祖代 中半의 政局과 蕩平策의 再定立」 『역사학보』 111. 79쪽. : 81쪽.
838) 『영조실록』 권51 영조 16년 1월 10일.
839) 『영조실록』 권51 영조 16년 6월 13일.
840) 『영조실록』 권52 영조 16년 9월 28일.

탕평이 추진되게 되었다.841)

이렇게 노론이 주도하는 중에 영조 19년(1743) 11월 영조가 홍봉한의 딸로 사도세자의 빈을 뽑았다. 홍봉한은 노론내 탕평의 주인이었던 김재로 가문과 직간접적으로 혼맥이 닿았다.842) 또 앞 가계도에서 보이듯이 홍봉한은 중전인 대구서씨와도 연혼이 있었다. 홍봉한의 동생 홍준한 (1731~?)은 정성왕후 부친 서종제와는 8촌간인 서종급의 딸과 혼인하여 혜경궁에게는 숙계모가 된다. 정성왕후는 홍봉한이 세자빈 간택 후 영조 20년 문과에 급제할 때 노론가문이어서 매우 기뻐하였다고 한다.843)

특히 풍산홍씨 가문은 영조 8년(1732)과 14년(1738)에 부마 가문이 된 경주김씨 김한신·반남박씨 박명원 가문과 가까웠고, 부마 가문들끼리도 혼맥이 닿았음도 지적하였다. 영조는 부마의 인척들을 중용하는 모습을 보였다.844) 앞서 영조 5년의 기유처분으로 노론 세력에 대한 명분이 마련되어 노론이 점차 세력을 강화하면서 노론 가문에서 부마를 배출하였다. 영조 8년 노론내 완론緩論 세력인 김흥경845)의 아들 김한신이 돌아간 효장세자의 매妹인 화순옹주와 혼인하였다. 김흥경은 이건명을 매개로 효장세자의 장인인 조문명과 혼맥이 닿았다.846) 곧 홍봉한의 부친 홍현보가 이건명의 아들인 이술지李述之(1694~1722)와는 이종4촌간이었고, 이술지는 조문명 형제와도 이종4촌간이 된다.

841) 정만조, 1986, 「英祖代 中牟의 政局과 蕩平策의 再定立」『역사학보』 111.
842) 신채용, 2009, 「영조대 탕평정국과 駙馬 간택」『조선시대사학보』 51.
843) 변원림, 2006, 『조선의 왕후』(일지사).
     『혜경궁의 읍혈루(上 : 譯校註』 2009(홍기원, 민속원) 161쪽.
844) 신채용, 2009, 「영조대 탕평정국과 駙馬 간택」『조선시대사학보』 51.
845) 정만조, 1986, 「영조대 중반의 정국와 탕평책의 재정립」『역사학보』 111, 69쪽.
846) 신채용, 2009, 「영조대 탕평정국과 駙馬 간택」『조선시대사학보』 51.

【풍산홍씨·전주이씨·안동김씨 혼맥도】: 부록 385쪽 참조

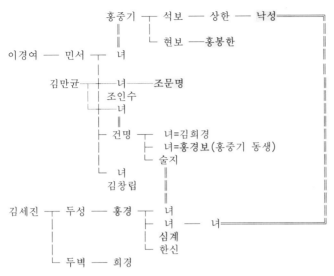

아울러 홍봉한 가문은 김창집·김창협 형제들과 학맥과 혼맥이 연계되었음도 전술하였다. 또 영조 14년 2월 김창집(1648~1722)·김창협(1651~1739) 형제들과 밀접하게 교류하며 홍봉한과는 6촌동서간이 되는 박필하의 손자847) 박명원이 사도세자의 누이가 되는 화평옹주和平翁主와 혼인하였다. 박명원의 부마 간택에 조정의 묘모廟謨를 오로지 한848) 송인명(1689~1746)이 영향력을 행사한 것으로 보인다.849) 혜경궁이 세자빈으로 재간택된 후 어머니와 함께 종가에 갈 수 있었던 것은 박명원의 큰형수(박흥원朴興源의 처, 이모李模의 녀)가 화평옹주의 생모인 영조후궁 영빈이씨에게 알리고, 영빈이씨가 대내에 취품하여 허락된 것이었

847) 최완수, 1993,「겸재정선연구」『겸재정선진경산수화』(범우사).
   유봉학, 1998,『조선후기 학계와 지식인』(신구문화사).
848) 『영조실록』권48 영조 15년 1월 29일.
849) 신채용, 2009,「영조대 탕평정국과 駙馬 간택」『조선시대사학보』51.

다.850) 박홍원의 처는 홍봉한(1713~1778)의 매부妹夫가 되는 이언형李彦衡(1710~?)의 여동생이어서 간택에 박명원 가문의 역할도 있었던 것으로 보인다. 아울러 혜경궁 간택 당시 김흥경은 판부사, 김재로는 영의정, 송인명은 좌의정, 조현명은 우의정이었다.

이후 영조 31년(1755) 나주괘서사건으로 촉발된 을해옥사가 있어났다. 나주괘서사건은 급소들이 괘서로 민심의 동요를 일으키고 이를 틈타 거병을 계획한 것이지만 괘서 단계에서 일망타진되어 실행되지 못했다.851) 당시 정계에 있던 소론들에게 치명적인 타격이 되었다.852) 을해옥사의 처리과정에서 상당수의 소론들 특히, 준소들이 관련되었다. 소론 완론은 앞장서서 이광좌·조태억·최석항의 죄를 징토했다.853) 유봉휘, 조태구에게 역률逆律을 추가 시행하며, 이광좌·최석항은 관작 추탈追奪, 조태억은 직첩을 거두도록 했다.854) 준소의 영수 이종성과 박문수는 을해옥사를 계기로 확정된 국시國是를 인정했고, 급소를 동정한 이광좌의 잘못된 의리를 진심으로 반성하며 처벌을 내려 달라고 한 후, 향리에 은거하거나 죄인으로 자처하였다.855) 이에 영조 32년(1756)에 송시열宋時烈(1607~1689)과 송준길宋浚吉(1606~1672)이 문묘文廟에 종사되는 것으로 마무리 된다.

이런 중에 정성왕후가 영조 33년(1757) 돌아가 영조 35년(1759) 노론계인 김한구의 딸이 계비로 간택되어 왕비에 오르니 정순왕후이다. 간택에는 홍봉한의 역할이 있었다고 한다.856) 김한구 가문은 장인인 원명직

---

850) 『혜경궁의 읍혈루(上 : 譯校註』 2009(홍기원, 민속원), 133쪽.
851) 최성환, 2009, 「정조대 탕평정국의 군신의리 연구」(서울대 박사논문), 32쪽.
852) 이근호, 2002, 「英祖代 蕩平派의 國政運營論 研究」(국민대 박사논문), 70쪽
853) 최성환, 2009, 「정조대 탕평정국의 군신의리 연구」(서울대 박사논문), 32-33쪽
854) 최성환, 2009, 「정조대 탕평정국의 군신의리 연구」(서울대 박사논문), 33쪽.
855) 최성환, 2009, 「정조대 탕평정국의 군신의리 연구」(서울대 박사논문), 39쪽

가문을 매개로 홍봉한 가문과 혼맥으로도 닿았으며, 8촌간이 되는 김한신이 영조의 맏사위였던 점이 주목된다. 다만 김한구 가문은 호론과 학맥과 혼맥이 더 가까웠음도 지적하였다. 이후 영조 37년에는 김시묵의 딸이 세손(정조)빈이 되었다. 김시묵 가문도 홍봉한 집안과 밀접하게 연계되어 있었고, 홍봉한(1713~1778)이 김성응(1699~1764)과 교류가 있었음을 지적하였다. 또 청풍김씨는 낙론洛論의 대표 학자인 이재李縡의 문인인 송명흠 가문과는 겹사돈이었음도 지적하였다.

그러다 영조 38년(1762) 윤5월 사도세자가 폐서인되고 뒤주에 갇혀 돌아갔다. 영조 25년 세자의 대리청정 이후, 영조 33년부터는 실권을 잡은857) 노론의 김상로와 홍계희, 소론의 정치달이 세자와 영조의 갈등을 부추켰다.858) 폐세자 사건 이후 영조는 홍봉한에게 그 수습의 책임을 맡겼다.859) 홍봉한은 10여 년 동안 수상首相의 자리에 있으며 신임을 받았으나860) 척족이 대두하여 특권세력으로 발호하는 폐단이 야기되었다.861)

이후 세손은 영조 38년(1762) 7월 동궁으로 칭하게 되고, 풍산홍씨 홍봉한 계열과 경주김씨 김구주 계열의 갈등이 생겨862) 영조 48년(1772) 7월에 김한록은 김관주와 종질 김구주를 앞세워 홍봉한 세력을 공격하였다.863) 이에 영조 48년(1772) 7월 김구주金龜柱는 사판仕版에서

856) 권오영, 2005, 「金漢祿(1722~1790)의 사상과 政治的 驛程」 조선시대사학보 33.
857) 『정조실록』 부록 「정조 행장」
858) 최성환, 2009, 「정조대 탕평정국의 군신의리 연구」(서울대 박사논문), 43쪽.
859) 최성환, 2009, 「정조대 탕평정국의 군신의리 연구」(서울대 박사논문), 61~62쪽
860) 『영조실록』 권114 영조 46년 3월 23일.
861) 유봉학, 1999, 「정조대 정치론의 추이」『경기사학』 3 65쪽.
862) 이근호, 2002, 「英祖代 蕩平派의 國政運營論 研究」(국민대 박사논문) 43~46쪽, 80쪽.
863) 권오영, 2005, 「金漢祿(1722~1790)의 사상과 政治的 驛程」『조선시대사학보』 33. 206~207쪽

삭제되고864) 김관주金觀柱(1743~1806)는 유배되었다.865) 계속해서 영
조 51년(1775) 11월 영조가 정조의 대리청정을 논의하는데 홍인한 등이
반대하였다.866) 그래서 12월 3일 서명선이 홍인한 등을 죄줄 것을 상소하
였다. 이날 영조는 서명선의 상소에 대해 모호하게 답변한 영부사 김상복
金相福(1714~1782), 영돈녕 김양택金陽澤(1712~1777)을 꾸짖고 홍인한
을 사판仕版 삭제削除하는 등867) 대리 청정을 위하여 반대세력을 다시
제거해 주었다.

다음해 3월 돌아간 영조를 이어 정조가 즉위하였다. 정순왕후의 처가쪽
인물들은 정조 즉위 후 밀려나는 가운데, 홍인한과 정후겸을 사사賜死하였
다. 계속해서 정조 시해사건으로 남양홍씨 홍상범·홍상간 등과 함께
여흥민씨 민홍섭閔弘燮(1735~1777)·민항렬閔恒烈(1745~1776) 등도
사사되었다. 그후 광산김씨 김만기의 후손 김하재金夏材(1745~1784)가
정조 8년에 정조를 비난하다 처형되었다.868) 이처럼 사도세자 사건에
연계되어 많은 인물들이 처형되엇다.

정조는 청론사류를 등용하여 척족을 제어하는 우현좌척의 정치적 지향
을 제시하였다. 정조가 구현하고자 한 정치는 영조대 탕평정치에 대한
반성 위에 사림정치의 회복을 추구하는 것이었다.869) 그러나 정조대
후반 이러한 지향이 퇴조하였으며 탕평 정치의 한계가 다시 드러났다.870)
정조 24년(1800) 근신 출신의 김조순을 외척으로 선택하고 그로 하여금

---

864) 『영조실록』 권119 영조 48년 7월 21일.
865) 『영조실록』 권119 영조 48년 7월 29일.
866) 『영조실록』 권125 영조 51년 11월 20일. : 『정조실록』 권54 부록 「정조대왕 행장」.
867) 『영조실록』 권126 영조 51년 12월 3일.
868) 최성환, 2009, 「정조대 탕평정국의 군신의리 연구」(서울대 박사논문), 167~170쪽.
869) 유봉학 1996, 「정조대 정국동향 화성성역의 추이」 『규장각』 19, 82쪽.
870) 유봉학, 1999, 「정조대 정치론의 추이」 『경기사학』 3, 84쪽.

자신이 화성으로 물러난 후 군주가 될 왕세자를 보좌하도록 구상하면서 외척의 보다 적극적 역할을 고취하고 있었던 것이다.871) 숙종대 후반부터 국왕이 주도하던 시기로 간택 당시 홍봉한 가문을 제외하고 왕비 가문의 직계 선조는 크게 주도한다고 할 수 없었다. 또 정명공주의 후손인 홍봉한 과 김우명의 후손인 김시묵은 이전 시기에 배해 보다 더 왕실과 밀접한 가문이었다는 점과 왕비 가문이 안동김씨와 학맥과 혼맥이 닿았다는 점을 지적할 수 있을 것이다.

---

871) 유봉학, 1996, 「정조대 정국동향 화성성역의 추이」 『규장각』 19, 90쪽.

제4편 조선말기 왕비 가문

# 제1장　순조~철종대 왕비 가문

## 1. 순조~철종대 왕비 가문

### 1) 순조비·헌종비·철종비 안동김씨

정조 24년(1800) 2월 26일 초 간택시初揀擇時 정조는 재再·삼三 간택은 형식적일 뿐이라고 김조순에게 수서手書를 내려, 그의 딸이 세자빈으로 내정되었다.[872] 당시 왕실에서는 왕대비(영조계비), 혜경궁(사도세자빈), 왕비(효의왕후孝懿王后, 1753~1821)가 있었다. 4월에 재간택되었다가 정조의 승하로 순조 2년(1802) 9월 다시 삼간택 절차를 거쳐 왕비에 올랐다.

정조가 수서에서 청음(淸陰, 김상헌)·문곡(文谷, 김수항)·몽와(夢窩, 김창집)·죽취(竹醉, 김제겸)가 쌓아올린 경사라고 언급하였듯이 김조순 (1765~1832)의 선조는 조선 후기 명분을 지키며 가장 주도하였던 인물들이다. 김조순의 7대조가 되는 김상헌(1570~1652)은 좌의정을 역임하였다. 5대조 김수항(1629~1689)은 숙종대 영의정을 역임하였다가 기사사화시, 고조부 김창집도 숙종 43년(1717) 영의정에 올랐다가 경종대 신임사화시, 김창흡에게서 수학한 증조부 김제겸은 숙종 45년(1719) 문과에 급제하고 승지를 역임하다 역시 신임사화시 사사되었다. 조부 김달행 (1706~1738)은 관직에는 진출하지 않았을 것이며, 김조순의 가문은 영조의 탕평을 반대하여[873] 크게 두각을 나타내지 못하였다. 백부 김이기 金履基는 목사牧使, 부친 김이중金履中(1736~1793)은 부사府使를 지냈다.

---

872) 『정조실록』 권53. 24년 2월 26일.
873) 유봉학, 1997, 「楓皐 金祖淳 연구」『한국문화』 19.

4촌형 김용순金龍淳(1754~?)은 정조 22년 신천군수로 재직하고 있었고[874], 김용순의 동생 김명순金明淳(1759~?)은 순조 1년에야 문과에 급제하는 등 크게 세력을 떨치지 못하였다.

그러나 김조순의 조부 김달행의 형이 되는 김원행(1702~1772)과 김원행·김달행 형제와는 6촌간인 김양행金亮行(1715~1779)이 호락논쟁시 낙론을 이끄는 핵심 세력이었다.[875] 정조대 김조순의 당숙 김이소金履素(1735~1798)는 노론 시파의 영수로, 김원행의 제자였던 서유린徐有隣(1738~1802)·서유방徐有防(1741~1798) 역시 정조의 심복으로서 시파의 핵심 인물이었다.[876] 김이소는 영조 40년(1764) 병자호란 때의 충신 후손들만을 위해 시행된 문과에 병과로 급제한 후 정조 17년 좌의정에 올랐다. 김조순의 부친 김이중(1736~1793)은 김원행에게서 학문을 익히고 박지원(1737~1805) 등과 교류하였다.[877] 박지원은 장인인 이보천에게서 학문을 익혔는데, 이보천은 김창협의 문인이자 장인이 되는 어유봉으로부터 수학하였다.

【안동김씨 김조순 가계도】: 부록 388쪽 참조

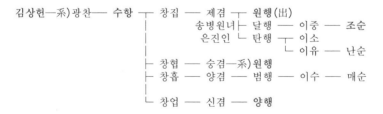

874)『승정원일기』정조 22년 4월 3일.
875) 유봉학, 1997,「楓皐 金祖淳 연구」『한국문화』19.
876) 유봉학, 1997,「楓皐 金祖淳 연구」『한국문화』19.
877)『燕巖集(박지원)』권3「祭外舅處士遺安齋李公文」(한국고전번역원 고전번역총서).

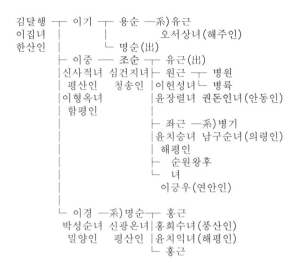

```
김달행 ┬ 이기 ┬ 용순 ─系)유근
이집녀 │       │       오서상녀(해주인)
한산인 │       │   ┌ 명순(出)
        ├ 이중 ── 조순 ┬ 유근(出)
        │신사적녀 심건지녀├ 원근 ┬ 병원
        │평산인       청송인│이헌성녀 ┴ 병륙
        │이형옥녀       │윤장렬녀 권돈인녀(안동인)
        │함평인       │
        │               ├ 좌근 ─系)병기
        │               │윤치승녀 남구순녀(의령인)
        │               │ 해평인
        │               ├ 순원왕후
        │               └ 녀
        │                 이긍우(연안인)
        │
        └ 이경 ─系)명순 ┬ 홍근
        박성순녀 신광온녀│홍희수녀(풍산인)
         밀양인   평산인 │윤치익녀(해평인)
                         └ 홍근
```

아울러 김조순은 순조의 생모가 되는 수빈의 반남박씨와 연계되었다. 수빈의 조모가 되는 박사석朴師錫(1713~1774)의 처는 김원행과 4촌간이다. 박사석의 아들로 김원행의 문인인 박윤원(1734~1799)은 김창협金昌協·이재李縡·김원행의 학통을 계승한 적전嫡傳이다. 박윤원의 동생 박준원(1739~1807) 역시 김양행의 문인으로 그 딸이 정조 11년(1787) 2월 정조후궁으로 간선되어 수빈綏嬪에 봉해졌다. 수빈은 정조 14년에 순조를 낳았고, 정조 17년에 숙선옹주를 낳았다.

【안동김씨·반남박씨 혼맥도】: 부록 390쪽 참조

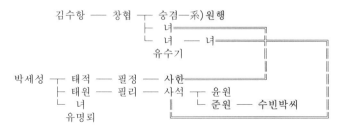

```
        김수항 ── 창협 ┬ 숭겸─系)원행
                       ├ 녀
                       ├ 녀 ── 녀
                         유수기
박세성 ┬ 태적 ── 필정 ── 사한
       ├ 태원 ── 필리 ── 사석 ┬ 윤원
       └ 녀                   │   └ 준원 ── 수빈박씨
         유명뢰
```

간택 당시 김조순 가문은 당시 혜경궁의 풍산홍씨와도 혼맥이 닿았다. 김조순의 6대조 김광찬은 홍주원과 4촌간인 홍주천을 사위로 맞아 혼맥이 시작되었다. 김조순(1765~1832)의 조부 김달행(1706~1738)이 한산인 이집李潗의 사위로 홍봉한(1713~1778)과는 동서간이다. 부친 김이중(1736~1793)은 홍낙성의 서매庶妹로 첩을 삼았고, 김조순의 여동생은 혜경궁과는 8촌간인 홍희명(1781~?)과 혼인하였다. 정조대 초반 경 김조순과는 4촌간인 김명순은 아들 김홍근(1788~1842)의 부인으로 홍희수洪羲綏의 딸을 맞아 연혼을 이어갔다.

【안동김씨·풍산홍씨 혼맥도】: 부록 390쪽 참조

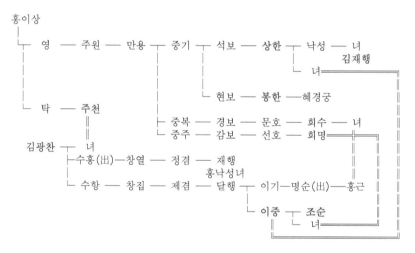

또한 김달행과는 외4촌간인 송요좌의 아들 송명흠(1705~1768)은 영조대 이재(1680~1746)·김원행(1702~1772) 등과 같이 활동한 낙론계로 정조대 신임사화 문제, 사도세자 문제에서 절의를 지키고 직언을 하여 산림으로 추대되었다. 김조순의 처이모부가 정조 국구 김시묵(1722~1772)의 동생이 되는 김치묵金峙默(1741~?)이다.

【은진송씨 송익흠・김조순 혼맥도】 : 390쪽 참조

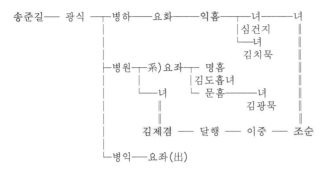

　순원왕후는 8세의 헌종이 즉위하자 대왕대비가 되어 수렴청정하는 중에 헌종 3년(1837) 김조근金祖根의 딸을 헌종의 왕비로 간택하였다. 철종이 즉위하자 다시 수렴청정하였고, 철종 2년(1851) 김문근金汶根의 딸로 철종의 왕비로 간택하였다.

【안동김씨 김창집 후손 왕비 계보도】 : 부록 389쪽 참조

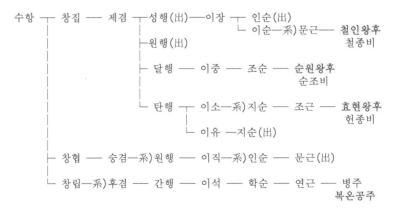

2) 문조비(추존) 풍양조씨

순조 19년(1819) 5월 경희궁 장락전에서 세자(익종) 빈의 초간택을 하였고 8월 삼간택을 행하여 조만영의 딸이 뽑혔다. 순조 30년(1830) 5월 6일 익종이 졸하여 왕비에 오르지 못하였다가 아들인 헌종이 즉위하여 왕대비가 되었고 철종 8년(1857) 대왕대비로 있던 순원왕후가 돌아가 대왕대비가 되었다.

당시 왕실에서는 혜경궁이 순조 15년에 돌아가 왕대비(정조비)와 순조의 생모 가순궁, 중전(순원왕후)이 있었다. 조만영의 7대조는 조흡趙潝이다. 조흡의 백부 조수륜이 성혼의 문인으로 광해군대 김직재 무옥으로 죽임을 당하여, 조흡은 4촌 조속과 함께 인조반정에 참여하여 정사공신이 되었다.878) 6대조 조중운趙仲耘은 군수를, 5대조 조도보趙道輔는 돈녕부 도정敦寧府都正을 지냈으며, 증조부 조상경(1681~1746)은 김창협의 문인으로 영조대 이조판서를 지내며 가문이 크게 현달한다.879)

조부 조엄趙曮(1719~1777)이 홍현보의 딸(1717~1808)과 혼인하여 홍봉한과는 처남매부간이 된다. 조엄은 영조대 이조판서를 역임하고 1776년 정조가 즉위하자 벽파僻派인 홍인한·정후겸 등과 결탁했다는 홍국영의 무고를 받아 파직되었다. 다시 평안도관찰사 재임시의 부정 혐의로 유배되었다가 이듬해 병사하였는데, 아들 조진관의 노력으로 정조 20년에 혐의가 없었던 일로 탕척되었다.880) 혜경궁과는 내종 4촌간인 조진관(1739~1808)은 홍익빈(1709~1767)의 딸(1739~1799)과 혼인

---

878) 『宋子大全(송시열)』 권161 「豐安君趙公神道碑銘(조흡)」(한국문집총간).
879) 김명숙, 1997, 『勢道政治期(1800~1863)의 政治行態와 政治運營論 : 反安東金氏 勢力을 중심으로』(한양대 박사논문).
880) 『정조실록』 권40 정조 18년 6월 16일.

하여 정조대 병조판서·순조대 이조판서를 역임하였다. 장모가 되는 홍익
빈의 부인은 김창집의 문인으로 영조대 영의정을 역임한 유척기의 딸이
다.881) 조만영은 정조 즉위년(1776)에 태어나 순조 1년(1801) 사마시에
입격하고 순조 13년 문과에 급제하여 순조 19년(1819) 딸이 세자빈에
간택될 때는 부사직이었다. 조인영은 순조 19년 문과에 급제한다.

【풍양조씨 조만영 가계도】: 부록 391쪽 참조

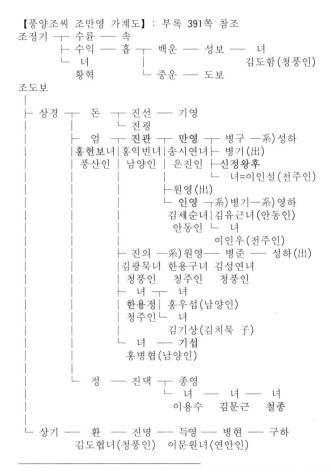

---

881) 『雲石遺稿(조인영)』 권12 「外王考南原府使贈吏曹參判洪公墓碣(홍익빈)」(한국
    문집총간).

조만영 가문은 청풍김씨와 혼맥으로 가까웠다. 조만영의 조부 조엄趙曮 (1719~1777)과는 4촌간인 조환趙瑍(1769~?)이 김도협의 딸과 혼인하였고, 조만영의 숙부 조진의趙鎭宜도 김광묵의 딸과 혼인하였다. 조만영의 장인 송시연의 누이가 효의왕후 부친이 되는 김시묵(1722~1772)과는 6촌간인 김광묵金光默(1730~?)과 혼인하였고, 송시연의 모친은 김시묵의 숙조부인 김도협金道浹의 딸이다.

【풍양조씨·청풍김씨 혼맥도】 : 부록 392쪽 참조

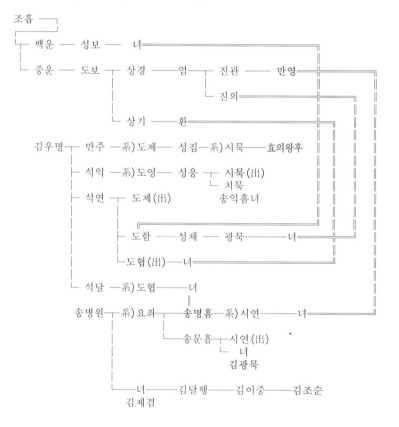

　조만영 가문은 순조대 당시 재상에 오른 연안인 김재찬金載瓚(1746~
1827)·청주인 한용구韓用龜(1747~1828), 경주인 김노경金魯敬(1766~
1837) 등 주요 가문과 혼맥이 닿았다. 순조대 초반 좌의정에 오른 한용구의
형 한용정은 조만영 형제에게 고모부가 된다. 조만영의 동생 조원영(1777
~?)이 한용구의 사위가 되어 혼맥이 이어졌다. 조원영의 동서가 되는
김로金鏴(1783~?)의 백부이면서 조만영의 5촌 당숙이 되는 조진굉과는
처남매부간인 김재찬金載瓚(1746~1827)은 순조 7년(1807) 우의정에,
1808년 좌의정이 되었고, 이듬해 영의정에 오른 인물이다. 한용구의
형 한용중韓用中(1745~?)이 김재찬의 누이와 혼인하여 조만영, 김재찬,
한용구 등은 혼맥으로 매우 가까웠다.

　아울러 김노경 가문과도 혼맥이 닿았다. 조만영과 6촌간인 조진선趙鎭
宣의 아들 조기영趙冀永(1781~?)은 김노경과는 4촌간이 되는 김노응金魯
應(1757~1824)의 딸과 혼인하였다. 또 조만영의 아들 조병구의 처가가
김노경 가문과 가까웠다. 곧 조병구趙秉龜(1801~1845)는 조만영(1776~1846)
의 8촌 형이 되는 조득영趙得永(1762~1824)과는 처남매부간인 연안인 이재수
李在秀(1770~1822)의 딸과 혼인하였는데, 장인 이재수의 동생 이우수李友秀
(1776~?)가 김노경의 조카가 되는 김노영의 딸과 혼인하였다. 김노경의
다른 조카인 김노성의 딸이 이우수와는 12촌간인 이학수李鶴秀(1780~?)
와 혼인하였다. 또 이학수와 4촌간인 이용수의 부인이 조진관과 4촌간인
조진택의 딸이고 이학수의 누이가 한성리韓成履(1773~?)와 혼인하여
한용중은 시아버지가 된다. 이처럼 조만영 가문은 순조대 활약한 여러
가문과 서로간의 혼맥이 겹쳐 있었다.

【조만영·김재찬·김정희 혼맥도】 : 부록 393쪽 참조

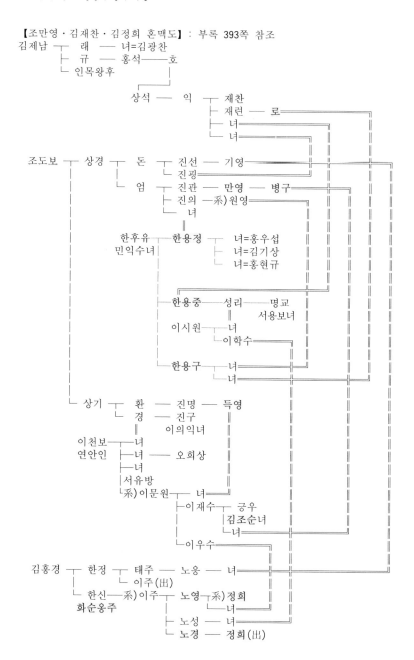

【연안이씨 · 경주김씨 · 청주한씨 · 풍양조씨 혼맥도】 : 부록 **394**쪽 참조

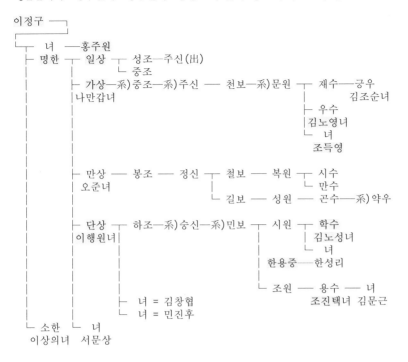

아울러 당시 주도하고 있던 안동김씨와 혼맥이 닿았다. 조만영의 동생 조인영(1782~1850)의 장인은 김상용의 후손인 김세순金世淳(1760~?)이고, 조만영 형제들과 6촌간인 조종영趙鍾永(1771~1829)의 조카사위에 김조순의 7촌 조카이면서 후일 철종의 장인이 되는 김문근(1801~1863)이 있다. 앞서 언급한 조만영과 8촌간인 조득영趙得永(1762~1824)의 처남이 연안인 이재수李在秀(1770~1822)인데, 이재수의 며느리가 김조순의 딸이다. 간택 이후에도 조만영의 아들 조병기(1821~1858)가 김유근(1785~1840)의 딸과 혼인하는 것으로 이어졌다.

【안동김씨·풍양조씨 혼맥도】 : 부록 394쪽 참조

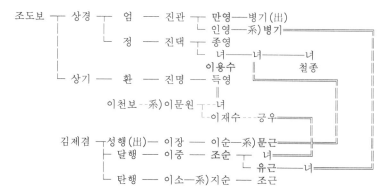

또 조만영의 외조부인 홍익빈 가문도 안동김씨와는 가까웠다. 조만영 (1776~1846)의 외사촌형 홍원섭洪元燮(1744~?)의 아들이 되는 홍승규 의 부인은 김원행의 형이 되는 김준행의 손녀이며, 홍승규의 딸은 김창립 의 후손인 김연근과 혼인하여 며느리로 복온공주를 맞았다.

【남양홍씨 홍익빈·홍원섭, 조만영 혼맥도】 : 부록 395쪽 참조

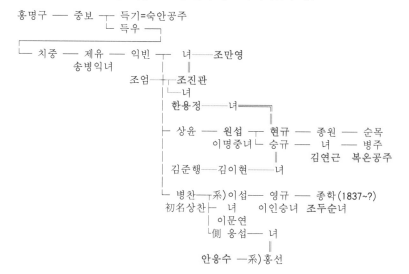

조만영의 딸은 숙종대 영의정에 오른 전주인 이유李濡(1645~1721)의
후손인 이지연李止淵의 아들 이인설李寅卨(1813~?)과, 조인영의 딸은
이인설과 4촌간인 이인우李寅禹(1814~?)와 혼인하였다. 이인설과 4촌간
인 이인기李寅夔(1804~?)는 김유근의 딸과 혼인하여 자녀대에도 안동김
씨와 혼맥이 이어졌다.

【풍양조씨·전주이씨 혼맥도】 : 부록 395쪽 참조

```
이현웅 ┬ 시중 ── 의직 ── 이연 ── 인승 ── 녀──홍종학
홍중기녀 │                        홍우섭녀 홍영규
        │
        ├ 명중 ┬ 의헌 ── 문연
        │김재로녀│        홍병찬녀
        │       ├ 의익 ── 녀
        │       │        조진구
        │       ├ 의열 ┬ 지연 ── 이인설
        │       │      │        조만영녀
        │       │      ├ 회연 ── 이인우
        │       │      │        조인영녀
        │       │      └ 기연 ── 이인기
        │       │        김윤주녀 김유근녀
        │       ├ 녀
        │       홍원섭
        │       └ 녀
        │        한용구
        │
        └ 최중 ── 녀 ── 홍우섭 ── 녀
                 ‖       한용정녀 이인승
         홍준해┬홍병덕
              └홍병협──홍기섭
               조엄녀
```

3) 헌종계비 남양홍씨

헌종 9년(1843) 8월 헌종의 비 안동김씨 효현왕후가 승하하여 다음해 10월 홍재룡의 딸이 헌종의 계비로 결정되니882) 효정왕후이다. 당시 대왕대비(순조비)와 왕대비(익종비)가 있었으며, 헌종 6년 대왕대비(순조비)가 수렴청정을 거두었지만 헌종은 당시 17세였다.

홍재룡洪在龍(1794~1863)의 선조 홍명원洪命元(1573~1623)은 선조대 문과에 급제하고 김류金瑬(1571~1648) 등과 친하게 지내며 관찰사를 지냈다.883) 홍명원의 아들 홍처후洪處厚(1599~1673)는 인조대 문과에 급제하고 병자호란으로 최명길 등을 배척하고 척화를 주장하여 외직으로 방출되기도 하였고884) 효종이 항상 측근에 두었으며 역시 관찰사를 지냈다.885) 홍명원의 손자 홍수하洪受河(1615~1670)는 현종대 문과에 급제하고 사헌부장령 등을 지냈다. 홍재룡의 고조부로 홍수하의 양손자인 홍계적洪啓迪(1680~1722)은 경종 2년 노론 4대신의 당인이라는 죄목으로 옥중에서 돌아갔다. 홍계적과 8촌간인 홍계희의 아들·손자가 정조시해미수사건에 가담하여 남양홍씨 가문은 밀려났다.

증조부 홍주영(洪疇泳, 初名 주해疇海)은 음직蔭職으로 주부注簿를, 조부 홍병채洪秉寀는 현감縣監을, 부친 홍기섭洪耆燮(1781~1866)은 순조 16년(1816)에 진사에 입격하고 음직으로 태릉참봉·홍주목사 등을 지냈

---

882) 『일성록』 헌종 10년 4월 22일 行初揀擇于慈慶殿 ○ 大王大妃殿教曰 前正郎 洪在龍女 童蒙教官 尹奎錫女 …
　　『헌종실록』 권11 헌종 헌종 10년(1844) 9월 10일 장락전에서 三揀擇을 실시하여 洪在龍의 집으로 정하여졌다.
883) 『국조인물고』 「홍명원묘갈명(송시열 찬)」 (세종대왕기념사업회).
884) 『인조실록』 권33 인조 14년 11월 13일.
885) 『국조인물고』 「홍처후신도비(송시열 찬)」 (세종대왕기념사업회).

다.886) 홍재룡의 장인이 되는 장지면의 증조부가 장유의 조카 장선함이
다. 홍재룡은 헌종 1년(1835) 문과에 급제하고 사간원 정원·사헌부
지평·병조정랑 등을 지내다 딸이 계비로 간택되었다.887) 이후 홍기섭은
공조판서工曹判書를888) 홍재룡은 훈련대장·어영대장 등을 역임한다.

【남양홍씨 홍재룡 가계도】 : 부록 397쪽 참조

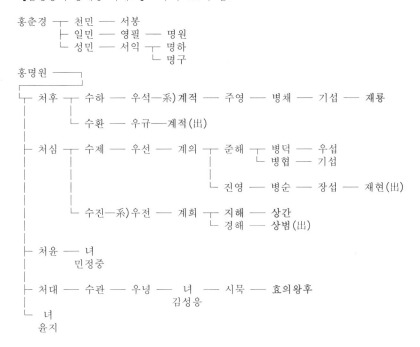

886) 『승정원일기』 순조 19년 6월 25일. ; 『승정원일기』 헌종 6년 8월 5일.
887) 『心庵遺稿(조두순)』 권27 「益豊府院君洪公在龍諡狀」(한국문집총간).
888) 『철종실록』 권6 철종 5년 윤7월 3일.

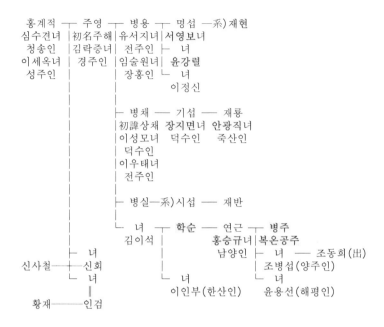

　　홍기섭과 이종4촌간으로 이조판서를 역임한 김학순金學淳(1767~
1845)의 손녀 며느리가 순원대비의 차녀인 복온공주(1818~1832)여서
안동김씨와 혼맥이 닿았다. 김학순(1767~1845)은 김수항의 6남인 김창
립의 후손이다. 또 홍재룡과 친4촌간인 홍명섭洪明燮의 후사가 15촌
조카가 되는 홍재현洪在鉉(1815~?)인데, 홍재현의 생모가 안동김씨로
순원대비의 7촌 숙모가 된다.

　　홍재룡의 장인은 안광직이다. 안광직은 순조 30년 대사간 재임시 안동
김씨와 대립된 김노경 등을 탄핵하는 입장을 취하고 있어 안동김씨와는
정치적 입장을 함께한 것으로 보인다. 안광직의 숙부가 되는 안책이
안종주의 후사가 되었는데, 안종주의 사위가 김창흡의 후손인 김매순이
어서 안동김씨와 연혼이 있었다.

【안동김씨 김학순, 홍재현, 순원왕후 혼맥도】 부록 : 389쪽 참조

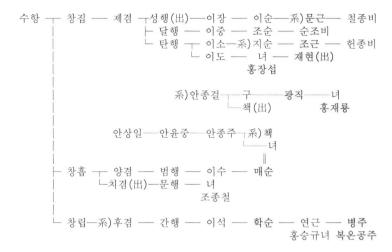

홍기섭은 아들 홍재룡이 돌아가자 안광직의 아들 안응수安膺壽(1804~1871)를 통해 조태채의 후손 조두순趙斗淳(1796~1870)에게 시장諡狀을 청하고 있고[889], 조두순이 홍계적의 신도비 추기를 남기고 있어 조두순과도 교류가 있었던 것으로 보인다. 조두순은 김조순(1765~1832)이 중하게 여긴 인물로[890] 할머니가 김창흡의 증손녀가 된다. 자신이 찬한 김좌근(1797~1869)의 묘표에서 김좌근과는 형제라고 술회하듯[891] 안동김씨와 가까웠음을 알 수 있다. 또 조두순의 조카 조병섭이 김연근의 사위여서 혼맥으로도 가까웠다.

889) 『心庵遺稿(조두순)』 권27 「益豊府院君洪公在龍 諡狀」 (한국문집총간).
890) 『瓛齋集(박규수)』 권5 「領議政致仕奉朝賀趙公諡狀(조두순)」 (한국문집총간).
891) 『心庵遺稿(조두순)』 권23 「領議政荷屋金公左根墓表」 (한국문집총간).

【양주조씨 조두순·안동김씨 김연근 혼맥도 】 : 부록 398쪽 참조

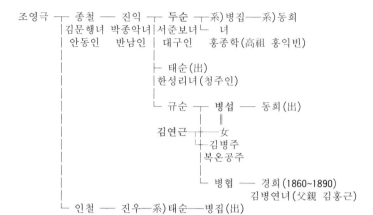

조영극 ┬ 종철 ── 진익 ┬ 두순 ┬系)병집──系)동희
　　　　｜김문행녀 박종악녀｜서준보녀└ 녀
　　　　｜ 안동인　　반남인 ｜ 대구인　홍종학(高祖 홍익빈)
　　　　｜　　　　　　　　 ｜
　　　　｜　　　　　　　　 ├ 태순(出)
　　　　｜　　　　　　　　 ｜한성리녀(청주인)
　　　　｜　　　　　　　　 ｜
　　　　｜　　　　　　　　 └ 규순 ┬ 병섭 ── 동희(出)
　　　　｜　　　　　　　　　　　　 ｜　 ‖
　　　　｜　　　　　 김연근 ┬─女
　　　　｜　　　　　　　　　 └김병주
　　　　｜　　　　　　　　　 ｜복온공주
　　　　｜　　　　　　　　　 ｜
　　　　｜　　　　　　　　　 └ 병협 ── 경희(1860~1890)
　　　　｜　　　　　　　　　　　　　 김병연녀(父親 김홍근)
　　　　└ 인철 ── 진우─系)태순──병집(出)

## 2. 왕비 가문의 성격

순조가 즉위하여 순조 2년 김조순의 딸이 왕비에 오르니 순원왕후이다. 순조 19년 세자(익종)의 빈으로 풍양인 조만영의 딸이 간택되었으나 세자가 순조 30년 돌아가 왕비에 오르지 못하였지만 손자 헌종이 즉위하여 왕대비가 되었다가 순원왕후가 철종 8년 돌아간 이후 대왕대비가 되었다. 헌종이 즉위하여 헌종 4년 김조근의 딸이 간택되어 왕비에 오르니 효현왕후이다. 효현왕후가 헌종 9년(1843) 돌아가 남양인 홍재룡의 딸이 간택되어 왕비에 오르니 효정왕후이다. 철종이 즉위하여 김문근의 딸이 간택되어 왕비에 오르니 철인왕후이다.

11세의 순조가 즉위하여 대왕대비(영조계비, 정순왕후)가 수렴청정을 하였다. 정순왕후(1745~1805)와 함께 정국을 주도한 인물은 그 친정 인물인 김관주金觀柱(1743~1806)·김일주金日柱·김용주金龍柱 등과 영의정 심환지沈煥之(1730~1802)였다.892) 그런 중에 정조말 혼인이 내정된 김조순의 딸이 정조의 승하로 순조 2년에 정식으로 혼인을 하였다. 순조 3년(1803) 12월 대왕대비(정순왕후)가 물러남으로써 순조가 친정을 시작하자, 김조순 일문에 의한 안동김씨의 세도정권이 시작되었다.

우선 순조 4년(1804) 5월에 대사간으로 있던 박윤수朴崙壽가 순조의 대혼大婚을 반대했던 권유·홍재민 등의 처벌을 주장하며 공세를 취하였다. 순조 5년 1월 정순왕후가 승하하자 벽파에 대한 공격은 더욱 거세어졌다. 조만영과는 8촌간인 형조판서 조득영이 우의정으로 있던 벽파 김달순金達淳(1760~1806)을 공격하였고893) 순조 7년에 벽파의 이념적 지주인

892) 김용흠, 2006, 「19세기 전반 勢道政治의 형성과 政治運營」『한국사연구』132, 203쪽.
893) 유봉학, 1995, 『연암일파의 북학사상 연구』(일지사) 148~149쪽.

김종수가 정조묘정에서 출향됨으로써 순조 즉위 이래 지속되어 온 대립은 시파의 승리로 귀결되었다.894) 이후 김조순은 순조 8년 4월 과거 장용영의 군액과 재정을 이용하여 훈련도감의 재정을 늘리는 군사권을 장악함으로써 명실상부한 세도가로서의 위상을 차지하게 되었다.895)

이런 상황에서 순조(1790~1834)의 외삼촌 박준원(1739~1807)은 안동김씨를 견제하며 보호막 역할을 해왔다.896) 순조 7년(1807) 2월에 박준원이 사망하고, 같은 해 10월에는 그의 아들 박종보 마저 사망한 상황이었지만 이제 장년이 된 순조는 8년경부터 국정을 파악하고 정국을 주도하려는 의지를 강하게 보이며 순조 5년에 우의정에 임명되지만 출사하지 않아 유배를 가기도 하였던 김제남의 후손 김재찬(1746~1827)을 순조 7년 10월 우의정에 임명하여 새로운 세력으로 강화하고 있었다.897)

이 시기 혜경궁의 풍산홍씨가 주목된다. 앞서 순조 4년 5월 순조의 여동생 숙선옹주淑善翁主(1793~1836)가 홍현주洪顯周(1793~1865)와 혼인하였다. 순조가 친정을 하였지만 당시 15세로 직접 결정했다기 보다는 혜경궁의 역할이 작용되었을 것으로 보인다. 홍현주는 혜경궁에게 7촌 조카가 되기 때문이다. 또 당시 주도하고 있던 김조순과는 이종4촌이 되는 홍인모의 아들이어서 무리 없이 혼인하였을 것이다. 풍산홍씨와 혼맥하는 가문 중에 청주한씨 가문의 한용구韓用龜(1747~1828)도 이때 주목된다.

---

894) 김명숙, 1997,「勢道政治期(1800-1863)의 政治行態와 政治運營論 : 反安東金氏 勢力을 중심으로」(한양대 박사논문), 18쪽.
895) 김명숙, 1997,「19世紀 反外戚勢力의 政治動向 -純祖朝 孝明世子의 代理聽政 例를 중심으로-」『조선시대사학보』 3, 166쪽.
896) 김명숙, 2005,「19세기 前半期 海石 金載瓚의 정치활동과 정치론」『한국사상과 문화』 30, 138쪽.
897) 김명숙, 1997,「勢道政治期(1800-1863)의 政治行態와 政治運營論 : 反安東金氏 勢力을 중심으로」(한양대 박사논문), 19~20쪽.

청주한씨의 한용구 가문은 선대先代 한덕급이 감장생의 사위인 서인, 노론 가문으로 일찍부터 풍산홍씨와 혼맥이 닿았다. 홍봉한의 누이가 조엄趙曮과 혼인하여 사위로 한용구의 형 한용정韓用鼎(1742~1773)을 맞았다. 혜경궁과는 8촌간인 홍낙전洪樂全(1739~?)의 딸은 한용정韓用鼎(1742~1773)의 아들 한원리(1776~1812)와 혼인하였고, 부마 홍현주의 형이 되는 홍석주(1774~1842)는 한원리의 아들 한직교韓直敎(1789~?)와는 동서사이고, 사위로 다른 아들 한필교韓弼敎(1807~1878)를 맞아 계속해서 혼맥이 이어졌다. 아울러 청풍김씨와도 혼맥이 닿았다. 한용정의 사위가 효의왕후와 4촌간인 김기상金基常(1770~?)이고, 한용화韓用和의 사위가 8촌간인 김기긍金基肯이다. 이런 상황에서 한용구韓用龜(1805~1828)는 순조 5년 좌의정에 임명되었다가 순조 6년 사사된 김달순金達淳을 토죄하지 않았다고 비판을 받아[898] 사퇴하여 판부사가 되었다. 이후 순조 9년 3월 진하겸사은정사進賀兼謝恩正使가 되었으며 순조 12년 좌의정 세자사부가 되어 여러 해를 좌의정 겸 세자사부左議政兼世子師傅로 있었다.

앞서 순조가 재상으로 임명한 김재찬과 한용구는 조만영과 혼맥이 겹쳐 있었음을 언급하였다. 김재찬과 한용구의 동생 한용중은 처남매부 사이였고, 김재찬의 조카 김로는 한용구의 사위였다. 한용구의 사위에 조만영의 동생 조원영이 있다.

---

898) 『순조실록』 권8 순조 6년 1월 19일.

【청주한씨 · 풍산홍씨 혼맥도】 : 부록 396쪽 참조

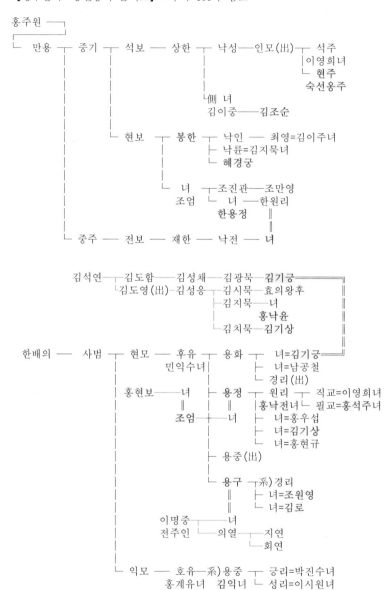

한편 순조 11년 홍경래반란의 진압에 부심하다가 평생 앓게 되는 큰 병을 얻게 됨으로써 순조의 국정주도 노력은 일단 실패로 끝나지만 포기했던 것은 아니었다.899)

이런 상황에서 순조 19년 8월 조만영의 딸이 세자(익종)의 빈으로 뽑혔다. 당시 왕실에서는 혜경궁이 순조 15년에 돌아가 왕대비(정조비)와 순조의 생모 가순궁, 중전(순원왕후)이 있었다. 30세의 순조가 직접 간택한 것으로 보이며 정조비의 영향력이 제일 컸을 것으로 판단된다. 앞서 풍양조씨 가문은 청풍김씨와는 가까웠으며 순조가 발탁하여 재상에 오른 김재찬·한용구 가문과 가까웠음을 전술하였다. 여기에 경주 김문 김노경의 측면 지원이 있었을 수도 있었다.900) 김노경이 당시 가례도감 제조로서 장리臟吏로 지탄 받았다 무혐의로 결론이 난 조진관의 손녀라 하여 간택을 반대하였는데, 이는 안동김씨측에서 나올 것을 미리 예견하고 의표를 질러 먼저 이를 거론함으로써 국혼을 성사시켰을 수도 있다고 하였다.901) 또한 당시 풍양조씨와 안동김씨의 협력관계가 영향이 있었다.902)

그 후 순조는 27년 2월 안동김씨 세도정권을 견제하려는 정치적인 목적으로 세자(익종)가 대리청정하도록 하여903) 이후 안동김씨와 풍양조씨가 각축을 벌이는 정국이었다.904) 효명세자(1809~1830)는 조원영(1777~?)의 동서이자 김재찬의 조카가 되는 김로(1783~?)를 믿고 그와

899) 정만조, 1999,「19세기 전반기 조선의 정치개혁 움직임과 근대화」『한국학논총』21.
900) 김명숙, 1999,「雲石 趙寅永의 政治運營論」『조선시대사학보』11, 151쪽.
901) 최완수, 1886,「추사실기」『간송문화』30.
902) 오수창, 1990,「정국의 추이」『조선정치사』상(청년사), 83쪽.
903) 김명숙, 1997,「勢道政治期(1800-1863)의 政治行態와 政治運營論 : 反安東金氏 勢力을 중심으로」(한양대 박사논문), 30쪽.
904) 유봉학, 1995,『연암일파 북학사상연구』(일지사).

세도를 의논하였다.905) 또 세자가 김정희(1786~1856)와는 증진외가의
8촌 아우로서 김정희 가문을 각별하게 생각하였고, 당시 김정희 부자가
청국통淸國通으로서 선진문물 도입의 주역이라는 점에서도 기대를 가져
김노경과 김정희는 동궁요속으로서 세자의 측근에서 보필하였다.906)
순조 30년(1830) 5월 세자의 돌연한 죽음 후 대사헌 김양순金陽淳(1776~
1840)·대사간 안광직安光直(1775~?) 등이 김노경의 처벌을 건의하는
가운데907) 김로金鏴(1783~1838), 홍기섭洪起燮(1776~1831), 이인부李
寅溥(1777~?), 김노경金魯敬(1766~1837) 등이 이른바 '전권사간專權四奸'
으로 낙인 찍혀 축출되었다.908) 그러나 조인영은 순조로부터 세자 사후
세손(헌종)의 보도輔導를 부탁받아 그의 정치적 위상이 보다 확고해졌
다.909) 그래서 조인영을 중심으로 김정희·남연군·박규수 등 세력도
결집하고 있었다.910)

1834년 순조가 승하하고 8세의 헌종이 즉위하여 대왕대비(순조비)가
수렴청정 하였다. 이에 앞서 순조 32년 김조순이 졸하였고, 김유근
(1785~1840)은 헌종 2년부터 병으로 말조차 못하다가 헌종 6년 졸하게
된다. 대왕대비는 수렴기간 중인 헌종 3년(1837)에 대왕대비와는 8촌간
인 김조근의 딸로 왕비를 책봉하여 안동김씨 세력을 강화하고 있었다.

한편 효명세자 사후 와해되었던 반안동김씨 세력의 김정희金正喜(1786
~1856)·권돈인權敦仁(1783~1859)·이지연李止淵(1777~1841)·이

---

905) 최완수, 1886, 「추사실기」『간송문화』 30.
906) 김명숙, 1997, 「勢道政治期(1800-1863)의 政治行態와 政治運營論 : 反安東金氏
勢力을 중심으로」(한양대 박사논문), 128쪽.
907) 『순조실록』 권31 순조 31년 9월 11일.; 24일.
908) 유봉학, 1995, 『연암일파 북학사상연구』(일지사), 149쪽.
909) 김명숙, 1999, 「雲石 趙寅永의 政治運營論」『조선시대사학보』 11. 157쪽.
910) 정만조, 1999, 「19세기 전반기 조선의 정치개혁 움직임과 근대화」『한국학논총』 21.

학수·신헌申櫶(1810~1884)·신위 등이 조인영을 중심으로 재결집하여911) 헌종의 즉위 후에도 활약하게 된다. 조만영(1776~1846)은 헌종의 외할아버지로서 헌종 즉위년 12월에 호위대장, 헌종 1년 7월 어영대장에 임명되고, 동생 조인영趙寅永(1782~1850)은 헌종 1년 1월 이조판서, 헌종 2년 4월 예조판서, 헌종 3년 10월 호조판서에 임명되며, 조카 조병현趙秉鉉(1791~1849)은 헌종 3년 10월 형조판서에 임명된다. 또 풍양조문 측의 홍낙성의 손자 홍석주洪奭周와 이지연李止淵이 계속 상위相位에 있었고, 권돈인도 헌종 1년(1835) 2월 형조판서, 헌종 2년 10월 한성부판윤, 헌종 3년 7월 병조판서에 임명되는 등 활약하고 있었다.

풍양 조문은 헌종 4년 1월 좌의정으로 있던 안동김씨 편의 박종훈을 사임시킬 정도로 정치적 위세를 떨치고912) 조만영이 헌종 4년 7월 훈련대장에, 헌종 5년 7월 권돈인이 이조판서에, 헌종 5년 10월 조인영이 우의정에, 헌종 6년(1840) 6월에 김정희가 동지 부사冬至副使에 오르는 등 만만치 않게 주도하고 있었다.

이에 김유근(1785~1840)·김좌근(1797~1869) 형제와는 4촌간인 김홍근金弘根(1788~1842)이 헌종 4년 8월 한성부 판윤, 9월 공조판서, 헌종 5년 12월 이조판서에 올랐다가 헌종 6년 6월 사헌부 대사헌에 임명되어 다음달인 7월에 10년 전에 일어 났던 윤상도옥을 재론하며 김노경 부자를 처벌해야 한다고 주장하여913) 김정희, 이지연·이기연 형제, 김노경의 조카사위인 이학수가 유배되었다. 이처럼 헌종 초 조인영을 중심으로 재결집되자, 수렴청정 기간을 통하여 이들을 정계에서 축출

---

911) 김명숙, 1997, 「勢道政治期(1800-1863)의 政治行態와 政治運營論 : 反安東金氏 勢力을 중심으로」(한양대 박사논문), 89쪽.

912) 유봉학, 1995, 『연암일파 북학사상연구』(일지사), 149쪽.

913) 최완수, 1886, 「추사실기」『간송문화』 30.

하였다.914)

그러나 헌종 6년 12월 대왕대비가 수렴청정을 거두고 헌종이 친정을 하면서 풍양조씨가 우위를 점하기 시작하는데915) 조인영은 헌종 8년 (1842) 1월 영의정까지 오른다. 김좌근과 김홍근이 판서직을 지내며 어느 정도 활약은 하지만, 헌종 8년 11월에 좌의정 김홍근이 돌아가고 효현왕후 마저 헌종 9년(1843) 8월 24일 승하한다. 계속해서 헌종의 국구 김조근金祖根(1793~1844)도 헌종 10년 1월에 돌아간다.

이런 상황에서 다음해 4월 초간택과 재간택을 거쳐 10월 삼간택에서 홍재룡의 딸이 최종 간택되어 왕비에 올랐다. 간택 당시 영의정 조인영, 좌의정 권돈인, 우의정 김도희여서 풍양조씨 측이 우위에 있었지만 헌종이 당시 17세여서 대왕대비의 의견이 어느 정도는 반영되었을 것으로 보인다. 앞서 홍재룡의 대고모부가 되는 김이석金履錫(1748~?)의 손자 김병주金炳疇(1819~1853)가 순원대비의 사위였고, 장인 안광직이 안동 김씨와 가까웠음을 전술하였다.

헌종 11년 조만영의 아들 조병구가, 헌종 12년에는 조만영이 졸하였다. 조인영은 헌종 12년(1846) 조만영이 졸하자 실세失勢하여 벼슬에서 물러나며 세력이 약화되는 가운데 헌종이 동왕 14년에 들어서면 안동 김문을 누르려는 노력을 확연히 드러내면서 김정희, 조병현, 이기연, 이학수 등을 석방하고, 김정희의 수제자인 신헌을 비롯한 남병길 등을 천거하여 자신을 보도輔導토록 하였다.916)

914) 김명숙, 1997, 「勢道政治期(1800-1863)의 政治行態와 政治運營論 : 反安東金氏 勢力을 중심으로」(한양대 박사논문), 90쪽.
915) 박태웅, 1995, 「헌종대 중앙정치세력과 정국의 추이」(전북대 석사학위논문), 46쪽.
916) 김명숙, 1997, 「勢道政治期(1800-1863)의 政治行態와 政治運營論 : 反安東金氏 勢力을 중심으로」(한양대 박사논문), 92~93쪽.

그러나 헌종이 재위 15년만인 6월에 돌아갔다. 이에 다시 대왕대비(순원왕후)가 수렴청정 하였다. 헌종 15년(1849) 6월 6일 대왕대비의 명으로, 순조의 아들로 철종이 왕위를 잇게 하였다. 철종의 왕위 계승에 대해서는 입지가 취약한 인물을 왕으로 정함으로써 대비 자신과 안동김씨의 지위를 공고히 유지하려는 의도가 작용되었다고 한다.917)

7월 13일에는 헌종의 총신寵臣이었던 김정희의 수제자 신헌申櫶(1810~1884)이 유배되고 8월에 조병현이 사사되었으며 철종 원년(1850) 12월 조인영이 사망하였다.

철종 2년 6월 영의정 권돈인이 진종眞宗의 조천논의에서 조천의 불가함을 주장하였다. 이것은 철종의 등극이 항렬行列에 맞지 않아 적당치 못하다는 사실을 지적하는 것이었다. 이에 안동김씨들은 7월 권돈인을 낭천狼川에 부처하고, 김정희가 이 주장의 배후 발설자라 하여 다시 북청北靑으로 유배 시킨다. 철종 2년 12월 28일 순원대비는 형식상 수렴청정을 거두는데 이제는 세도를 대비의 하나밖에 남지 않은 막내 동생 김좌근金左根(1797~1869)에게 주어 김흥근金興根(1796~1870), 김병기金炳冀(1818~1875)와 함께 안동김씨를 이끌게 한다.918) 김흥근이 철종 2년에 좌의정에 임명되었고 김병기가 철종 즉위년 10월부터 2년 5월까지 승지에 일곱 차례 임명되면서 철종과 순원왕후의 측근으로 활동하였다.919) 이런 와중에 철종 2년 8월 김문근의 딸이 왕비에 책봉되니 철인왕후이다. 철종의 비로 안동김씨가 다시 간택되어 철종대 안동김씨의 독주가 가능하였다.920)

917) 홍순민, 1992, 「19세기 왕위의 승계과정과 정통성」『국사관논총』40.
918) 최완수, 1886, 「추사실기」『간송문화』30.
919) 임해련, 2008, 「19세기 垂簾聽政 硏究」(숙명여대 박사논문), 208쪽.
920) 임해련, 2008, 「19세기 垂簾聽政 硏究」(숙명여대 박사논문), 211쪽.

# 제2장 고종~순종대 왕비 가문

## 1. 고종~순종대 왕비 가문

### 1) 고종비·순종비(추존) 여흥민씨

왕대비(익종비 신정왕후)는 철종 8년 순원왕후가 승하하자 대왕대비가 되어, 철종 14년 12월 8일 철종이 돌아가자 흥선군의 차자인 명복(고종)으로 익종을 계승하여 왕위에 오르게 하였다. 고종 3년 2월 13일 수렴청정을 거두었다. 고종 3년 2월 25일 중희당에서 초간택을 행하여 민치록閔致祿과 김우근金遇根의 딸 등이 재간택에 들었고, 29일에 민치록의 딸만이 삼간택에 들어 다음해 3월 삼간택에서 확정되어 왕비에 오르니 명성왕후(명성황후)이다. 고종 19년(1882) 1월에는 순종의 세자빈으로 민태호의 딸이 결정되었다.

명성왕후는 숙종의 국구 민유중의 후손이다. 민치록의 조부 민백분閔百奮(1723~1793)은 영조 46년(1770) 문과에 급제하여 승지를 지내다 외조카 홍상간과 7촌초카 민항열이 정조의 즉위를 반대하다 처형되고 자신은 유배되었다.[921] 민백분과 6촌간인 민백상은 동생이 되는 민백흥閔百興의 아들 민홍섭閔弘燮을 후사後嗣로 삼았는데, 민홍섭이 정조의 즉위를 반대한 홍계능洪啓能과 서로 결탁을 했다가 몰락하였다.[922] 민백분은 정조 1년 5월에 석방되었다가 정조 14년에 서용되지만 크게 쓰이지 못하고 이후 승지·동지돈녕부사를 지냈다. 부친 민기현閔耆顯(1751~1811)은

---

921) 지두환, 2014, 『왕실친인척과 조선정치사』(역사문화).
　　　『정조실록』 권2 정조 즉위년 11월 20일.
922) 『영조실록』 권97권 영조 37년 2월 15일. 민백상 졸기.

정조 24년(1800) 문과에 급제하여 이조참판을 지냈고 민치록(1799~1858)
은 첨정僉正을 지냈으며, 생모는 정재순鄭在順의 딸이다.

【여흥민씨 민치록 가계도】: 부록 367쪽 참조

```
민백분 ┬  녀 ─ 명섭──系)재현
심중현녀 │ 홍병순(남양인)
청송인  │
한광정녀 ├ 기현 ── 치록 ┬系)숭호─系)영익
청주인  │조중첨녀 오희상녀│김재정녀 김영철녀(광산인)
       │이제원녀 해주인 │ 광산인
       │정재순녀 이규년녀│김정수녀
       │        한산인 │ 광산인
       │               │이민성녀
       ├  녀            │ 덕수인
       │ 조재선(임천인)  └ 명성황후=고종
       │
       ├ 좌현 ── 치익 ┬ 웅용
       │              └ 긍호
       ├ 우현 ─系)치학── 도호
       └ 시현 ┬  녀
         신수녀 │ 조학주(임천인)
         평산인 ├  녀
              │ 신명호(평산인)
              └系)치일┬ 의호
              生父기현├  녀
                    │ 홍남표(남양인)
                    └  녀
                      이극규(한산인)
```

남연군, 흥선대원군이 여흥민씨와 혼인하였다. 남연군(1788~1836)
은 민정중의 현손자인 민경혁의 딸과 혼인하였다. 남연군의 동서가 되는
윤종선의 처남이 김조순의 아들 김좌근(1797~1869)이다. 흥선대원군은
민유중의 5대손인 민치구의 딸과 혼인하였다. 민승호는 대원군부인의
친동생으로 명성황후와 대원군 가문을 이어주는 다리 역할을 하였다.923)

---

923) 최완수, 1989, 「운미실기」『간송문화』37.

【남연군, 흥선대원군과 여흥민씨 혼맥도】 : 부록 **368**쪽 참조

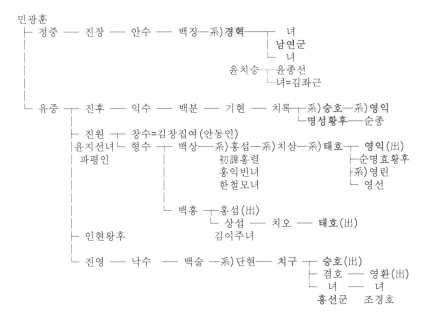

민광훈
├ 정중 ── 진장 ── 안수 ── 백징─系)경혁──┬─ 녀
│                                          │   남연군
│                                          └─ 녀
│                              윤치승┬윤종선
│                                    └녀=김좌근
│
└ 유중 ┬ 진후 ── 익수 ── 백분 ── 기현 ── 치록┬系)승호─系)영익
        │                                      └명성황후──순종
        ├ 진원 ┬ 창수=김창집여(안동인)
        │윤지선녀 ├ 형수 ── 백상─系)홍섭─系)치삼─系)태호 ┬ 영익(出)
        │파평인  │         初諱홍렬                       ├순명효황후
        │        │         홍익빈녀                       ├系)영린
        │        │         한철모녀                       └ 영선
        │        │
        │        └ 백홍 ┬홍섭(出)
        │                └ 상섭 ── 치오 ── 태호(出)
        ├ 인현왕후        김이주녀
        │
        └ 진영 ── 낙수 ── 백술 ─系)단현── 치구 ┬ 승호(出)
                                                 ├ 겸호 ── 영환(出)
                                                 └ 녀 ── 녀
                                                 흥선군  조경호

민치록의 장인 오희상吳熙常(1763~1833)은 이재·김원행의 학풍을 이은 19세기 노론 낙론 학맥의 전통 산림이었다.[924] 그의 문하인 유신환兪莘煥(1801~1859)의 제자들이 민태호·민규호·민영목 등 개화 인맥들로[925] 명성왕후와 가까운 인물들이다. 민치록의 동서 김보근金輔根(1803~1869)은 헌종 장인 김조근金祖根(1793~1844)의 동생이다.

오희상 가문은 풍양조씨와 혼맥으로 가까웠다. 오희상의 여동생이 한경리韓景履와 혼인하였는데, 한경리의 처남이 조만영(1776~1846)의 동생 조원영(1777~?)이다. 한경리의 조부 한후유韓後裕가 민익수의 사위

---

924) 유봉학, 1998,『조선후기 학계와 지식인』(신구문화사), 48쪽 노론 산림학자의 학통 계승표.
925) 정옥자, 1990,「개화파와 갑신정변」『국사관논총』 14.
　　　노대환, 1993,「19세기 중엽 유신환 학파의 학문과 현실대응론」『국사관논총』 14.

여서 민치록과 조원영과는 6촌간이다. 민치록의 장인이 되는 오희상의 모친은 이천보의 딸이다. 이천보 집안도 풍양조씨와 오랫동안 혼맥이 이어졌다. 이천보의 한 딸은 조만영의 숙조부 조경趙璥과 혼인하였고, 손녀가 되는 이문원李文源의 딸은 조득영趙得永과 혼인하였으며, 손자 이재수가 오희상의 누이와 혼인하여 사위로 신정왕후(1808~1890)의 오빠 조병구趙秉龜(1801~1845)를 맞았다. 민치록(1799~1858)의 처와 조병구(1801~1845)의 처와는 4촌간이다. 조병구의 양자에 병조판서 조병준 趙秉駿의 아들 조성하趙成夏(1845~1881)가 있다. 조성하는 철종 12년(1861) 문과에 급제, 1864년 고종 즉위와 함께 동부승지에 특별 임용되어 활약한다.

【해주오씨 오희상 · 민치록 · 풍양조씨 혼맥도】: 부록 370쪽 참조

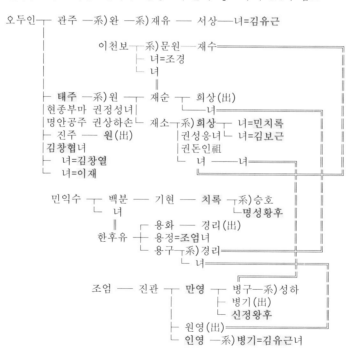

## 2. 순종계비 해평윤씨

민태호의 딸이 황태자빈 시절인 광무 8년(고종31. 1904)에 돌아가 1906
년 7월에 초간택이 있고 나서, 12월 삼간택926)에서 윤두수의 후손인
윤택영의 딸이 황태자비로 정해져 광무 11년(고종44. 1907) 12월 황태자
비가 되었다가 순종이 즉위하고 황후에 오르니 순정효황후이다.

윤택영(1876~1937)의 생고조生高祖 윤명렬尹命烈(1762~1832)은 정
조 19년 문과에 급제하여 순조대 대사간·이조참판 등을 역임하였다.
증조부 윤치희尹致羲(1797~1866)는 순조 27년(1827) 문과에 급제하여
헌종대 대사성, 헌종 8년(1842) 형조판서, 철종대 예조·공조판서, 고종
대 판의금부사 등을 역임하였다. 종증조부 윤정선尹定善(1826~1865)은
헌종대 14년(1848) 문과에 급제하여 고종대 이조참의·대사성에 올랐
으나 일찍 돌아갔다.

【해평윤씨 윤택영 가계도】: 부록 **399**쪽 참조

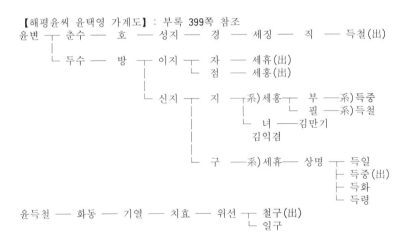

926) 『고종실록』 권47 광무 10년(고종 43년, 1906) 7월 4일(양력).
　　　『고종실록』 권47 광무 10년(고종 43년, 1906) 12월 31일(양력).

```
윤상명 ┬ 득일 ── 면동 ─系)명렬┬ 치승 ── 의선──系)용구
       │              김원주녀 └치회(出)
       │              경주인
       ├득중(出)──기동 ── 명렬(出)
       │         한백증녀
       │         이정하녀
       ├ 득화 ── 녀 ── 노영─系)정희
       │       김이주 └ 녀
       │              민상섭
       │
       └ 득령 ── 백동 ── 경열─系)치회 ┬ 정선 ─系)민구
                                      │김재경녀
                                      └ 용선 ─系)철구── 택영
```

```
윤치회 ─── 용선 ─系)철구┬ 시영(出)─系)홍섭
初諱치수 김연근녀 生父위선├ 덕영 ┬ 정섭
조진선녀 안동인  홍경모녀│김준근녀│민영돈녀(여흥인)
 풍양인        풍산인 │ 안동인 │송종엽녀(여산인)
                      │        ├ 동섭
                      │        │조한익녀(임천인)
                      │        └ 녀 성섭
                      │         김덕현(안동인)
                      │
                      ├ 숙영 ── 장섭
                      │김병휴녀  신계임(父 일균, 평산인)
                      │ 안동인
                      │
                      ├ 택영 ┬ 홍섭(出)
                      유진학녀├ 의섭 ┬─系)홍노(生父 홍섭)
                      기계인 │ 김현정 │ 이병숙(父 형식, 경주인)
                            │父 의동 └녀 민노=조영달(한양인)
                            │ 안동인 └녀 명노
                            ├순정효황후
                            └녀 희섭
                      유길준──유억겸(기계인)
```

윤용선의 부친 윤치회는 조만영에게 5촌 당숙이 되는 조진선의 딸과 혼인하였다. 윤용선의 처남이 되는 김병주金炳疇(1819~1853)는 순조 30년(1830) 조대비에게 올케가 되는 복온공주福溫公主(1818~1832)와 4촌간인 윤의선尹宜善(1823~1887)도 헌종 3년(1837)에 역시 덕온공주 (1822~1844)와 혼인하여 조대비와 혼맥이 무척 가까웠다. 이에 윤택영이 조대비의 조카사위인 유진학의 딸과의 혼인으로 이어졌다. 유진학은

고종 8년(1871)에 문과에 급제하여 이조참판을 지냈고[927], 부친 유치선
(1813~1874)은 헌종 10년(1844) 문과에 급제하여 경상감사를 지냈다.

【해평윤씨·풍양조씨·기계유씨 혼맥도】 : 부록 400쪽 참조

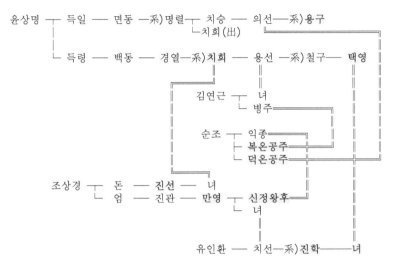

윤택영의 고조부 윤경열과는 6촌간인 윤득화의 외손녀는 민상섭과
혼인하였는데, 민상섭의 손자가 순종의 장인 민태호여서 여흥민씨와
혼맥이 닿았다. 민상섭의 누이는 이의헌과 혼인하였고, 이의헌의 현손자
에 아관파천을 주도한 이범진(1852~1910)이 있다.

윤의선의 양자 윤용구尹用求(1853~1938)는 고종 8년(1871) 문과에
급제하여 도승지, 고종 31년(1894) 5월 이조판서에 올랐다가 1895년
을미사변 이후로 법부·탁지부·내무부 등 대신에 계속해서 제수되지만
취임하지 않고 은거하였고, 강제 병합 이후 남작을 수여를 거절하고
두문불출하였다.[928]

---

927) 『승정원일기』 고종 25년 2월 26일.
928) 『순종실록』 1권 3년 10월 14일(양력).

【해평윤씨·여흥민씨·전주이씨 이범진 혼맥도】 : 부록 400쪽 참조

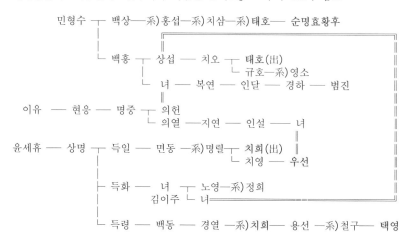

윤용선이 원임의정으로 궁내부특진관에 재임중인929) 1899년 1월 윤택영이 시강원 시종원에, 1901년 5월 비서원승에 임명되었다. 그해 7월에 영친왕부영英親王府令에, 1902년 1월 영친왕부총판英親王府摠辦에에 오르는 등 자주 영친왕과 관련된 관서에 소속되었다.

929)『승정원일기』광무 2년(고종 35년) 9월 18일(양력 11월 1일).

2. 왕비 가문의 성격


철종 14년(1863) 12월 8일 철종이 돌아가 대왕대비가 흥선군(흥선대원군)의 차자인 명복(고종)을 남편인 익종의 후사로 왕위를 잇게 하며 고종 3년까지 수렴청정 하였다. 흥선대원군의 부친 채중宋重(남연군, 1788~1836)은 인평대군의 6대손으로 연령군의 양자로 간 사도세자의 아들 은신군(1755~1771)의 후사가 되었다. 은신군은 김정희의 양부가 되는 김노영金魯永(1747~1797)과 동서간이고, 남연군의 아들 흥인군(1815~1882)이 권돈인(1783~1859)의 재종인 권희인權義仁(1785~?)의 사위여서 남연군은 권희인과는 사돈간이다.930) 남연군은 익종의 대리청정시 지지세력을 대표하였다.931) 남연군의 아들 흥선군(1820~1898)이 김정희(1786~1856)의 제자932)가 되었다. 흥선군은 철종대에 종친부 유사당상이 되어 궁중의례에 참여·주간하면서 정치권에서 가장 모범적인 종친으로 인식되었다.933) 흥선군은 고종 즉위 이후 사위로 조병헌의 증손 조정구(1862~1926)를 맞아 풍양조씨와 혼맥을 이어갔다.

흥선군이 익종의 지지세력이었고 풍양조씨와 가까운 김정희와 권돈인과도 연계되어 신정왕후에게 비밀리 계책을 전달하여 서로 도모할 것을 허락하고 밀계를 약속할 수 있었을 것이다.934)

---

930) 김명숙, 1997, 「勢道政治期(1800-1863)의 政治行態와 政治運營論 : 反安東金氏 勢力을 중심으로」(한양대 박사논문), 155쪽.
931) 정만조, 1999, 「19세기 전반기 조선의 정치개혁 움직임과 근대화」『한국학논총』21.
932) 최완수, 1980, 「추사서파고」.
933) 김병우, 2006, 『대원군의 통치정책』(혜안).
934) 김의환, 1987, 「새로 발견된 「흥선대원군 약전(興宣大院君略傳)」」『사학연구』39.

【홍선대원군 선조 가계도】 : 부록 401쪽 참조

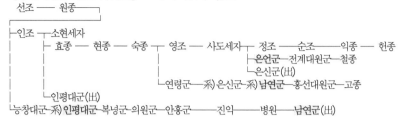

【홍대현·남연군·김정희 혼맥도】 : 부록 –쪽 참조

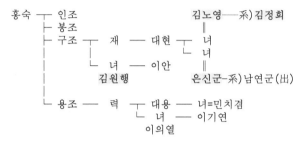

【홍선대원군 가계도】 : 부록 401쪽

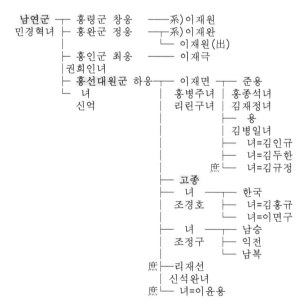

대왕대비(신정왕후)는 수렴청정하는데, 익종의 뜻을 계승하려 하였다. 익종, 헌종도 중건할 의사를 가진 경복궁을 중건하여 왕실 권위를 강화하고자 하였다. 정치세력에서도 익종의 권우眷遇를 받았던 인물들이 주목을 받았는데 대표적인 인물이 박규수다.935) 박규수는 박지원의 손자로 조만영과는 6촌간인 조종영趙鍾永과 망년지교忘年之交로, 고종 1년 도승지·고종 2년 3월 공조판서에 오른다. 김정희의 제자 신관호는 대왕대비의 후원으로 고종 1년에 김병기를 대신하여 주교사당상에 임명되었다.936)

신정왕후는 고종 3년 2월에 철렴하였다. 철렴 후 국왕은 대부분의 사안을 의정부를 비롯한 각 아문의 계청啓請을 별다른 수정을 하지 않고 윤허해주는 것이 일반적이었듯이937) 대원군이 주도해간다. 박규수는 권력에서 멀어져 고종 3년(1866) 2월 평안도관찰사로 전임되었지만 신관호는 대원군의 세도 이후로도 대원군 정권의 가장 중요한 무장으로 활약하였다.938)

고종 3년(1866) 3월 삼간택에서 민치록의 딸이 왕비에 뽑히니 명성왕후(명성황후)이다. 남연군은 민정중의 현손자인 민경혁의 딸과, 흥선군은 민유중의 5대손인 민치구의 딸과 혼인하였다. 민승호는 흥선군 부인의 친동생으로 명성황후와 대원군 가문을 이어주는 다리 역할을 하였다.939) 민치록의 동서가 헌종의 장인 김조근의 동생 김보근이어서 안동김씨에서도 반대할 이유가 없었을 것이다.

---

935) 임해련, 2008, 「19세기 垂簾聽政 硏究」 (숙명여대 박사논문), 238~240쪽.
936) 연갑수, 1992, 「대원군의 집정의 성격과 권력구조의 변화」 『한국사론』 27, 268쪽.
937) 연갑수, 1992, 「대원군의 집정의 성격과 권력구조의 변화」 『한국사론』 27, 225쪽.
938) 연갑수, 1992, 「대원군의 집정의 성격과 권력구조의 변화」 『한국사론』 27, 268쪽.
939) 최완수, 1989, 「운미실기」 『간송문화』 37.

당시 철종비가 왕대비로 있어 안동김씨는 아주 몰락한 것은 아니었다. 철종의 장인 김문근의 조카 김병국은 철종대부터 김좌근의 아들 김병기와 함께 호조판서 등의 요직에 번갈아 임명되었는데, 고종 3년에도 호조판서에 임명되며 대원군의 경제정책의 가장 중요한 역할을 수행하였다. 김병국의 동생 김병학은 고종 2년 좌의정에, 고종 5년 영의정에 제배된 이후 고종 9년 모친상을 당하여 그만 둘때까지 대원군 정권의 핵심 인물이었다.940)

그러나 대외정책면에서는 대원군은 퇴계계의 주리논적 성리학 기반을 가진 남인계열로 보수성이 강한데다 오랫동안 야권野圈으로 밀려나 소극적 방어본능이 체질화되어 있었기 때문에 국제정세의 변화를 감지하면서도 소극적 방어태세만을 취하게 되었다.941) 대원군은 내적 정비를 우선한 나머지 대외적으로 폐쇄적인 정책을 폄으로서 서양세력에 대해 두터운 벽을 쌓았다.942)

고종 10년(1873) 11월 고종이 친정을 선포하였다. 민규호가 명성황후의 친가에 양자로 들어간 민승호閔升鎬(1830~1874)를 움직여 최익현으로 하여금 대원군 10년 섭정의 비리를 탄핵하게 하여 세도를 종식시켰다.943) 민승호는 고종 1년 문과에 급제하여 민치록의 후사가 되어 고종 9년(1872) 형조판서가 되고 1873년 흥선대원군 축출하는데 힘썼다. 대원군의 실각과 함께 국정전반에 참여하게 되었으나 다음해인 고종 11년(1874) 폭탄이 장치된 우송 소포의 폭발로 일가와 함께 죽게 되었다.

고종은 친정을 하면서 왕비의 식견이 도움이 되었다고 술회하듯이,

940) 연갑수, 1992, 「대원군의 집정의 성격과 권력구조의 변화」 『한국사론』 27, 268쪽.
941) 최완수, 1989, 「운미실기」 『간송문화』 37.
942) 이태진, 2000, 『고종시대의 재조명』(태학사), 20쪽.
943) 최완수, 1989, 「운미실기」 『간송문화』 37.

명성왕후는 간접적으로 정치에 의견을 피력했던 것으로 보인다. 여흥민씨계는 율곡계의 주기론을 계승하여 300년 집권당으로 과감성과 자신감이 체질화되어 있었기 때문에 변화하는 국제정세에 그들의 식견을 바탕으로 적극 대처하려 하였다.944) 고종은 박규수를 고종 10년 12월 우의정에 승진시키고 고종 13년(1876) 2월 어영대장으로 있던 신헌을 전권대신으로 임명하여 강화도 조약을 체결하였다. 이때 민규호, 박규수가 후원하였다.945) 고종 17년(1880) 수신사 파견을 통해 일본의 개화 실상을 확인한 다음, 12월 개화를 주도할 관서로 통리기무아문을 신설하였으며 다음해 1월에는 내아문 제도를 도입하여 국왕이 통리기무아문을 통솔하는 체제를 만들었다.946) 통리기무아문은 의정부와 비견되는 정1품 아문으로 설치되어 총리대신은 영의정이 겸하게 하였다. 그리고 10명의 당상을 두었는데 여흥민씨의 인물로 민승호의 동생 민겸호, 명성왕후의 친정조카 민영익, 민치상 등이었다. 이는 개화정책의 추진에 무게를 실어주는 조처로서 국왕과 함께 여흥민씨 세력이 개화정책 추진의 강력한 후원 세력이 됨을 보여주는 것이다.947) 이에 앞서 1881년 1월 말에 일본에 신사유람단, 9월 중국에 영선사를 각각 파견하여 신문물 수용을 위한 대책을 적극적으로 강구하기 시작하였다.948) 이런 가운데 고종 19년 (1882) 1월 민태호의 딸이 세자빈으로 책봉되었다. 그리고 1882년 4월 6일 미국과, 4월 21일에는 영국과 수호조약이 체결되었다. 조미조약은 신헌이, 조영조약은 조대비(신정왕후)의 조카 조영하가 전권대신으로

---

944) 최완수, 1989, 「운미실기」『간송문화』37.
945) 최완수, 1989, 「운미실기」『간송문화』37.
946) 이태진, 2000, 『고종시대의 재조명』(태학사), 21쪽 ; 25쪽.
947) 연갑수, 2006, 「개항전후 여흥민씨 세력의 동향과 명성황후」『다시보는 명성황후』
    (여주문화원), 178쪽.
948) 이태진, 2000, 『고종시대의 재조명』(태학사), 21쪽.

활약하였다.

그런 중에 1882년 6월 임오군란이 일어났다. 앞서 통리기무아문 당상을 역임하고 1881년 별기군別技軍을 창설한 민승호의 동생 민겸호閔謙鎬 (1838~1882)는 살해되었다. 천진에 머물고 있는 김윤식과 어윤중이 청국군의 파견과 대원군 납치 방략 등을 주도하여949) 청군은 7월에 도착하여 대원군을 청나라로 압송하였다.

임오군란 후 고종 19년(1882) 7월 고종은 대궐 내에 기무처를 별도로 설치하여 전체를 총괄할 수 있게 한 다음 집행관부를 통리아문과 통리내아문 양 기구로 분립시켜 전자가 외교 통상, 후자가 국내 관련 업무를 관장토록 하였다. 양 아문제도는 12월 4일에 통리교섭사무아문과 통리군국사무아문으로 명칭이 바뀌었었다.950) 1882년 말 민태호閔台鎬(1834~1884)는 내무아문의 독판, 민치록의 양자로 간 아들 민영익은 외아문의 협판이 되었고, 민영위·민영목 등이 의정부 이조 등에 진출하는 등 여흥민씨 세력이 점차 고위관직에 오른다.951)

1882년 6월에 영국과 체결된 조약이 임오군란으로 중단되어 고종 20년(1883) 10월에 다시 체결되고 독일과도 같은 날 조약이 체결되었으며 이를 담당한 이는 민영목이었다.952) 아울러 고종 21년(1884) 윤5월 4일 이탈리아와 윤5월 15일에 러시아와 조약을 체결하였다.953) 민영목은 1884년 10월 갑신정변이 일어나 민태호·조영하趙寧夏 등과 경우궁으

949) 권석봉, 1986, 「大院君의 被囚」『淸末 對朝鮮政策史硏究』(일조각), 202~203쪽.
950) 이태진, 2000, 『고종시대의 재조명』(태학사), 23쪽.
951) 연갑수, 2006, 「개항전후 여흥민씨 세력의 동향와 명성황후」『다시보는 명성황후』 (여주문화원), 180쪽.
952) 『고종실록』 20년 10월 27일.
953) 『고종실록』 21년 윤5월 4일.
　　　『고종실록』 21년 윤5월 15일.

로 입궐하다가 피살되었다. 갑신정변은 진압되고 고종 22년(1885) 9월 러시아와 체결한 조약이 조인된다.

고종 23년(1886)에는 프랑스와 국교 맺는 등 구미 열강과도 차례로 조약을 맺어 통교관계를 가지게 되었다. 그러다가 동학동민운동을 빌미로 청·일 양국이 들어오게 되어 청일전쟁(1894~1895)이 일어났다. 1894년 7월 일본은 왕궁 점령을 단행하고, 고종과 명성황후가 친러정책을 취하자954) 1895년 8월 명성왕후를 시해하였다.

이범진은 을미사변 직후인 1895년 11월 28일에 윤웅열 등과 함께 고종을 궁궐 밖으로 나오게 하여 친일정권을 타도하고 새 정권을 수립하려 했던 '춘생문사건春生門事件'을 주도하였다가 실패하여 러시아로 망명하였다. 이범진은 민태호의 조부가 되는 민백흥閔百興의 사위 이의헌李義獻의 현손자로 여흥민씨와 일정한 혈연관계를 지니게 되어 크게 활약하는 밑거름이 되었다.955) 이범진은 고종 16년(1879) 문과에 급제하여 고종 25년(1887) 협판내무부사協辦內務部事를 역임하였고 고종 32년(1895) 농상공부협판農商工部協辦으로 대신서리가 되었다. 이범진은 다음해 귀국하여 1896년 2월 아관파천을 주도하였다. 전격적으로 단행된 러시아공사관으로 이어는 청일전쟁에서 승리한 후 한국 보호국화를 추진하던 일본에 대한 심대한 타격을 가함과 동시에 갑오 개화파 정권을 붕괴시켰다.956) 그리고 대한제국으로 국체를 바꾸어 자주국가로서 기틀을 새롭게 다지는 일대 정치적 전환으로 이어졌다.957)

---

954) 김상수, 1992, 「민비시해사건의 국제적 배경」『명성황후 시해사건』(민음사), 148~154쪽.

955) 오영섭, 2006, 「명성황후와 이범진」『다시보는 명성황후』(여주문화원), 304쪽.

956) 서영희, 2003, 『대한제국 정치사 연구』(서울대학교 출판부), 28쪽.

957) 이태진, 2000, 『고종시대의 재조명』(태학사), 32쪽.

1896년 2월 총리대신 김병시, 궁내부 대신 이재순, 내부대신 박정양, 탁지부대신 윤용구 등이 임명되었다. 김병시의 사직으로 윤용선이 총리대신이 되었다. 아관파천 기간 동안 권력의 실세는 파천의 1등공신인 이범진이었다. 6월 22일 주미공사에 임명됨으로써 내각을 떠났지만 고종에게 일관되게 대러의존책을 권고하였다.958) 고종은 민영환을 1896년 4월 러시아 황제 대관식에 특명 전권공사로 임명하여 윤웅열의 아들 윤치호尹致昊 등을 대동하고 참석케 하였다. 민영환은 1897년 1월 영국 프랑스 독일 러시아 오스트리아 이탈리아 6개국 전권공사로 임명되어 내각을 떠나게 되었다.959)

러·일 간의 전운이 급박함을 알게 된 대한제국은 1904년 1월 23일 국외중립을 선언, 양국간의 분쟁에 끼어들지 않으려고 노력하였다. 결국 러일전쟁(1904~1905)이 발발하여 일본의 승리로 끝나고 1905년 11월 을사조약이 강제로 체결되었다.

광무 10년(고종43, 1906) 12월 윤택영의 딸이 세자(순종)의 두번째 빈으로 간택되었다. 이에 앞서 광무 5년(고종38, 1901) 9월 윤택영의 조부인 영돈녕원사 윤용선이 순빈純嬪 엄씨를 비妃로 올릴 것을 청하고, 10월에는 영친왕부英親王府를 별도로 설치하자고 건의하였다. 이에 그 달 14일에 순비淳妃에 책봉되고 있었다. 다음해 10월에는 엄비를 황귀비로 올려 봉할 것을 청하였다. 간택 당시 윤용선은 돌아간 상태였지만 윤택영이 누차 영친왕부에 소속되어 엄비와는 교감이 있었던 것으로 보인다. 아울러 윤택영은 순종의 초취 가문인 여흥민씨와 혼맥이 닿았음을 전술하였다.

---

958) 서영희, 2003, 『대한제국 정치사 연구』(서울대학교 출판부), 33쪽 : 36쪽.
959) 서영희, 2003, 『대한제국 정치사 연구』(서울대학교 출판부), 38쪽 : 41쪽.

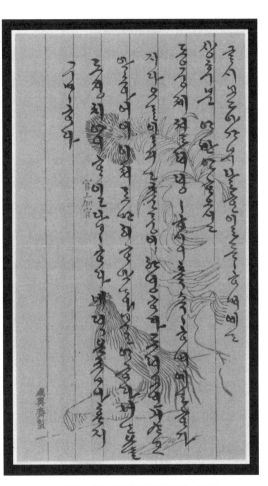

명성왕후 한글편지(국립고궁박물관 소장)

제5편 결론

지금까지 살펴 본 왕비 가문 연구에서 먼저 드러난 사실은 당시 정국政局을 주도하는 세력에서 왕비가 배출되고 있었다는 점이다. 곧 고려 말에 혼인하여 개국을 주도한 국초國初의 태조계비 신덕왕후·정종비 정안왕후·태종비 원경왕후 가문을 비롯하여, 태종 8년 혼인하여 왕비에 오른 세종비 소헌왕후심씨 가문도 고려말 태조와 정치적 입장을 함께하고 태조와는 사돈간인 심덕부의 손녀(소헌왕후)로 왕실과는 매우 가까웠다.

그러다가 세조찬탈 이후부터 명종대까지 훈척 세력이 주도하자, 당시를 주도한 파평윤씨(세조비 정희왕후, 성종계비 정현왕후, 중종계비 장경왕후, 중종2계비 문정왕후)·청주한씨(예종비 안순왕후, 예종계비 장순왕후, 성종초비 공혜왕후)·거창신씨(연산군부인, 중종초비 단경왕후)·반남박씨(인종비 인성왕후)·청송심씨(명종비 인순왕후)의 훈척계 가문에서 왕비를 배출하였다. 특히 파평윤씨, 청주한씨, 거창신씨는 2명 이상의 왕비를 배출하였다.

조선 중종대 이후 사림이 주도하던 선조대에 들어서 사림계인 반남박씨에서 선조 초비初妃를 배출하였다. 이후 동인이 주도하자 광해군부인 문화유씨·인조 초비 인열왕후 청주한씨의 동인계에서 왕비를 배출하였고, 인조반정으로 서인이 주도한 이후 모두 서인계 가문에서만 왕비를 배출하였다. 곧 병자호란 이후 인조계비 장렬왕후 양주조씨, 인조 9년 혼인한 효종비 인선왕후 덕수장씨, 효종 2년 혼인한 현종비 명성왕후 청풍김씨는 모두 서인계였다. 그리고 효종대 이래 서인 산림이 주도하자 현종 11년 혼인한 숙종 초비 인경왕후 광산김씨와 숙종 7년 혼인한 계비 인현왕후 여흥민씨도 당시 주도한 송시열宋時烈, 송준길宋浚吉 등 산림과 학맥과 연혼이 연계되었다.

숙종대 서인이 노론과 소론으로 분기되고 숙종 20년 경신환국 이후

소론이 주도하자 세자(경종)의 초취로 소론계인 심호沈浩의 딸(단의왕후)
이 간택되고, 숙종의 제2계비로 소론계인 인원왕후 경주김씨가 왕비에
올랐다. 이후 숙종 42년 병신처분으로 노론이 주도하자 경종의 재취로
노론계인 선의왕후의 함종어씨가 간택되어 경종의 즉위 후 왕비에 오른
다. 이에 앞서 숙종 30년에 혼인한 영조초비 정성왕후의 대구서씨와
영조 35년 혼인한 영조세비 정순왕후 경주김씨, 영조 37년 혼인한 성소비
효의왕후의 청풍김씨가 모두 노론계였다.

순조대 이후 철종대까지의 세도기에는 노론계 후손인 안동김씨에서
순조비 순원왕후·헌종비 효현왕후·철종비 철인왕후가 배출되며 독점
하는 가운데, 순조대 익종비 신정왕후 풍양조씨가 세자빈으로 간택되었
고, 헌종계비로 효정왕후 남양홍씨가 왕비에 오른다. 고종~순종대는
숙종 국구國舅 민유중閔維重의 후손인 명성황후 여흥민씨가 고종의 왕비에
오르고, 역시 순종(세자) 초취로 순명황후 여흥민씨가 세자빈에 올랐다가
죽게 되어, 해평윤씨가 재취로 간택되어 순종의 즉위로 황후에 오른다.
이 시기는 안동김씨와 여흥민씨의 두 가문에서 두 명 이상의 왕비를
계속해서 배출하는 모습을 보였다.

그리고 전기에서 후기로 변화되는 동안의 드러난 특징은 다음과 같다.
먼저 전기의 세조찬탈을 기점으로 훈척 세력이 등장하고 주도하는 배경에
는 태조~세종대 초반 왕자의 난, 민무구 옥사, 양녕대군 폐세자 등
여러 옥사로 흠이 있는 세력과 관련이 있었다. 이는 세종대 두 차례
있었던 세자빈의 폐출과 단종의 생모 현덕빈의 급작한 죽음으로 왕실내에
서 새로운 세력이 형성되지 못하고 있는 상황에서 가능하였다. 파평윤씨
와 청주한씨가 대표적으로 민무구 옥사에 연루되어 밀려난 가문이었는
데, 세조대 이후 명종대까지 한 가문에서 두 명 이상의 왕비를 배출하고

있는 특징이 있었다.

선조 초반 훈척계 왕비 가문에서 사림계 왕비 가문으로 바뀌는 것은 중종대 그 단초가 있었다. 곧 중종대 후반에 혼인한 인종비 반남박씨와 명종비 청송심씨가 사림들과는 밀접한 연계를 가졌다. 반남박씨와 청송심씨는 훈척계라고 할 수 있지만 기존의 파평윤씨와 청주한씨와는 달리 사림들과 긴밀한 관계를 가지고 있었다. 인종비의 증조부 박강朴薑(?~1460)은 세조 좌익공신이었다. 그런데 종조부가 되는 박규朴葵는 세조찬탈 전에 죽어 찬탈과 무관하여 그 후손이 성종대 사류로 활약하고, 박규의 현손자로 인종비에게 9촌 조카뻘이 되며 후일 의인왕후의 조부가 되는 박소朴紹(1493~1534)는 김안국金安國과는 인척으로 이언적李彦迪 등 중종대 사림과 교류하였다.

청송심씨는 세종비의 후손으로 세조대 이래 대표적인 훈척이었지만 연산군대 인순왕후의 증조부 심순문沈順門은 사화로 참수되어 사림과 같은 입장을 취할 수 있었고, 사림 김안국과는 혼맥이 닿아서 심순문의 아들이자 인순왕후의 조부 심연원沈連源은 중종~명종대 사림들과 폭넓게 교류하고 있었다. 인순왕후의 제弟 심의겸沈義謙은 사림을 대표하는 이이李珥와는 8촌간이었고, 의인왕후의 조부祖父가 되는 박소의 할머니와 심연원의 외조모는 자매간이었다. 결국 선조의 즉위 후 사림 정치가 구현되고 왕비 가문에서도 사림과 가깝고 인종비와는 10촌간으로 가까운 의인왕후 반남박씨가 선조 초비로 간택될 수 있었다. 이 점 사림과 훈척이 대립된다는 것으로만 설명될 수 없을 것이다.

또 선조대 이후에도 외척이 사림 세력과 대립되는 것은 아니었다. 선조대 이후 적장자 신분으로는 처음 혼인한 소현세자의 장인 강석기姜碩

期 가문은 숙종 초비 김만기金萬基·숙종계비 민유중閔維重 가문과 함께 모두 사림·산림과 밀접한 연계를 가졌었다. 강석기의 어머니가 인조대 산림을 대표하는 김장생金長生과는 4촌남매간이고, 강석기는 김장생의 제자였다. 김만기는 인조대 김장생의 손자로 자신이 노론의 영수 송시열의 문인이었고, 민유중은 형 민시중과 민정중과 함께 송시열의 문인이었다.

한편 숙종대 후반을 기점으로 왕비 가문은 그 이전과 현격한 차이가 있었다. 효종비의 부친 장유張維는 문장과 학문으로 두각을 드러낸 학자이면서 판서를 역임하였고, 병자호란 후 나아가진 않지만 우의정까지 임명된 관료였다. 현종비의 조부 김육金堉 역시 한당을 대표하며 영의정에 오르며 주도하였던 인물이다. 숙종 초비의 부친 김만기는 효종대 문과에 급제하여 현종대 승지·이조참의 등을 역임하였고, 동생 김만중도 현종대 문과에 급제하여 사간원 정언·홍문과 수찬 등을 역임하였다. 숙종계비의 부친 민유중도 형 민시중·민정중과 함께 모두 문과에 급제하고 청요직을 지내고 있었다. 이처럼 숙종 후반 이전의 왕비 가문은 본가의 직계 부친과 조부가 당대 학계와 정계를 주도하는 학자이자 관료였다.

이에 반해 숙종 후반 이후에 탕평 정국에서 간택된 숙종계비(인원왕후)의 부친 김주신金柱臣과 조부 김일진金一振은 생원시만 입격하였고, 혼인 당시 김주신은 현령으로 재직하는 등 이전 가문과 비교하면 그 세력이 매우 미약하다고 할 수 있었다. 또 경종의 계비 선의왕후와 영조의 초비 정성왕후의 직계 가문도 비교적 한미하였고, 정조비 효의왕후의 가문도 현종비의 부친 김우명金佑明의 후손이지만 직계 선조는 크게 두각을 드러내지 못하였다. 이처럼 숙종 후반 이후에 간택된 왕비 가문의 직계는 대체로 미약했지만 이들의 친인척 들은 노론과 소론의 가문들과 폭넓게 혼인을 맺고 정계에 폭넓게 포진되었다.

인조반정 이후 정국을 이끌어가던 주요 가문은 광산김씨, 은진송씨, 안동김씨, 전주이씨, 청풍김씨, 경주김씨, 반남박씨, 대구서씨, 연안이씨, 풍산홍씨, 남양홍씨 등이다. 이들 가문은 대를 이어가며 겹사돈을 맺으며 주도하여 갔는 사실도 알 수 있었다. 인조대 이후 왕비 가문은 서로간 혼맥으로 매우 가까웠던 것이다. 효종비 인선왕후 가문은 안동김씨·광산김씨와 혼맥이 닿아 인선왕후의 오빠 장선징은 안동김씨 김수항과는 6촌간이고, 광산김씨 김만기와는 사돈간이다. 현종비의 조카인 청풍김씨 김석주金錫冑와 숙종 국구 광산김씨 김만기는 외4촌간이고, 김만기의 장모(이경헌 딸)와 민유중의 초취(이경증 딸)는 4촌간이다. 숙종 제2계비 인원왕후의 부친 김주신과 고종4촌간이 안동김씨 김수항金壽恒이다. 경종계비 함종어씨 가문은 안동김씨와 전주이씨와 혼맥이 닿았고, 영조초비 정성왕후의 직계선조는 노론이지만 대구서씨에서는 노론과 소론의 고위직을 역임한 인물들이 많았다.

영조의 첫 세자인 효장세자의 처가인 풍양조씨는 안동김씨·전주이씨·광산김씨와 혼맥이 닿았고, 영조의 두번째 세자인 사도세자의 처가인 풍산홍씨는 선조 부마의 후손으로 역시 영조 부마인 박남박씨 박명원朴明源, 경주김씨 김한신金漢藎 가문과 혼맥이 닿았다. 영조계비 정순왕후 경주김씨 김한구金漢耉 가문은 영조 부마 김한신과는 8촌간이었으며, 김한구 장모의 친정 어머니와 홍봉한洪鳳漢의 모친과는 4촌간이다.

이처럼 숙종대 후반 이전에는 직계 선조가 비교적 번성한 가문에서, 숙종대 후반 직계 선조는 미약한 가문에서 간택되는 차이는 있었지만 인조대 이래 모두 벌열 가문이라고 할 수 있었다.

그러나 세도기에는 벌열 가문 중에서 특정 가문으로 국한되어 간다. 풍양조씨(익종비)와 남양홍씨(헌종계비)가 왕비에 오르고 있었지만 안동김씨에서 3명, 여흥민씨에서 2명(고종비 명성왕후, 순종의 세자빈)이 집중적으로 배출되었다는 차이점이 있었다.

그리고 후기의 안동김씨와 조선 전기의 파평윤씨 · 청주한씨가 집중적으로 간택될 때는 모두 대비가 어느 정도의 역할이 있었던 것으로 보인다. 성종대 함안윤씨의 폐출 후 정희왕후가 대왕대비로 있는 가운데 같은 파평윤씨(윤호 딸, 정현왕후)에서 두번째로 왕비를 배출하였고, 성종 말년에 거창신씨에서 세자(연산군)빈이 간택되는데, 거창신씨는 당시 소혜왕후와 혼맥으로 가까웠다. 중종의 생모 정현왕후가 살아 있는 상황에서 중종의 계비(장경왕후)와 2계비(문정왕후)가 모두 파평윤씨에서 간택되었다. 세도기에도 순조비가 철종대까지 살아 있으며 같은 안동김씨에서 헌종비와 철종비를 간택하였던 것이다.

다만 훈척계 가문은 성리학 이념에 어긋나게 세조찬탈로 당대나 후손들이 공신에 책봉되며 주도한 것이지만, 순조비 안동김씨는 조선 후기 이래 명분과 학문에서 가장 두드러진 후손이어서 간택된 것이라는 차이점이 있었다. 성리학을 표방한 조선에서 가장 명분 있는 가문이 왕비 가문으로 간택되고 있었던 점도 지적될 수 있을 것이다. 임진왜란으로 왕자신분에서 급작하게 세자에 오른 광해군 처가인 문화유씨, 역시 왕자의 신분으로 혼인하였다 인조반정으로 즉위한 인조의 초취 청주한씨, 병자호란

후 계비로 간택된 장렬왕후 양주조씨 이후 처음 세자인 소현세자의 장인은 강석기였다. 강석기는 김장생의 문인으로 광해군 폐모론을 반대하는 대표적인 인물이었다.

병자호란 이후 주화파와 가까운 가문에서 왕비를 배출하였다가 송시열·송준길이 명분을 지키며 당시 학문을 주도해가자 이들과 연계된 김만기, 민유중 가문에서 왕비 가문을 배출하였다. 숙종 말년 노론의 명분상 승리가 확정되고 노론 가문에서 왕비를 배출한다. 이는 호락논쟁시 주도한 안동김씨와도 관련되었다고 하겠다. 안동김씨의 문인인 어유구의 딸이 왕비에 오르고, 홍봉한의 딸이 세자빈으로 올랐다. 또 효종대 절의로 이름난 김홍욱의 후손에서 영조의 계비가 간택된다. 이점 긍정적으로 지적될 수 있을 것 같다. 또 안동김씨가 독주하던 세도기에도 풍양조씨를 중심으로 이를 계속 견제하였고, 고종대는 여흥민씨가 적극적인 개화 정책을 펴는 등 새로운 사회 구성을 위한 긍정적인 모습이 보였다.

한편 인현왕후를 제외하고는 계비는 대체로 미약하였음을 알 수 있다. 중종 제2계비 문정왕후, 인조계비 장렬왕후, 영조계비 정순왕후, 헌종계비 효정왕후이다. 이때 미리 세자가 있는 상황이어서 번성한 가문이 되기에는 어려움으로 작용된 것이 아닌가 하며, 인현왕후의 경우 당시 세자가 없었다는 점도 고려되지 않았을까 추측해본다.

부록

## 족보 목록

▒ 한씨 안변 한경 가계도 : 본문 36쪽 참조
출전:『계행보』(지) 1834쪽. ;『세종실록』권59 세종 15년 2월 26일.
　　　『세종실록』권59 세종 15년 2월 5일.

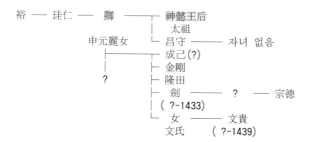

▒ 곡산강씨 강윤성 가계도 : 본문 38쪽 참조
출전:『계행보』(인) 2604쪽,『한국인의 족보』103쪽.

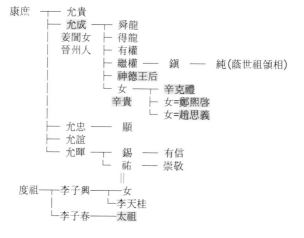

▨ 영산(영월)신씨 신귀 가계도 : 본문 39쪽 참조

출전: 『靈山寧越辛氏大同譜』,1981(대경출판사). ;
　　　『영월영산신씨합보』, 영조 20년(1744년), 한국족보자료시스템(성균관대학교) ;
　　　『조선왕조실록』;
　　　朴天植, 1985, 「朝鮮 建國功臣의 연구」(전남대 박사학위논문) 56쪽. ;
　　　『牧隱集』(이색) 권15 「高麗國大匡完山君諡文眞崔公墓誌銘(최재)」(한국고전
　　　　　　　　번역원 고전번역총서).

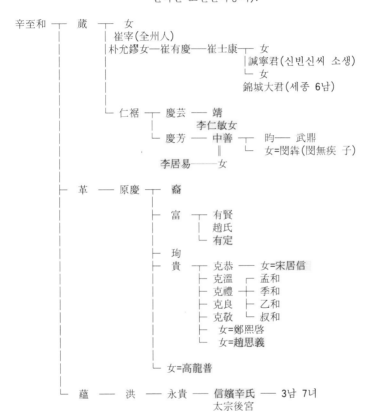

▨ 성주이씨 이제·이직 가계도 : 본문 40쪽 참조
출처:『星州李氏大同譜』1 (정신인쇄소 1980년간 복사재판)
　　　『성주이씨문경공세보』1 (대학서림 1980년간)

```
李長庚 ── 兆年 ┬─────────┐
       ┌───────────────┘
       └── 褒 ┬ 仁任 ┬ 女
       │      │      ‖
       │      │  權嗣宗 ╂ 權執經
       │      │      └ 女 ─── 姜壽
       │      │      姜笭   └ 女=崔士康
       │      ├ 仁美 ── 女
       │      │     河崙
       │      ├ 仁立 ── 濟=慶順公主(太祖駙馬)
       │      ├ 仁敏 ── 穡 ┬ 師厚 ┬ 咸寧 =趙狷女(平壤人)
       │      │          │     ├ 正寧
       │      │          │     │淑惠翁主(太宗駙馬)
       │      │          │     ├ 繼寧
       │      │          │     │韓確女(淸州人)
       │      │          │     └ 女 ── 女
       │      │          │        申允童  寧海君(世宗 서9남)
       │      │          ├ 師純 ── 女=沈翰(靑松人, 沈澮子)
       │      │          ├ 師衡 ── 洪=裵克廉女
       │      │          ├ 女 愼順宮主(太宗後宮, 1390-?)
       │      │          └ 女=閔無恤(驪興人, ?-1416)
       │      │          ┴ 穗 ── 女=韓惠(淸州人, 韓尙敬子)
       │      │
       │      └ 女=辛靖(靈山人)
       └── 女=辛裔(靈山人)
```

▨ 경주김씨 김천서 가계도 : 본문 41쪽 참조
출전:『고려사』,『조선왕조실록』,『계행보』(천) 594쪽

```
金台瑞 ┬ 若先
平章事 │ 平章事
       │高麗元宗國舅
       ├ 慶孫 ── 琿 ┬ 子興 ┬ 上琦 ── 信 ── 天瑞 ▶▶
       │樞密副使    ├ 子昌 ├ 上珤    尹蕃女
       ├ 起孫       └ 子延 ├ 上瑛
       平章事             └ 上璘
```

```
天瑞 ┬ 需 ── 謙 ┬ 世敏
定宗國舅│ 月城君 全州府尹│定宗駙馬
李藝女 ├ 女 淨業院 住持 ├ 閔姜
      └ 女 定安王后    └ 孝敏
```

『한국인의 족보』
軌 ── 承茂 ── 鎰 ── 岍 ── 文仲 ── 天瑞(左侍中, 月城府院君派)

▨ 여흥민씨 민제 가계도 : 본문 45쪽 참조
출전:『驪興閔氏族譜』閔昌爀, (1802) 한국정신문화연구원
　　　『驪興閔氏世系譜』(1973년 重刊)
　　　민사평묘지명(동문선), 고려사절요

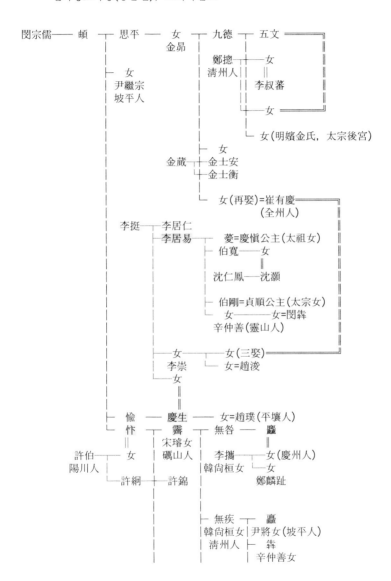

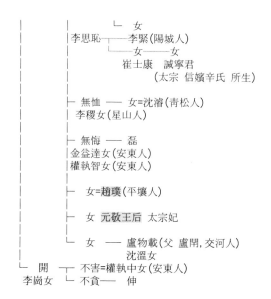

```
              │                  └  女
              │   李思恥──┬──李緊(陽城人)
              │          │    └─女──女
              │          │      崔士康  誠寧君
              │          │         (太宗 信嬪辛氏 所生)
              │          │
              ├  無恤 ── 女=沈濬(靑松人)
              │  李稷女(星山人)
              │
              ├  無悔 ── 磊
              │  金益達女(安東人)
              │  權執智女(安東人)
              │
              ├  女=趙璞(平壤人)
              │
              ├  女 元敬王后 太宗妃
              │
              └  女 ── 盧物載(父 盧閈,交河人)
              │            沈溫女
     ┌  開 ── ┬  不害=權執中女(安東人)
     李崗女  └  不貪── 伸
```

▨ 고흥유씨 유준·유습, 심효생 혼맥도 : 본문 50쪽 참조
출전:『계행보』(지) 1698쪽. ;
　　　『魯西遺稿(尹宣擧)』권20「先祖崇政大夫坡平君諡昭靖公家狀(尹坤)」(한국문집총간)

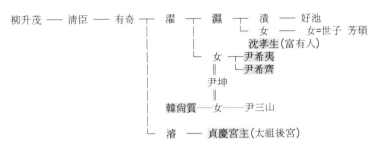

▨ 청주이씨 이거이·이애, 평양조씨 조박, 이방간 혼맥도 : 본문 52쪽 참조

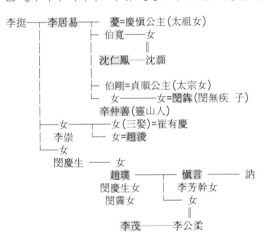

▒ 단양이씨 이무, 파평윤씨 윤승순·윤목, 능성구씨 혼맥도 : 본문 54쪽 참조
출전:『한국계행보』천 460쪽 단양이씨·地-1452 평양조씨(발행인 曺龍承, 1980).
　　　『태종실록』태종 7년 7월 28일. ; 태종 9년 9월 27일~29일. 10월 2일.
　　　『綾城具氏世譜』, 1938, 具乙會 刊編, 한古朝58-가50-269(국립중앙도서관)

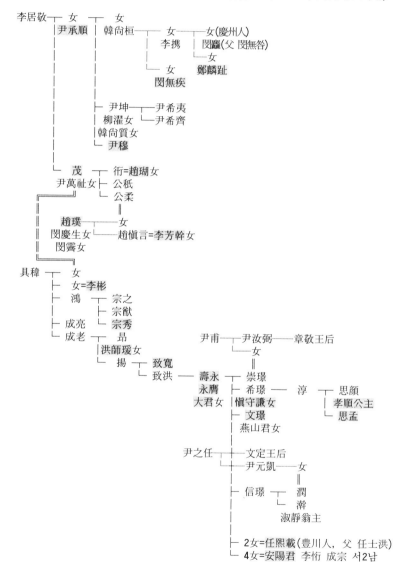

▦ 한산이씨 이색, 문화유씨 유기, 하륜, 권근·권람, 박은 혼맥도 : 본문 **55**쪽 참조

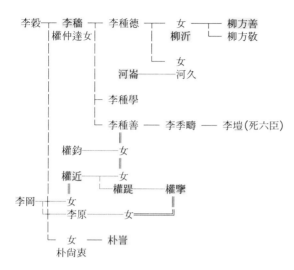

▦ 함양박씨 박습·광산김씨 김한로·유방경 혼맥도 : 본문 **60**쪽 참조

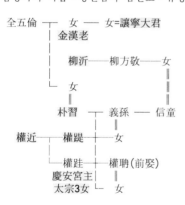

▦ 고성이씨 이원·윤삼산·유방선·권람 혼맥도 : 본문 82쪽 참조
출전: 『安東權氏大同世譜』

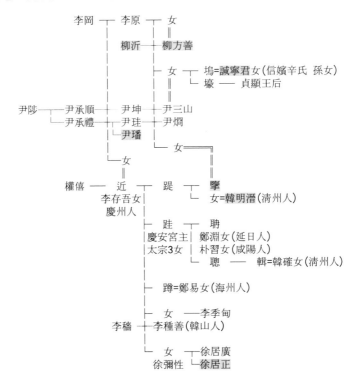

□ 영산신씨 신빈신씨 자녀 혼맥도 : 본문 84쪽 참조

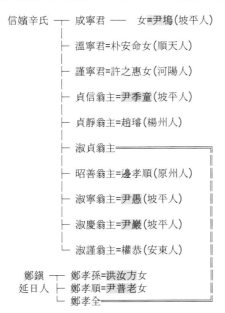

信嬪辛氏 ┬ 咸寧君 ─── 女=尹塢(坡平人)
　　　　 ├ 溫寧君=朴安命女(順天人)
　　　　 ├ 謹寧君=許之惠女(河陽人)
　　　　 ├ 貞信翁主=尹季童(坡平人)
　　　　 ├ 貞靜翁主=趙璿(楊州人)
　　　　 ├ 淑貞翁主══════════
　　　　 ├ 昭善翁主=邊孝順(原州人)
　　　　 ├ 淑寧翁主=尹愚(坡平人)
　　　　 ├ 淑慶翁主=尹巖(坡平人)
　　　　 └ 淑謹翁主=權恭(安東人)

鄭鎭 ┬ 鄭孝孫=洪汝方女
延日人 ├ 鄭孝順=尹普老女
　　　 └ 鄭孝全

□ 원주변씨 변효순·윤계동 혼맥도: 본문 85쪽 참조

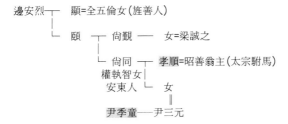

邊安烈 ┬ 顯=全五倫女(旌善人)
　　　 └ 頤 ┬ 尙覬 ─── 女=梁誠之
　　　　　　└ 尙同 ┬ 孝順=昭善翁主(太宗駙馬)
　　　 權執智女 │
　　　 安東人 └ 女
　　　　　　　　 ‖
　　　 尹季童──尹三元

▦ 청송심씨 심온 가계도 : 본문 47쪽 참조
출전:『靑松沈氏大同世譜』 2002, 청송심씨대동세보편찬위원회, 起昌族譜社.
　　 『靑松沈氏世譜』(MF35-9332), 한국학중앙연구원 소장

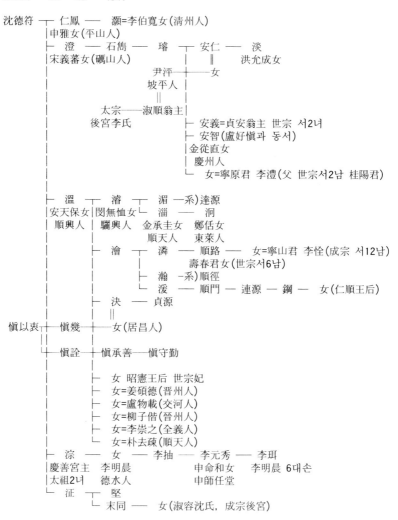

沈洪孚——淵——龍—— 德符 ►►

沈德符 ┬ 仁鳳 ── 灝=李伯寬女(淸州人)
　　　　│ 申雅女(平山人)
　　　　├ 澄 ── 石雋 ── 璿 ─ 安仁 ── 淡
　　　　│ 宋義蕃女(礪山人)　　　　│　　‖　　　洪允成女
　　　　│　　　　　　　　尹泙─┬──女
　　　　│　　　　　　　　坡平人 │
　　　　│　　　　　　　　　　　‖
　　　　│　　　　太宗──淑順翁主
　　　　│　　　　　　後宮李氏　　　├ 安義=貞安翁主 世宗 서2녀
　　　　│　　　　　　　　　　　　├ 安智(盧好愼과 동서)
　　　　│　　　　　　　　　　　│金從直女
　　　　│　　　　　　　　　　　慶州人
　　　　│　　　　　　　　　　　└ 女=寧原君 李澧(父 世宗서2남 桂陽君)
　　　　│
　　　　├ 溫 ┬ 濬 ┬ 湄 ─系)達源
　　　　│ 安天保女 │ 閔無恤女 ├ 淄 ── 泂
　　　　│ 順興人 │ 驪興人　金承圭女 鄭恬女
　　　　│　　　 │　　　　順天人　東萊人
　　　　│　　　 ├ 澮 ┬ 潾 ── 順路 ── 女=寧山君 李恮(成宗 서12남)
　　　　│　　　 │　　│　　　　壽春君女(世宗서6남)
　　　　│　　　 │　　├ 瀚 ─系)順徑
　　　　│　　　 │　　濊 ── 順門 ─ 連源 ─ 鋼 ─ 女(仁順王后)
　　　　│　　　 ├ 決 ── 貞源
　　　　│　　　 │　　‖
　　愼以衷┬ 愼幾 ┬ 女(居昌人)
　　　‖　│　　　│
　　　　├ 愼詮 ┬ 愼承善──愼守勤
　　　　│　　　│
　　　　│　　　├ 女 昭憲王后 世宗妃
　　　　│　　　├ 女=姜碩德(晋州人)
　　　　│　　　├ 女=盧物載(交河人)
　　　　│　　　├ 女=柳子偕(晋州人)
　　　　│　　　├ 女=李崇之(全義人)
　　　　│　　　└ 女=朴去疎(順天人)
　　　　├ 淙 ── 女 ── 李抽 ── 李元秀 ── 李珥
　　　　│慶善宮主 李明晨　　　　申命和女　李明晨 6대손
　　　　│太祖2녀 德水人　　　　申師任堂
　　　　└ 汪 ┬ 堅
　　　　　　　└ 末同 ── 女(淑容沈氏, 成宗後宮)

■ 청송심씨 심강 가계도 : 본문 115쪽 참조
출전 : 『靑松沈氏大同世譜』2000, 靑松沈氏大同世譜刊行委員會, 起昌族譜社

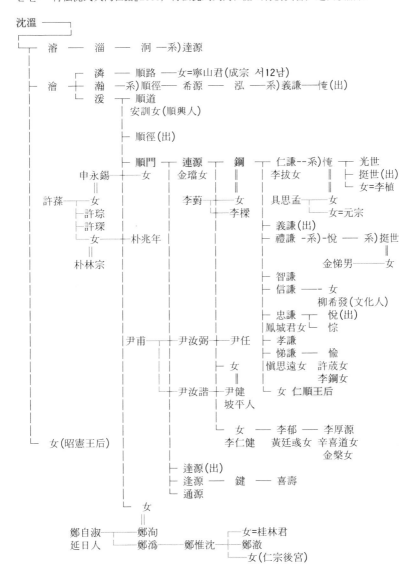

▨ 평산신씨 신영석·심순문·김안국·이이 혼맥도 : 본문 119쪽 참조
출전 :『율곡전서(이이)』권18「同知敦寧府事沈公墓誌銘(심봉원)」(한국문집총간)

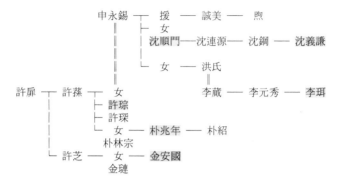

▨ 청송심씨 심호 가계도 : 본문 197쪽 참조
출전 :『靑松沈氏世譜』(MF35-9332), 한국학중앙연구원 소장

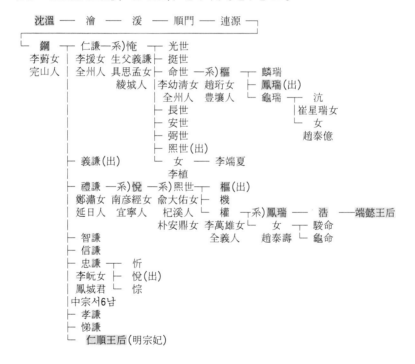

▨ 고령박씨 박빈, 심호, 윤지완, 이태좌·이광좌, 최석정 혼맥도 : 본문 200쪽 참조
출전: 『고령박씨세보 高靈朴氏世譜』
　　　『謙齋集(조태억)』권38「贈議政府左贊成行刑曹參判李公諡狀(이세필)」(한국문집총간)

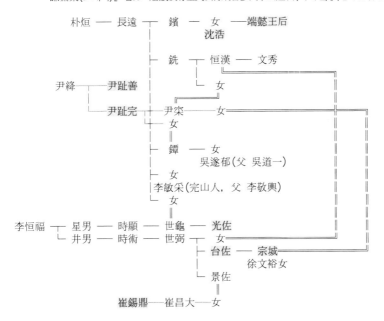

▨ 안동권씨 권전 가계도 : 본문 64쪽 참조
출전:『安東權氏大同世譜』 2004, 安東權氏大宗會, 도서출판해돋이.

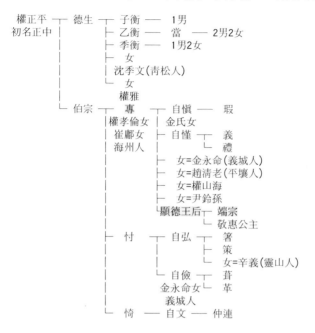

▦ 여산송씨 송현수 가계도 : 본문 66쪽 참조
출전:『礪山宋氏譜』 1928, 여산송씨대동보소, 한古朝58-19-12, 국립중앙도서관

```
宋郊 ── 禧 ┬ 繼性 ┬ 復元 ┬ 珏壽 ── 2남
          │ 金得齊女│ 金承霆女├ 珏壽 ── 瑛
          │ 商山人 │ 順天人 │
          │                │
          │ 閔中立 ┬ 閔大生 ┬ 女
          │        ││        │ 韓明澮
          │        ││
          │        └ 閔紹生 ┬ 女 ┬ 琚 ── 女
          │                 ││   │      尹殷輔(海平人)
          │                 ││   └ 女 端宗 定順王后
          │                 ││
          │                 ├ 玹壽
          │        具成亮 ┬ 女   │
          │        綾城人  │ 女=永膺大君
          │                │
          │        ├ 復亨 ┬ 休 ── 3남
          │        │       └ 偉 ── 2남
          │        │
          │        ├ 復利 ── 演孫 ── 3남 5녀
          │        ├ 復貞 ── 承周
          │        └ 女
          │          李德生(全州人, 守道正)
          │
          ├ 繼陽 ── 瓊
          └ 女=郭益儀
```

▒ 파평윤씨 왕비 계보도 : 본문 99쪽 참조
출전: 『坡平尹氏世譜』 1921, 古2518-61-1 (국립중앙도서관)

```
尹陟 ┬ 承順 ── 坤 ── 三山 ── 壕 ── 貞顯王后
     └ 承禮 ── 璠 ┬ 士昀 ── 甫 ── 汝弼 ── 章敬王后
                  ├ 士昕 ── 繼謙 ── 頊 ── 之任 ── 文定王后
                  └ 貞熹王后
```

▒ 파평윤씨 윤번 가계도 : 본문 69쪽 참조

```
尹陟 ┬ 承順 ┬ 坤 ┬ 希夷
     |李居敬女| 柳濯女 ├ 希齊
     | 丹陽人 |韓相質女└ 三山 ── 塢=誠寧君女(신빈신씨 손녀)
     |        ├ 穆
     |        ├ 向 ┬ 季童 ── 三元 ── 女=申泌(申叔舟의 子)
     |        |洪吉旼女| 貞信翁主(신빈 소생)
     |        |       ├ 女 ── 女
     |        |       |朴從智  益寧君(태종 서8남)
     |        |       └ 女 ── 女
     |        |        申自守  廣平大君(세종 5남)
     |        |
     |        └ 女──女=閔無疾
     |         韓尙桓(淸州人)
     |
     ├ 承慶
     | ‖        閔無疾女
金達祥┼┬女          ‖
善山人 |└金四知──金永倫
     |
     ├ 承禮 ┬ 珪 ┬ 烱
     |成汝完女|    ├ 熺 ── 昭容尹氏(문종 후궁)
     | 昌寧人 |    ├ 女 ── 女 ── 承徽文氏(문종 후궁)
     | 權恒女 |    | 權審    文敏
     | 安東人 |    └ 女 ── 肅嬪洪氏(문종 후궁)
     |        |     洪深(南陽人)
     |        |
     |        ├ 普老 ┬ 須彌 ┬ 岑 ── 女=申澯(高靈人, 申叔舟 子)
     |        |      |      └ 愚=淑寧翁主(신빈소생)
     |        |      ├ 太山 ── 巖=淑慶翁主(신빈소생)
     └ 女     |      └ 女=鄭孝順(延日人)
      李茂    |
     李居敬子 └ 璠 ┬ 士昀
          李文和女├ 士昕
           仁川人 ├ 女=洪元用(南陽人)
                  ├ 女=成奉祖(昌寧人)
                  ├ 女=韓繼美(淸州人)
                  ├ 女 貞熹王后(세조비)
                  └ 女=丁嗣宗(창원인)
```

▨ 파평윤씨 윤호 가계도 : 본문 95쪽 참조

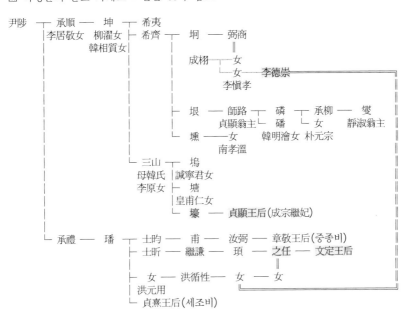

▨ 파평윤씨 윤여필 가계도 : 본문 99쪽 참조
출전: 坡平尹氏貞靖公派譜所, 1980, 『坡平尹氏貞靖公派世譜』 (農經出版社). ;
　　　『璿源錄』 4책 2720쪽.

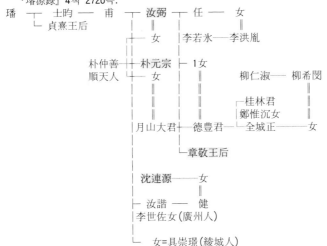

▦ 파평윤씨 윤지임 가계도 : 본문 101쪽 참조
출전: 坡平尹氏貞靖公派譜所, 1980, 『坡平尹氏貞靖公派世譜』(農經出版社).

```
尹陟 ┬ 承順 ── 坤 ┬ 希齊 ── 坰 ── 弼商
     │             │                  ‖
     │             │        成栩 ┬ 女
     │             │             └ 女 ── 李德崇
     │             └ 三山 ── 壕 ── 貞顯王后(成宗繼妃)
     │
     └ 承禮 ── 璠 ┬ 士昀 ── 甫 ── 汝弼 ── 章敬王后(중종비)
                  ├ 士昕 ── 繼謙 ── 頊 ── 之任 ── 文定王后
                  │                              ‖
                  ├ 女 ── 洪循性 ── 女 ── 女
                  │ 洪元用
                  └ 貞熹王后(세조비)


尹繼謙 ┬ 頊 ── 之任 ┬ 元凱 ── 女=具潤(具壽永 孫子)
       │  李德崇女 ├ 元亮 ── 淑嬪(仁宗後宮)
       │  全義人   ├ 元老 ┬ 百源
       │          │      └ 女=韓景祐(淸州人)
       │          ├ 元衡=金安遂女(延安人)
       │          ├ 女=鄭式
       ├ 瑄       └ 文定王后
       │
       ├ 珣
       │ 具長孫女(具致寬 증손녀)
       │
       ├ 琳 ┬ 克仁
       │    └ 安仁 ── 春年
       │
       ├ 女=洪祉 懷仁人(洪允成 자)
       ├ 女=梁洞 南原人(梁誠之 손자)
       ├ 女=李繼金 韓山人(李季甸 손자)
       └ 女=金昭胤 光山人(金國光 손자)
```

▨ 파평윤씨·남양홍씨·청주한씨 혼맥도 : 본문 70쪽 참조

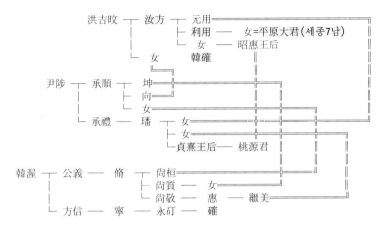

▨ 남양홍씨 홍이용·윤호 혼맥도 혼맥도 : 본문 95쪽 참조
출전 : 『담양전씨대동보 潭陽田氏大同譜』, 1987, 回想社.
　　　「성암 전공 묘갈명 性庵田公墓碣銘」.
　　　『南陽洪氏中郞將派世譜』 1994, 回想社.

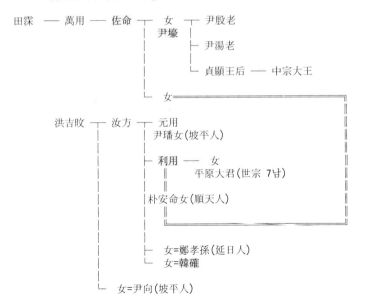

▦ 청주한씨 왕비 계보도 : 본문 77쪽 참조

▦ 청주한씨 한확 가계도 : 본문 74쪽 참조
출전 : 『淸州韓氏大同族譜』 1999, 청주한씨중앙종친회, 회상사.
　　　『璿源錄』 7책 4523p, 『靑松沈氏大同世譜』
　　　『四佳集(서거정)』 사가문집보유 卷1「左議政西原府院君諡襄節韓公墓誌銘(한확)」(한국
　　　고전번역원 고전번역총서)

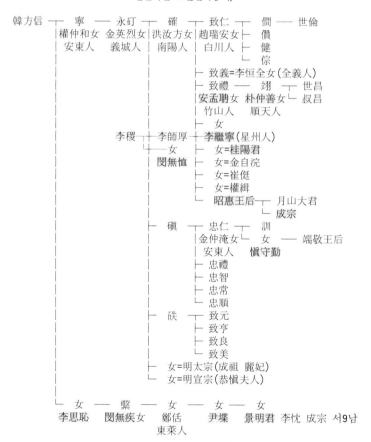

▨ 청주한씨 한명회 가계도 : 본문 78쪽 참조
출전: 『淸州韓氏 大同族譜』, 1999, 回想社

```
韓渥 ── 公義 ┬─ 脩 ── 尙質 ── 起 ── 明澮
             ├─ 理 ── 承舜 ┬─ 瑞龍
             │              ├─ 瑞鳳
             │              │  權紹女
             │              └─ 瑞龜
             │                 權擘女
             └─ 女
                廉興邦
```

```
謝奇 ── 渥 ── 公義 ── 脩 ┬──────────────────
┌───────────────────────────┘
├─ 尙桓 ── 女=李攜(慶州人)
│  尹承順女 └─ 女=閔無疾(驪興人)
│
├─ 尙質 ── 起 ┬─ 明澮 ── 堡 ┬─ 景琦 ── 鯤
│  李成林女   李逖女 │ 閔大生女    ├─ 景琮 ── 女
│  慶州人     驪州人 │ 驪興人      │
│  宋臣議女         │ 鄭宗和女     │  尹任──尹興義(波平人)
│                  │ 延日人      └─ 景琛=恭愼翁主(成宗駙馬)
│                  │              ‖
│                  │         ┌─ 女
│                  申叔舟 ┼ 申澍 ── 申從濩 ── 申沆(高靈人)
│                  │                   惠淑翁主(成宗駙馬)
│                  │
│                  │         ┌─ 女
│                  尹師路 ┼ 尹磻(坡平人)
│                  貞顯翁主 ├─ 女 章順王后 睿宗妃
│                  世宗駙馬 ├─ 女 恭惠王后 成宗妃
│                  └─ 明澶 ── 堰 ── 弘潤 ── 鏞
│                     權踶女    女=金孟誠
│                     安東人
│                  ├─ 女 ── 尹三山 ── 尹壕 ── 女(貞顯王后 成宗妃)
│                  │ 尹坤(坡平人)
│                  └─ 女
│  成石珉── 女=扱(昌寧人)
│
├─ 尙敬 ── 惠 ┬─ 繼胤
│  李穗女     ├─ 繼美 ── 畠 ── 亨允 ── 紀(靜惠翁主, 成宗駙馬)
│  星州人     尹璠女    成俊女(昌寧人)
│  成達生女   坡平人
│  昌寧人     ├─ 繼禧
│            └─ 繼純
│            ├─ 女=李士寬(全義人)
│            └─ 女=崔進明(全州人)
├─ 尙德 ── 2녀
│
└─ 女=安景儉(順興人, 兄 安景恭은 개국공신)
```

▣ 청주한씨 한백륜 가계도 : 본문 79쪽 참조
출전:『淸州韓氏大同族譜』1993, 淸州韓氏大同族譜編纂委員會, 回想社

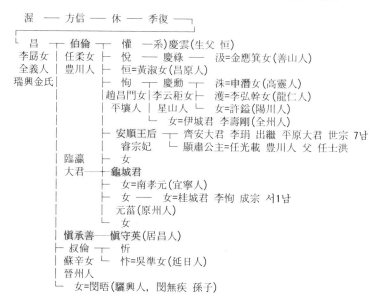

```
渥 ── 方信 ── 休 ── 季復 ─┐
┌──────────────────────────┘
└ 昌   ┬ 伯倫  ┬ 懽  ─系)慶雲(生父 恒)
李劼女 │ 任柔女 ├ 悅  ┬ 慶祿  汲=金應箕女(善山人)
全義人 │ 豊川人 │ 恒=黃淑女(昌原人)
瑞興金氏│      ├ 恂  ┬ 慶勳 ┬ 洙=申潛女(高靈人)
        │ 趙昌門女 李云秬女│    ├ 濩=李弘幹女(龍仁人)
        │ 平壤人  星山人  └    └ 女=許鎰(陽川人)
        │              └ 女=伊城君 李壽剛(全州人)
        ├ 安順王后 ┬ 齊安大君 李琄 出繼 平原大君 世宗 7남
        │ 睿宗妃   └ 顯肅公主=任光載 豊川人 父 任士洪
        │ 臨瀛  ├ 女
        │ 大君  ├ 龜城君
        │       ├ 女=南孝元(宜寧人)
        │       ├ 女 ── 女=桂城君 李恂 成宗 서1남
        │       │ 元菑(原州人)
        │       └ 女
        │ 愼承善 ─ 愼守英(居昌人)
        ├ 叔倫 ┬ 忻
        │ 蘇辛女 ├ 忭=吳準女(延日人)
        │ 晉州人
        └ 女=閔晤(驪興人, 閔無疾 孫子)
```

▣ 함안윤씨 윤기견 가계도 : 본문 90쪽 참조
출전:『함안윤씨세보 咸安尹氏世譜』1991, 朗州印刷社.

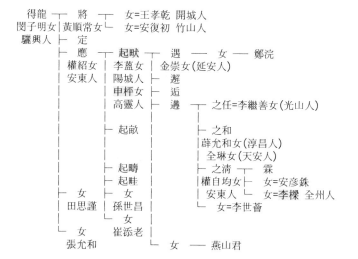

```
得龍 ┬ 將   ┬ 女=王孝乾 開城人
閔子明女│黃順常女└ 女=安復初 竹山人
驪興人 ├ 定
        ├ 應   ┬ 起畎  ┬ 遇 ── 女 ── 鄭浣
        │ 權紹女 │ 李葢女 │ 金崇女(延安人)
        │ 安東人 │ 陽城人 ├ 邂
        │        │ 申枰女 ├ 逅
        │        │ 高靈人 ├ 遘 ┬ 之任=李繼善女(光山人)
        │        │        │    │
        │        ├ 起畝  │    ├ 之和
        │        │        │    │薛允和女(淳昌人)
        │        │        │    │ 全琳女(天安人)
        │        │        │    ├ 之淸 ┬ 霖
        │        ├ 起疇  │    │ 權自均女│ 女=安彦銖
        │        ├ 起畦  │    │ 安東人 └ 女=李㦤 全州人
        ├ 女    ├ 女   │    └ 女=李世薈
        │ 田思謹 │ 孫世昌 │
        │        └ 女   │
        └ 女    崔添老 │
          張允和        └ 女 ── 燕山君
```

▨ 양성이씨 이온·이승소, 윤기견, 한명회 혼맥도 : 본문 92쪽 참조
출전: 『九修陽城李氏大同譜』 卷1 (回想社 1984년간)
　　　『海州鄭氏大同譜』 1985, 농경출판사

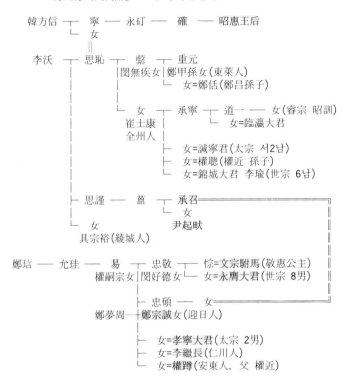

▨ 고령신씨 신평·신숙주, 윤기견, 한명회 혼맥도 : 본문 93쪽 참조
『고령신씨세보 高靈申氏世譜』, 1995, 高靈申氏世譜編纂委員會, 農經出版社

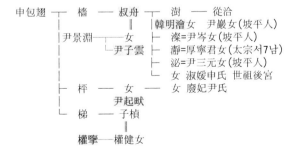

▨ 거창신씨 신승선·신수근 가계도 : 본문 97쪽 참조
출전:『居昌愼氏世譜』1936, 居昌愼氏世譜所

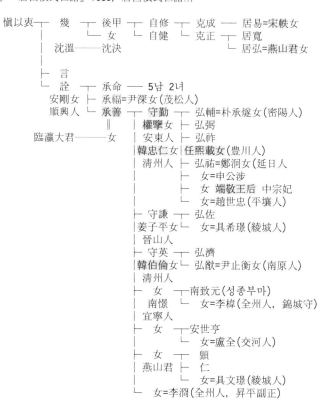

□ 반남박씨 박용 가계도 : 본문 110쪽 참조
출전:『潘南朴氏世譜』1981, 朴尋緒(農經出版社)

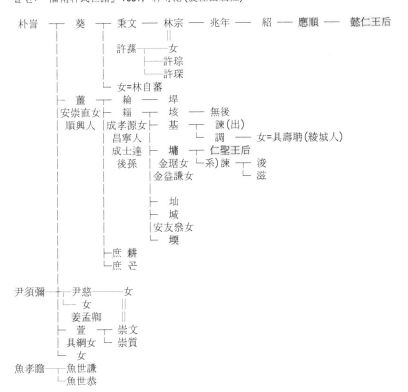

⬚ 반남박씨 박응순 가계도 : 본문 124쪽 참조
출전:『潘南朴氏世譜』1981, 朴尋緒, 農經出版社.

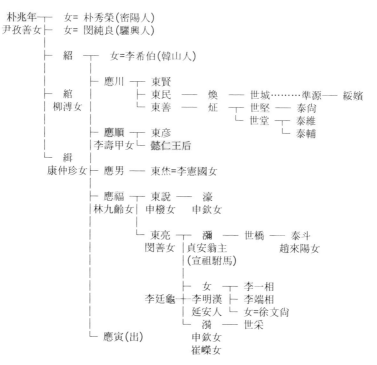

朴泰尙 ── 弼建 ── 師休 ── 成源 ── 宗珪 ── 崙壽

朴泰維 ── 弼基 ── 師得 ── 參源 ── 宗薰

▦ 창녕성씨 성준·박용·박원종·정현왕후 혼맥도 : 본문 111쪽 참조
출전:『坡平尹氏世譜』, 1921, 尹錫龜 編, 古2518-61-3(국립중앙도서관)
　　　『潘南朴氏世譜』1981, 朴尋緒(農經出版社)
　　　『昌寧成氏族譜』,1709(성균관대학교 존경각 한국족보자료시스템)
　　　『광산김씨족보』2권, 1876刊 영인본(기창족보사)

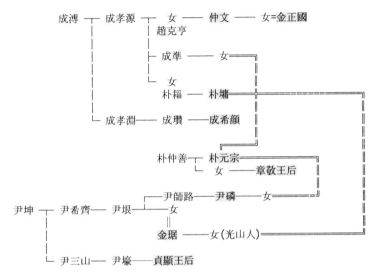

▦ 연안김씨 김제남 가계도 : 본문 129쪽 참조
출전: 延安金氏內資寺尹公波宗會, 1976, 『延安金氏內資寺尹公派譜』(湖西出版社)

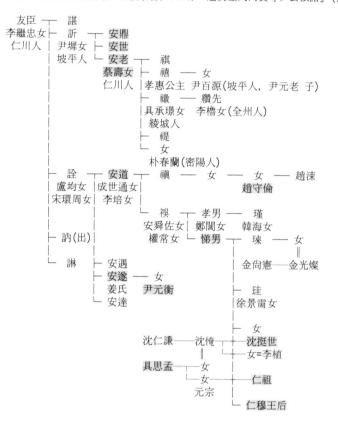

▨ 문화유씨 유자신 가계도 : 본문 131쪽 참조
출전 :『文化柳氏祗候使公孫世譜』 1999년

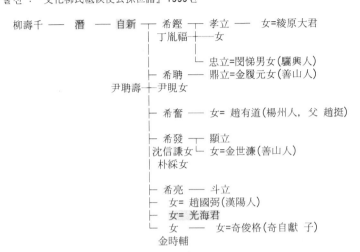

▨ 유자신 자녀·선산김씨 김효원·양천허씨 허엽 혼맥도 : 본문 134쪽 참조

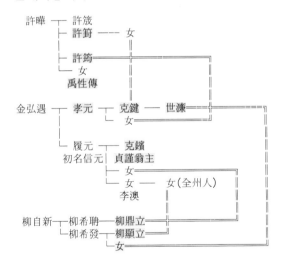

▦ 하동정씨 정승렴·유자신·문정왕후·덕흥군 혼맥도 : 본문 132쪽 참조
출전 :『계행보』지 1132쪽. ;『조선왕조실록』. ;
　　　　이승소,『三灘集』권14「河東府院君鄭文成公墓誌銘(정인지)」(한국문집총간)

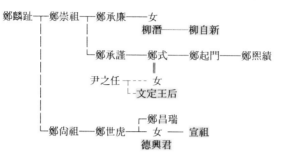

▦ 청주한씨 한완·유자신·임해군·문정왕후 혼맥도 : 본문 133쪽 참조
출전 :『淸州韓氏襄節公派族譜』, 1981(淸州韓氏襄節公派族譜編纂委員會) ;
　　　　『조선왕조실록』

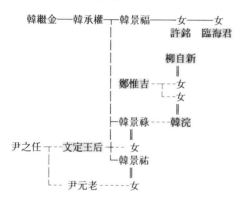

▦ 청주한씨 한준겸 가계도 : 본문 137쪽, 140쪽 참조
출전 : 『우복집(정경세)』 권20 「輔國崇祿大夫領敦寧府事兼知春秋館事。五衛都摠府
都摠管。西平府院君韓公行狀(한준겸)」(한국고전번역원 고전번역총서)
　　　『象村集(신흠)』 권25 「贈領議政韓公墓誌銘(한효윤)」(한국고전번역원 고전번역총서)
　　　『계행보』 지 1795쪽

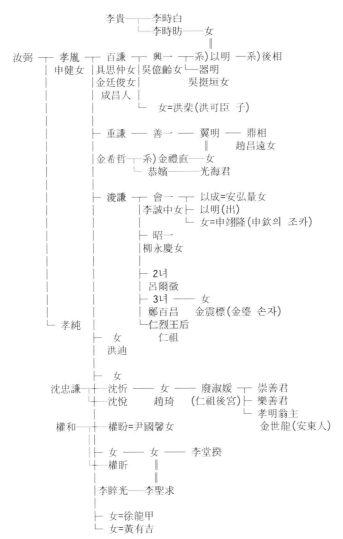

▨ 평산신씨 신잡·신경희, 한효순·한준겸, 구사맹·이이첨·광해군 혼맥도 : 139
쪽 참조
출전 : 『平山申氏大同譜』 ; 『조선왕조실록』 ; 『문과방목』 ; 「한여필묘지명」(허성 찬)

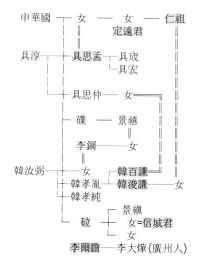

▦ 금천강씨 강석기·김장생·송준길·김상용 혼맥도 : 본문 164쪽 참조
출전:「강석기 행장」『愼獨齋遺稿』권11 (문집총간 82책 403~408쪽)
　　　「강찬 묘지명」『淸陰集』권33 (문집총간 77책 483~486쪽)
　　　「김은휘 행장」『沙溪遺稿』권8 (문집총간 57책 116~120쪽)

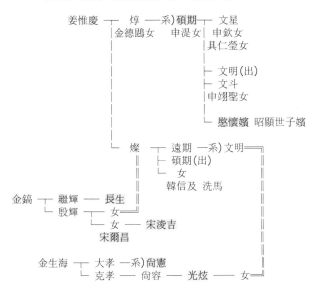

▦ 고령신씨 신식·강석기 혼맥도 : 본문 163쪽 참조

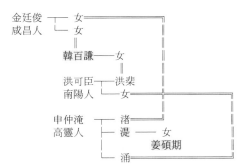

▨ 양주조씨 조창원 가계도 : 본문 150쪽 참조

출전 : 신익전,『東江遺集』권11「領敦寧府事漢原府院君趙公行狀(조창원)」(한국문집총간)
『계행보』지 1441쪽,『楊州趙氏族譜』

趙岑 ── 仁弼 ── 誼

趙誼 ┬ 啓生 ── 克寬
　　　└ 末生 ┬ 璿
　　　　　　│太宗駙馬=貞靜翁主
　　　　　　├ 瓚 ── 選 ── 壽堅 ── 邦佐 ── 俊秀 ── 擎(出)
趙浚 ───────┤趙大臨女 具致寬女
　　　　　　│ 平壤人　綾城人
　　　　　　└ 瑾 ── 永輝 ── 光世 ── 無彊 ── 連孫 ─系)擎
　　　　　　　　　　　　　　　　　　成宗駙馬
　　　　　　　　　　　　　　　　　　淑惠翁主

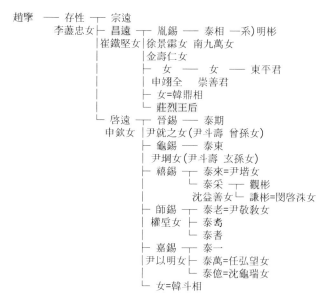

趙擎 ── 存性 ┬ 宗遠
李藎忠女 ├ 昌遠 ┬ 胤錫 ── 泰相 ─系)明彬
　　　　│崔鐵堅女│徐景霨女 南九萬女
　　　　│　　　　│金壽仁女
　　　　│　　　　├ 女 ── 女 ── 東平君
　　　　│　　　　│申翊全　崇善君
　　　　│　　　　├ 女=韓鼎相
　　　　│　　　　└ 莊烈王后
　　　　└ 啓遠 ┬ 晉錫 ── 泰期
　　　　　申欽女│尹就之女(尹斗壽 曾孫女)
　　　　　　　　├ 龜錫 ── 泰東
　　　　　　　　│尹堈女(尹斗壽 玄孫女)
　　　　　　　　├ 禧錫 ┬ 泰來=尹塔女
　　　　　　　　│　　　└ 泰采 ┬ 觀彬
　　　　　　　　│沈益善女　　 └ 謙彬=閔啓洙女
　　　　　　　　├ 師錫 ┬ 泰老=尹敬敎女
　　　　　　　　│權垕女├ 泰耆
　　　　　　　　│　　　└ 泰耇
　　　　　　　　├ 嘉錫 ┬ 泰一
　　　　　　　　│尹以明女├ 泰萬=任弘望女
　　　　　　　　│　　　　└ 泰億=沈龜瑞女
　　　　　　　　└ 女=韓斗相

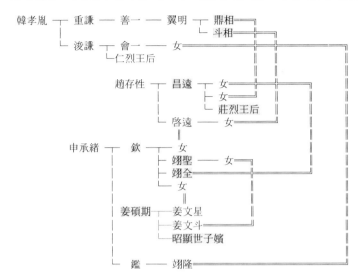

□ 조창원·평산신씨 신익전·강석기·한준겸 혼맥도 : 본문 151쪽 참조

▨ 덕수장씨 장유 혼맥도 : 본문 155쪽 참조
출전 : 德水張氏宗親會編,『德水張氏族譜』(回想社 1974년 刊)

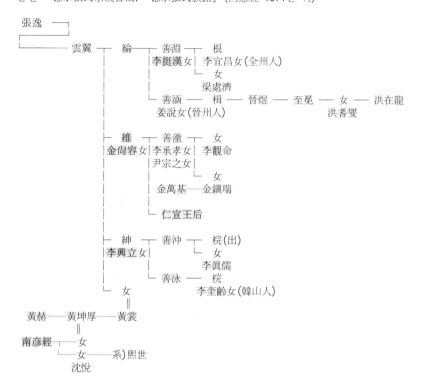

▨ 청풍 김씨 김우명 가계도 : 본문 159쪽 참조
출전 : 『청풍김씨세보 淸風金氏世譜』

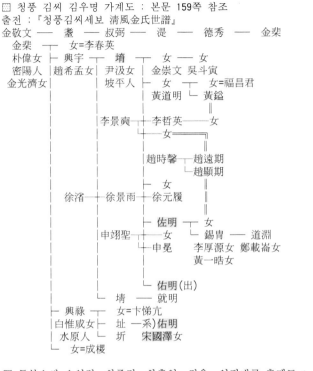

金敬文 ── 釐 ── 叔弼 ── 湜 ── 德秀 ── 金斐
　金斐 ┬ 女=李春英
朴偉女 ├ 興宇 ── 堉 ── 女 ── 女
密陽人 │趙希孟女 │尹汲女 │金崇文 吳斗寅
金光濟女 │ │ │ 女=福昌君
　　　　　│ │ 黃道明 ── 黃鎰
　　　　　│ │ ‖
　　　　　│李景奭 ┬ 李哲英 ── 女
　　　　　│ └ 女 ┘
　　　　　│ 趙時馨 ┬ 趙遠期
　　　　　│ └ 趙顯期
　　　　　│ 女
　　　　　徐渻 ┬ 徐景雨 ┬ 徐元履
　　　　　│ ├ 佐明 ┬ 女
　　　　　│申翊聖 ┬ 女 └ 錫胄 ── 道淵
　　　　　│ ├ 申晜 李厚源女 鄭載崙女
　　　　　│ │ 黃一晧女
　　　　　│ ├ 佑明(出)
　　　　　│ 堉 ── 就明
├ 興祿 ── 女=卞悌元
│白惟咸女├ 址 ─系)佑明
│水原人 └ 坼 宋國澤女
└ 女=成楳

▨ 동복오씨 오억령, 한준겸·한홍일, 김육, 인평대군 혼맥도 : 184쪽 참조
출전 : 『同福吳氏族譜』(1926, 吳喜相等編) 한국학중앙연구원 소장(MF35-8889~90)
　　　 ; 『선원록』 10책 7305쪽 ; 『선원속보』 권6.

吳世賢 ┬ 吳億齡 ── 吳溥 ─系)吳挺緯
　　　　│ └ 女
　　　　│ ‖
韓孝胤 ┬ 韓百謙 ── 韓興一 ── 韓器明
　　　　│ 吳挺垣女
　　　　├ 吳百齡 ┬ 吳竣 ── 吳挺一
　　　　│ └ 吳端 ┬ 吳挺緯(出)
　　　　│ ├ 吳挺昌
　　　　│ └ 女
　　　　│ ‖
　　　　└ 韓浚謙 ── 仁烈王后 ── 麟坪大君 ┬ 福寧君 栯 ── 女
　　　　　 │ 金佑明 ┬ 金錫達
　　　　　 │ ├ 福昌君 楨
　　　　　 │ 黃道明 ┼ 女
　　　　　 │ ‖ ├ 福善君 㮒
　　　　　 金堉 ── 女 └ 福平君 㮒

▦ 청풍 김씨 김시묵 가계도 : 본문 245쪽 참조
출전: 『청풍김씨세보 淸風金氏世譜』(1989, 회상사)

```
金佑明 ─┬ 萬冑──系)道濟── 聖集─系)時默 ─┬ 基大
宋國澤女 │ 閔恁女  李敏迪女  李杓女  南直寬女│李長源女(延安人)
        │        全州人   完山人  宜寧人 ├ 孝懿王后
        │                      洪向彦女 └ 庶女
        │                      南陽人      洪樂遜(豊山人)
        │
        ├ 錫翼 ─┬系)道泳 ┬ 聖厦(出)
        │ 尹俠女 │尹夏明女 └ 聖應 ┬ 時默(出)
        │ 坡平人 │海平人  洪禹寧女 ├ 持默 ──洪樂倫
        │       │ 女   南陽人  李奎煥女(韓山人)
        │ 洪萬容──洪重衍(豊山人) └ 峙默
        │                        宋益欽女(恩津人)
        │
        ├ 錫衍 ─ 道濟(出)
        │ 李挺漢女 ├ 道涵─系)聖采 ┬ 尙默=閔遇洙女
        │ 全州人 │趙聖輔女 尹寔女 └ 光默=宋文欽女
        │ 魚尙儁女│ 豊壤人
        │ 咸從人 ├ 道泳(出)
        │       ├ 道浹(出)
        │       ├ 道洽 ┬ 聖采(出)
        │       │黃命錫女└ 女 ─系)時淵 ─ 女
        │       │ 昌原人  宋明欽       趙萬永
        │       └ 女=丁彦天 羅州人
        ├ 錫達 ─系)道浹── 女
        │福寧君女         朴文秀
        ├ 明聖王后
        └ 女=權益興
```

▦ 의령남씨 남직관·김시묵·여흥민씨 혼맥도 : 본문 246쪽 참조
출전: 『의령남씨족보 宜寧南氏族譜』1900, MF35-10120, 한국학중앙연구원

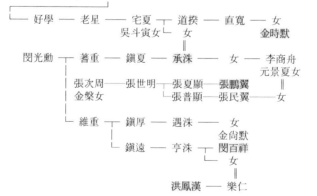

```
南彦經 ── 格 ─┬
             └─ 好學 ── 老星 ── 宅夏 ┬ 道揆 ── 直寬 ── 女
                              吳斗寅女└ 女          金時默
                                              ‖
             閔光勳 ┬ 蓍重 ── 鎭夏 ── 承洙 ── 女 ── 李商舟
                   │                            元景夏女
                   │ 張次周──張世明┬張夏顯─張鵬翼    ‖
                   │ 金槃女        └張普顯─張民翼──女
                   │
                   └ 維重 ┬ 鎭厚 ── 遇洙 ── 女
                         │                金尙默
                         └ 鎭遠 ── 亨洙   閔百祥
                                       └ 女
                                         ‖
                            洪鳳漢 ── 樂仁
```

□ 은진송씨 송익흠·김시묵·안동김씨 혼맥도 : 본문 **247**쪽 참조

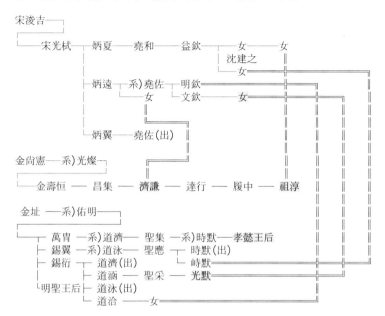

▦ 광산김씨 김만기 가계도 : 본문 171쪽 참조
출전:『光山金氏族譜』, 憲宗代, 光山金氏族譜所

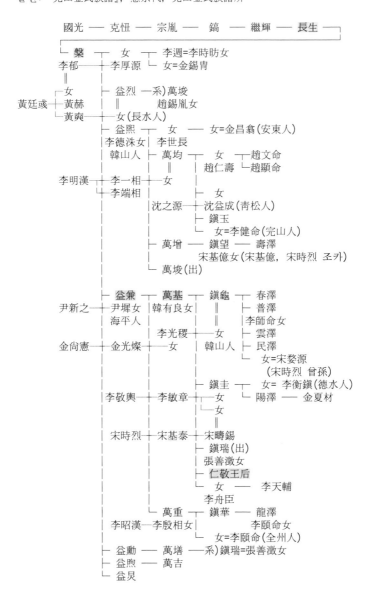

▦ 청주한씨 한유량·김만기·인선왕후·장렬왕후 혼맥도 : 본문 172쪽 참조

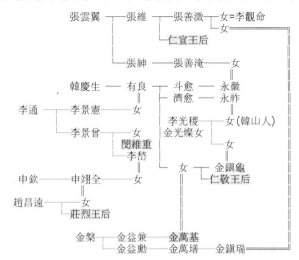

▨ 전주이씨 이이명, 김만기, 연안이씨 이일상·이은상, 안동김씨 혼맥도 : 본문 **174**
쪽 참조

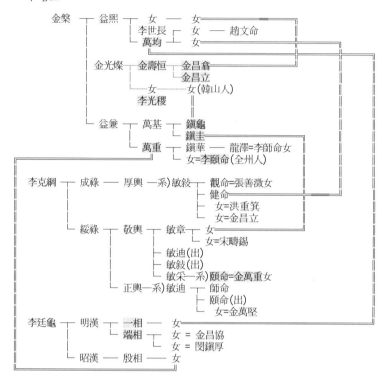

□ 여흥민씨 민유중 가계도 : 본문 177쪽 참조
출전 : 『여흥민씨세보 驪興閔氏世譜』(MF-9942-9945, 한국학중앙연구원)

```
閔齊仁 ── 思容 ┬ 汝健 ──系)機 ── 光勳
              │姜士尙女
              ├ 汝俊 ── 機(出)
              └ 汝任 ── 枡 ── 光爀 ── 致重


   閔機 ┬ 光勳 ┬ 蓍重 ┬ 鎭夏=趙龜錫女(楊州人)
 洪翼賢女│李光庭女│ 洪霨女└ 鎭周
 南陽人 │ 延安人 │
        │       ├ 鼎重 ┬ 女 ── 女=洪致中 南陽人
        │       │ 申昇女┬ 李寅烇(慶州人)
        │       │ 洪處尹女└ 鎭長=南二星女(宜寧人)
        │       │
        │       ├ 維重 ┬ 女 ── 李縡
        │       │李景曾女├ 鎭厚 ┬ 女=趙奎彬 楊州人(趙啓遠 曾孫)
        │       │宋浚吉女│李端相女─ 女=金光澤 光山人(金萬重 孫)
        │       │趙貴中女│李德老女┬ 翼洙 ┬ 百奮
        │       │       │       │南正重女└ 女
        │       │       │       │ 宜寧人 洪趾海 ── 相簡
        │       │       │       └ 遇洙
        │       │       │        尹景績女(漆原人)
        │       │       ├ 鎭遠 ┬ 昌洙=金昌集女(安東人)
        │       │       │尹趾善女├ 亨洙 ┬ 百祥─系)弘爕(初名 弘烈)
        │       │       │坡平人 │李世恒女└ 百興──弘爕(出)
        │       │       │       │ 龍仁人
        │       │       │       ├ 通洙=宋相琦女(恩津人)
        │       │       │       └ 女=李周鎭 德水人
        │       │       │
        │       │       ├ 仁顯王后
        │       │       ├ 女=申錫華 平山人
        │       │       ├ 鎭永 ┬ 樂洙
        │       │       │李明升女│ 李濟女(延安人)
        │       │       │韓山人 │ 沈培女(靑松人)
        │       │       │宋相鎭女└ 覺洙
        │       │       │ 恩津人 趙正純女(林川人)
        │       │       └ 女=洪禹肇 南陽人
        │       ├ 女 ┬ 洪重模
        │ 洪柱元┼洪萬衡└ 洪重楷
        │       └ 女=鄭普衍 延日人(鄭澈 玄孫)
        │
        └ 女 ┬ 女
          趙錫胤│ 宋光栻(宋浚吉 子)
          白川人└ 女
          金益熙──金萬堨
```

▨ 덕수이씨 이경중·민유중·김만기·장렬왕후·김수항 혼맥도 : 본문 180쪽 참조

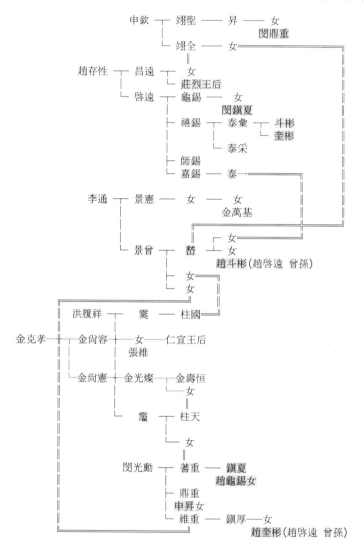

▨ 여흥민씨 민치록 가계도 : 본문 **290**쪽 참조

```
閔百奮 ┬   女 ─ 明燮──系)在鉉
沈重賢女│ 洪秉順(南陽人)
 靑松人 │
韓光鼎女│
 淸州人 ├  耆顯 ── 致祿 ┬─系)升鎬─系)泳翊
        │趙重瞻女 吳熙常女│金在廷女 金永哲女(光山人)
        │李悌源女  海州人 │ 光山人
        │鄭在順女 李圭年女│金鼎秀女
        │       韓山人 │ 光山人
        │             │李敏星女
        │             │ 德水人
        │             └  明成皇后=高宗
        ├  女
        │趙在善(林川人)
        │
        ├  佐顯 ── 致益 ┬ 應鏞
        │             └ 肯鎬
        │
        ├  佑顯 ─系)致學── 度鎬
        │
        └  時顯 ┬  女
          申綏女 │ 趙學澍(林川人)
          平山人 ├  女
                │ 申命鎬(平山人)
                └系)致一 ┬ 儀鎬
                  生父琦顯 ├  女
                         │ 洪南杓(南陽人)
                         └  女
                           李極垙(韓山人)
```

▦ 여흥민씨 가계도 : 본문 291쪽 참조
출전 : 『여흥민씨세보 驪興閔氏世譜』(MF-9942-9945, 한국학중앙연구원)

閔光勳 ┬ 著重 ┬ 鎭周 ┬ 承洙(出)
　　　　│　　　│　　　└ 應洙 ── 百昌 ─系)命爀── 致文 ── 達鏽── 泳穆(出)
　　　　│　　　│
　　　　│　　　├ 鎭夏─系)承洙 ┬ 百亨 ─系)台赫── 致恒
　　　　│　　　│　　　　　　　　│　　　　　　 金魯永女
　　　　│　　　│　　　　　　　　└ 女 ── 女 ── 女
　　　　│　　　│　　　　　　　　　 宋益欽　沈健之　金祖淳
　　　　│　　　│
　　　　│　　　├ 鎭周 ┬ 承洙(出)
　　　　│　　　│　　　└ 應洙 ┬ 百行 ─系)濟烈 ─系)致殷 ── 世鎬=金學淳女
　　　　│　　　│　　　　　　　└ 百昌 ┬ 濟烈(出)
　　　　│　　　│　　　　　　　　　　 └系)命爀 ── 致殷(出)
　　　　│　　　│　　　　　　　　　　　　　　　　└ 致文 ── 達鏽── 泳穆(出)
　　　　│　　　├ 鎭明
　　　　│　　　└ 鎭魯 ── 興洙 ┬ 百宗 ── 台赫(出)
　　　　│　　　　　　　　　　 └ 百憲(出)
　　　　│
　　　　├ 鼎重 ┬ 女 ── 女 ── 濟猷 ── 益彬 ── 女
　　　　│ 洪處尹女│ 李寅炌　洪致中　　　　　　　　　 趙鎭寬 ── 萬永
　　　　│　　　│
　　　　│　　　└ 鎭長 ┬ 安洙 ── 百徵 ─系)景爀 ┬ 女
　　　　│　　　　　　　│　　　　　　　　　　　　├ 南延君
　　　　│　　　　　　　│　　　　　　　　　　　　└ 女
　　　　│　　　　　　　│　　　　　　　　　 尹致升 ─ 尹種善
　　　　│　　　　　　　│　　　　　　　　　　　　　 └ 女=金左根
　　　　│　　　　　　　│
　　　　│　　　　　　　├ 德洙 ─系)百憲 ┬ 景爀(出)
　　　　│　　　　　　　│　　　　　　　　└ 命爀(出)
　　　　│　　　　　　　└ 女
　　　　│　　　　　　　　 朴師益── 女 ── 頤柱 ── 魯永 ┬系)正喜
　　　　│
　　　　├ 維重 ┬ 女 ── 李縡
　　　　│　　　├ 鎭厚 ┬ 翼洙 ── 百奮 ── 耆顯 ── 致祿 ┬系)升鎬 ─系)泳翊
　　　　│　　　│　　　│　　　　　　　　　　　　　　　 └明成皇后── 純宗
　　　　│　　　│　　　│
　　　　│　　　│　　　└ 遇洙 ┬ 百瞻 ── 彝顯 ─系)致秉 ── 正鏽 ── 泳商 ── 宗植
　　　　│　　　│　　　　　　　│
　　　　│　　　│　　　　　　　└ 百兼 ── 鍾顯 ┬ 致福 ── 泰鏽 ─系)泳穆
　　　　│　　　│　　　　　　　　　　　　　　　 └ 女 ── 祖根 ── 孝顯王后
　　　　│　　　│
　　　　│　　　├ 鎭遠 ┬ 昌洙
　　　　│ 尹趾善女│ 金昌集女(安東人)
　　　　│　坡平人 ├ 亨洙 ┬ 百祥 ─系)弘燮 ─系)致三 ─系)台鎬 ┬ 泳翊(出)
　　　　│　　　　　│　　　│　　　 初諱弘烈　　　　　　　　　 ├ 純明孝皇后
　　　　│　　　　　│　　　│　　　 洪益彬女　　　　　　　　　 ├系)泳璘
　　　　│　　　　　│　　　│　　　 韓喆謨女　　　　　　　　　 └ 泳璇

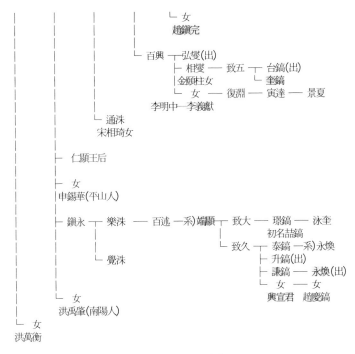

閔光爀 ── 致重 ── 鎭喬 ── 養洙 ── 百裕 ── 端顯(出)

▨ 해주오씨 오희상・민치록・풍양조씨 혼맥도 : 본문 292쪽 참조
출전:『해주오씨대동보 海州吳氏大同譜』1991, 회상사
　　　 金昌翕『삼연집』권29「海昌尉吳公墓碣銘(오태주)」(한국문집총간)

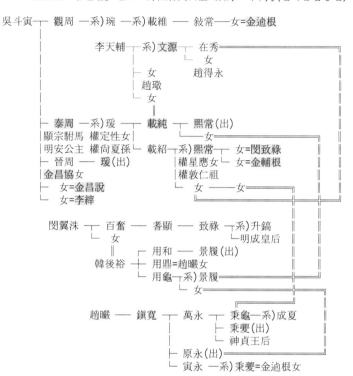

▨ 경주김씨 김주신 가계도 : 본문 190쪽, 195쪽 참조
출전:『경주김씨계림군파대동보 慶州金氏桂林君派大同譜』

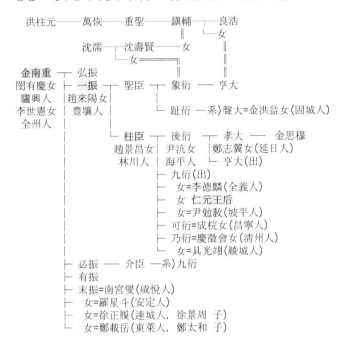

洪柱元────萬恢───重聖───鎭輔──┬─良浩
　　　　　　　　　　　　‖　　　└─女
　　　　沈濡──沈壽賢───女　　　　　‖
　　　　　　┌─女══════════┐　‖
金南重　─┬─弘振　　　　　　　　　‖　　‖
閔有慶女　├─一振──┬─聖臣──┬─象衍───亨大
驪興人　　│趙來陽女│　　　　│
李世憲女　│豊壤人　│　　　　└─趾衍　─系)聲大=金洪益女(固城人)
全州人　　│　　　　│
　　　　　│　　　　└─柱臣──┬─後衍──┬─孝大───金思穆
　　　　　│　　趙景昌女│尹沆女　│鄭志翼女(延日人)
　　　　　│　　林川人　│海平人　└─亨大(出)
　　　　　│　　　　　　├─九衍(出)
　　　　　│　　　　　　├─女=李德麟(全義人)
　　　　　│　　　　　　├─女 仁元王后
　　　　　│　　　　　　├─女=尹勉敎(坡平人)
　　　　　│　　　　　　├─可衍=成梡女(昌寧人)
　　　　　│　　　　　　├─乃衍=慶徵會女(淸州人)
　　　　　│　　　　　　└─女=具光翊(綾城人)
　　　　　├─必振───介臣─系)九衍
　　　　　├─有振
　　　　　├─末振=南宮燮(咸悅人)
　　　　　├─女=羅星斗(安定人)
　　　　　├─女=徐正履(達城人, 徐景周 子)
　　　　　└─女=鄭載岳(東萊人, 鄭太和 子)

▥ 반남박씨 박태두・박세당, 김주신, 남이성 혼맥도 : 본문 191쪽 참조

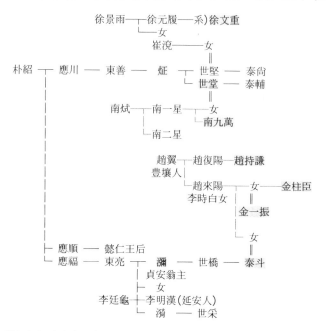

▥ 대구서씨 서정리・서문중, 김주신, 심호 혼맥도 : 본문 192쪽 참조

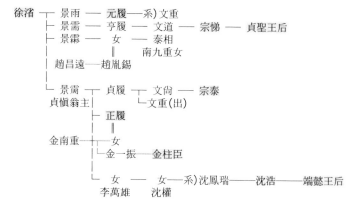

▨ 안정나씨 나성두·김주신·김수항·민유중 혼맥도 : 본문 193쪽 참조

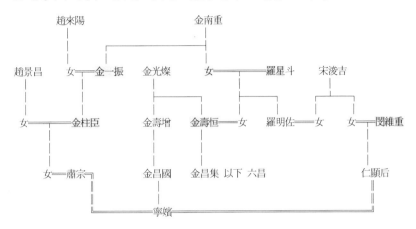

▨ 임천조씨 조경창·김주신·김수항 혼맥도 : 본문 194쪽 참조
출전: 『임천조씨대동보 林川趙氏大同譜』

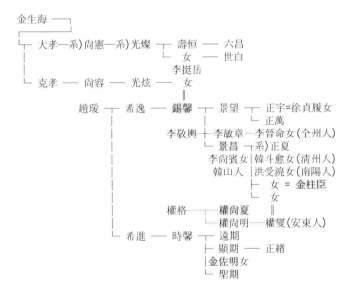

▨ 함종어씨 어유구 가계도 : 본문 202쪽, 206쪽 참조
출전 : 『함종어씨세보 咸從魚氏世譜』(1994, 뿌리출판사)

```
魚雲海 ┬ 夢麟 ── 漢明 ┐
       └ 夢龍                │
┌───────────────────────────┘
│
└ 震翼 ─ 史衡 ─ 有鳳 ┬ 道凝 夭
  元妣女  柳椐女  洪文度女│
  原州人  全州人  南陽人 │ ┬(系)錫胤 ┬ 用霖=朴弼均女(朴趾源 姑母)
                         │ │生父有鵬 └ 用賓
                         │ │李宜迪女
                         │ │龍仁人
                         │ └ 趙正緒 ┬── 女(林川人)
                         │     ‖    │
              金盛最 ┬ 女 ├ 女 ── 洪樂性
              李昭漢女│    │ 洪象漢(豊山人)
                     │    └ 女 ── 女=朴趾源
                     │      李輔天(完山人, 世宗 桂陽君 派)
                     ├ 有龜 ┬ 錫定 ┬ 用中
                     │ 李萬模女│ 沈銈女│ 用恒 (出)
                     │ 全義人 │ 青松人 └ 用儀
                     │ 李夏蕃女│祖沈宅賢
                     │ 全州人 │
                     │ 金東說女├ 錫寧 ─系)用恒
                     │ 商山人 │ 洪啓祐女(南陽人)
                     │       └ 女 ── 女=徐宗集(徐文澤 子)
              金壽一 ┬ 金盛大 ┬ 金時敎(安東人)
                     │        └ 女
              李世胄 ┬ 李邦彦 ┬ 李普祥(完山人 世宗 密城君 派)
                     │        └ 女
              洪受瀍 ┬ 洪禹齊 ┬ 洪啓九(南陽人)
                     │        ├ 女=宣懿王后(景宗妃)
                     │        ├ 女=李址順(韓山人)
                     │        └ 女=沈履之(青松人) : 외조부가 趙正經
                     ├ 有鵬 ┬ 錫胤(出)
                     │ 吳賀會女├ 錫祚=李世臣女(延安人, 月沙 李廷龜 後孫)
                     │ 海州人 │ 女=具敬身(綾城人)
                     │       └ 女=金純行(安東人 金尙容5대손)
              ├ 史愼 ┬ 女=李春燁(永川人)
              │蔡勉章女└ 女=吳瑝(海州人)
              │平康人
              ├ 史龍 ── 有興
              │尹德信女
              │坡平人
              ├ 女=李濡(完山人)
              └ 女=李宜顯(龍仁人)
```

▨ 전주이씨 이유·어유구·용인이씨 이세백·안동김씨 혼맥도 : 본문 204쪽 참조

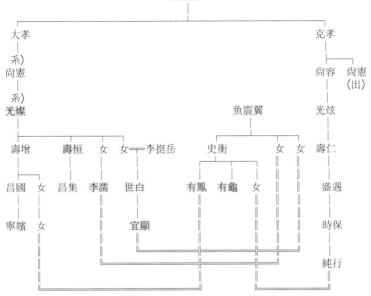

▨ 상산김씨 김동열·김동필, 어유구, 유봉휘 혼맥도 : 본문 205쪽 참조

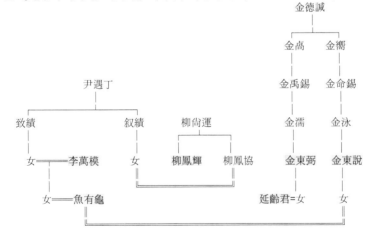

▨ 대구(달성)서씨 서종제 가계도 : 본문 208쪽, 211쪽 참조
출전:『대구서씨세보 大丘徐氏世譜』(1991, 古2518-33-55, 국립중앙도서관)

```
徐渻 ┬ 景雨 ┬ 元履─系) 文重 ┬ 宗普
     │      │              │ 李廷夔女
     │      │              └ 宗愈
     │      │                金昌協女
     │      ├ 裕履 ── 文永=金壽能女(金尙憲曾孫女, 金光燦孫女)
     │      └ 女 ── 朴世堅 ── 朴泰尙
     │         崔浣    (朴炡 子)
     │         海州人
     ├ 景霱 ┬ 亨履 ┬ 文遠 ── 宗翰
     │  金僖女 │ 成仁耈女 ├ 文述 ┬ 宗亮
     │  光州人 │        │      ├ 宗望
     │         │        │      └ 宗相
     │         │        ├ 文起(出)
     │         │        ├ 文道 ┬ 宗惕 ── 李惇實女(延安人)
     │         │        ‖      └ 宗悌 ── 命伯 ── 德修
     │         │  金鼎之 ┬ 女    李師昌女 李廥女 └ 信修 ── 有寧 ── 龍輔
     │         │         │ 金奐    牛峯人   驪州人
     │         │         │ 申最女            ├ 命休 ── 魯修
     │         │         │                    具聖問女(綾城人)
     │         │         │                    ├ 女=李重庚(全州人)
     │         │         │                    ├ 女=申正集(高靈人)
     │         │         │                    ├ 女 貞聖王后(英祖妃)
     │         │         │                    └ 女=林蓮(羅州人)
     │         │         ├ 宗愼 ┬ 命三
     │         │         │ 金曾英女 ├ 命五
     │         │         │ 光州人 └ 命九─系)孝修 ┬ 有隣
     │         │         │                        └ 有防=李天輔女
     │         │         ├ 宗協 ┬ 命聃
     │         │         │      └ 命賚
     │         │         ├ 宗一(出)
     │         │         ├ 女=朴善長(密陽人)
     │         │         ├ 女=南宮培(咸悅人)
     │         │         └ 女=尹坪(海平人)
     │         ├ 弘履 ── 文瀋 ── 宗積 ── 命珩 ── 孝修(出)
     │         └ 祥履 ── 文博─系)宗一─系)命孚
     ├ 景霜 ── 女 ── 趙泰相
     │         趙胤錫 南九萬女
     │
     └ 景霌 ┬ 貞履 ┬ 文尙 ── 宗泰 ┬ 命均 ── 志脩
        貞愼翁主 │ 李明漢女 │        ‖
               │        │        金構 ┬ 女
               │        ├ 文重(出) └ 金在魯
               │        │              └ 命彬=宋相琦女
               │        ├ 文徵 ── 宗鎭 ── 命孚(出)
               │        └ 文裕 ── 宗玉 ┬ 命翼─系)浩修──徐有榘
```

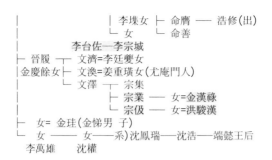

□ 여주이씨 여주이씨 이동암·이제, 서종제, 최규서 혼맥도 : 본문 **209**쪽 참조

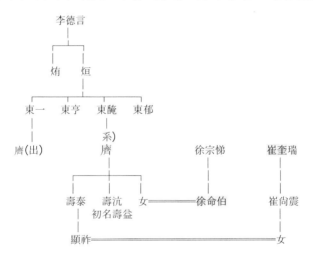

▦ 풍양조씨 조문명 가계도 : 본문 224쪽 참조
출전: 『풍양조씨세보 豊壤趙氏世譜』(한국정신문화연구원, MF 35-10039)

〈표 3-35〉 풍양조씨 조문명 가계도

```
趙希輔 ┬ 珉 ─系)相鼎 ┬ 仁壽 ┬ 景命 ── 女=李匡德
        │     洪命一女 │金萬均女 │金時傑女(安東人)
        │     南陽人    │        ├ 文命 ┬ 載浩
        │               │        │金昌業女└ 孝純王后  眞宗妃
        │               │        └ 顯命 ── 載得
        │               ├ 大壽
        │               │徐文重女
        │宋國澤─宋奎明 ┬ 女
        │               └ 女=李成朝(延安人)
        └ 珩 ┬ 相抃 ┬ 祺壽 ┬ 遠命 ── 載德=宋成明女
          睦長欽女│     │麟坪  │
                  │     │大君女 └ 迪命(出)
                  │     └ 裕壽 ─系)迪命=宋徵五女
                  ├ 相鼎(出)
                  ├ 相愚 ┬ 泰壽=沈權女
                  │李長英女│
                  │全州人  └ 海壽 ── 女=宋翼輝
                  │
                  ├ 女 ── 女
                  │李斗徵   趙聖輔
                  └ 女 ──沈鳳瑞── 沈浩 ── 端懿王后  景宗妃
                    沈樞
```

▦ 전주이씨 이경석·이장영, 조상우, 이태좌 : 본문 227쪽 참조
출전:『선원속보 璿源續譜』

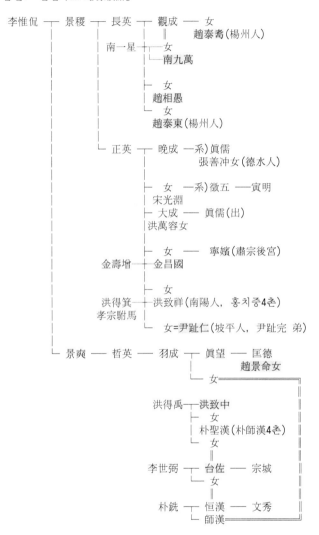

▦ 여산송씨 송인명・조적명 혼맥도 : 본문 228쪽 참조

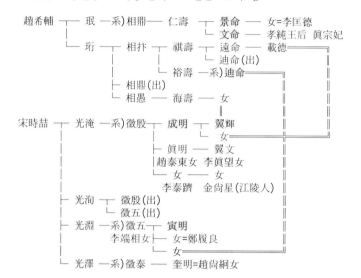

🔲 풍양조씨·광산김씨·안동김씨·연안이씨·전주이씨 혼맥도 : 본문 230쪽 참조

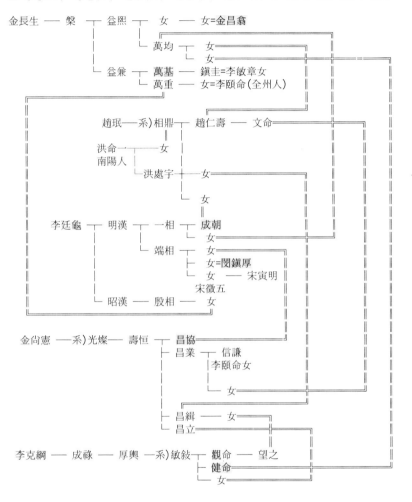

▨ 풍산 홍씨 홍봉한 가계도 : 본문 233쪽 참조
출전:『풍산홍씨대동보 豊山洪氏大同譜』(1985, 농경출판사)

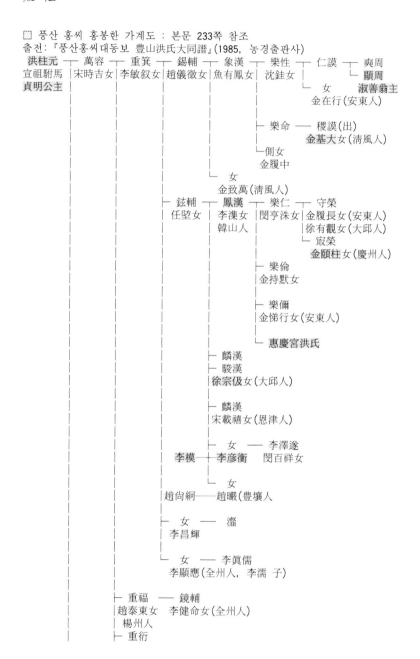

```
        │        │金錫翼女
        │        └ 重疇
        │         趙始久女(豊壤人)
        │
        ├ 萬衡 ┬ 重模
        閔光勳女│金益炅女(光山人, 金長生 玄孫)
        │        └ 重楷
        ├ 萬熙
        └ 萬恢 ── 重聖 ── 鎭輔 ── 良浩
```

▨ 한산이씨 이집·박명원 혼맥도 : 본문 234쪽 참조
출전: 『한산이씨 양경공파세보 韓山李氏良景公派世譜』(1982, 회상사)

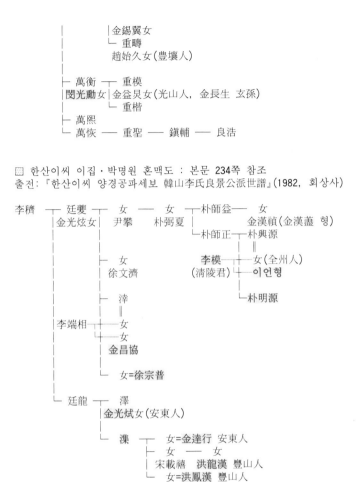

```
李穡 ┬ 廷夔 ┬ 女 ── 女 ┬朴師益── 女
     │金光炫女│ 尹攀  朴弼夏│        金漢禎(金漢藎 형)
     │        │              └朴師正┬朴興源
     │        │                     │  ‖
     │        ├ 女           李模   ┬女(全州人)
     │        │ 徐文濟     (淸陵君)├ 이언형
     │        │                     │
     │        ├ 滓                  └朴明源
     │        │ ‖
     │李端相┬ 女
     │      ├ 女
     │      金昌協
     │      │
     │      └ 女=徐宗普
     │
     └ 廷龍 ┬ 澤
            金光炘女(安東人)
            │
            └ 溴 ┬ 女=金達行 安東人
                  ├ 女 ── 女
                  │ 宋載禧  洪龍漢 豊山人
                  └ 女=洪鳳漢 豊山人
```

▦ 청풍김씨 김치만·홍봉한·이의현 혼맥도 : 본문 236쪽 참조
출전: 청풍김씨 「이세백 신도비」(李縡 찬),
　　　이근호, 2002, 「英祖代 蕩平派의 國政運營論 硏究」(국민대 박사논문), 332쪽.

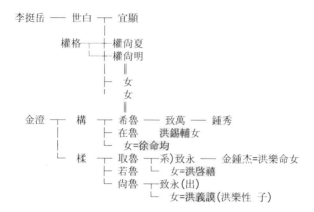

▦ 풍산홍씨·여흥민씨 혼맥도 : 본문 237쪽 참조

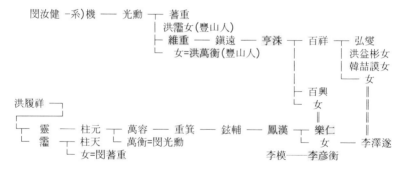

□ 풍산홍씨·전주이씨·안동김씨 혼맥도 : 본문 253쪽 참조

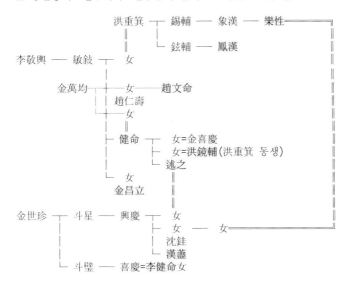

▦ 경주김씨 김한구 가계도 : 본문 240쪽 참조
출전:『경주김씨학주공파세보 慶州金氏鶴洲公派世譜』2000, 회상사

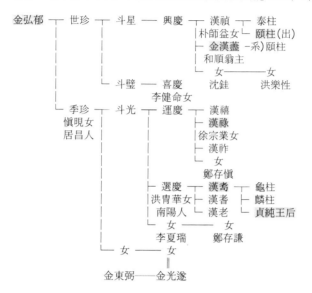

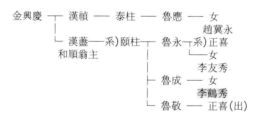

■ 원주원씨 원명직·김한구·홍봉한 혼맥도 : 본문 241쪽 참조

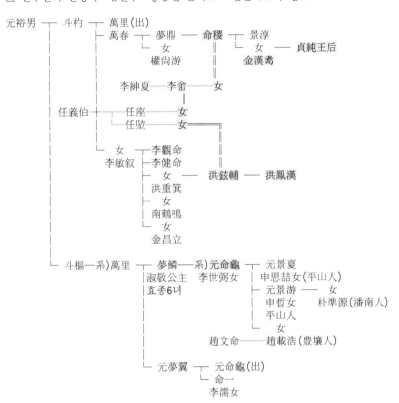

▨ 안동김씨 김조순 가계도 : 본문 262쪽  참조

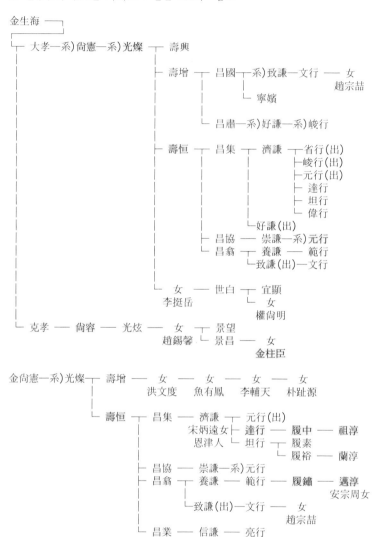

```
金達行 ┬ 履基 ┬ 龍淳 ─系)迪根
李溎女 │      │      吳敍常女(海州人)
韓山人 │      └ 明淳(出)
       ├ 履中 ── 祖淳 ┬ 迪根(出)
       │申思迪女 沈健之女 │ 元根 ┬ 炳阮
       │ 平山人    靑松人 │李憲成女 李存秀女(延安人)
       │李衡玉女        │尹章烈女└ 炳陸
       │ 咸平人         │      ┌ 權敦仁女(安東人)
       │               ├ 左根 ─系)炳冀 生父 泳根
       │               │尹致升女 南久淳女(宜寧人)
       │               │ 海平人
       │               ├  女 純元王后
       │               ├ 女=南久淳(宜寧人)
       │               ├ 女=李謙在(韓山人)
       │               └ 女=李肯愚(延安人)
       ├ 履慶 ─系)明淳 ┬ 弘根
       │朴聖淳女 申光蘊女│洪羲綏女(豊山人)
       │ 密陽人    平山人 │尹致翼女(海平人)
       │               ├ 應根
       ├  女           │李在純女(龍仁人)
       │李得祥(完山人)  ├ 興根
       └  女           │ 沈能直女(靑松人)
                       └ 儞根
                       李泰永女(韓山人)
                       宣城盧氏
```

☐ 안동김씨 김창집 후손 왕비 혼맥도 : 본문 265쪽, 276쪽 참조

```
壽恒 ┬ 昌集 ── 濟謙 ┬省行(出)── 履長 ┬ 麟淳(出)
     │               │               └ 頤淳─系)汶根── 女 哲仁王后
     │               ├元行(出)                        哲宗妃
     │               ├ 達行 ── 履中 ── 祖淳 ── 女 純元王后
     │               │                          純祖妃
     │               └ 坦行 ┬ 履素─系)芝淳 ── 祖根── 女 孝顯王后
     │                      ├ 履裕 ─系)芝淳(出)          憲宗妃
     │                      └ 履素 ── 女 ── 在鉉(出)
     │                             洪章燮
     ├ 昌協 ── 崇謙─系)元行 ── 履直─系)麟淳 ── 汶根(出)
     │
     │                 系)安宗傑 ┬ 橐 ── 光直 ── 女
     │                          └ 策(出)        洪在龍
     │        安相一── 安允中── 安宗周 ┬系)策
     │                                └ 女
     │                                  ‖
     ├ 昌翕 ┬ 養謙 ── 範行 ── 履鏽 ── 邁淳
     │      └致謙(出)─文行 ── 女
     │                    趙宗喆
     └ 昌立─系)厚謙 ── 簡行 ── 履錫 ── 學淳 ── 淵根 ── 炳疇
                                                   福溫公主
```

▩ 안동김씨·반남박씨 혼맥도 : 본문 263쪽 참조

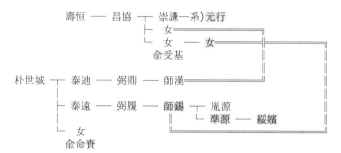

▩ 안동김씨·풍산홍씨 혼맥도 : 본문 264쪽 참조

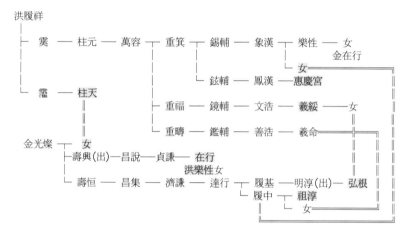

▩ 은진송씨 송익흠·김조순 혼맥도 : 본문 265쪽 참조

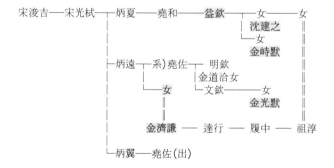

▨ 풍양조씨 조만영 가계도 : 본문 267쪽 참조

```
趙廷機 ┬ 守倫 ── 涑
       ├ 守翼 ── 瀹 ┬ 伯耘 ── 聖輔 ──   女
       └   女       │                金道涵(淸風人)
          黃赫      └ 仲耘 ── 道輔
```

```
趙道輔 ┐
       │
├ 尙絅 ┬ 曘 ┬ 鎭宣 ── 翼永
│      │    └ 鎭宏
│      │
│      ├ 曦 ┬ 鎭寬 ┬ 萬永 ┬ 秉龜 ─系)成夏
│      │ 洪顯輔女│洪益彬女│宋時淵女│          李鎬俊女(牛峯人)
│      │ 豊山人 │南陽人 │恩津人 ├ 秉夒(出)
│      │      │      │      ├   女 神貞王后
│      │      │      │      ├ 女=李寅皡(全州人)
│      │      │      │      ├ 女=兪致善(杞溪人)
│      │      │      │      └ 女=金奭鉉(光山人)
│      │      │      │
│      │      │      ├原永(出)
│      │      │      ├ 寅永 ┬系)秉夒─系)寧夏
│      │      │      │金世淳女│金逌根女 李敎鉉女
│      │      │      │安東人 │      ├ 女=金學性(淸風人)
│      │      │      │      ├ 女=李寅禹(全州人)
│      │      │      │      └ 女=徐翼輔(大邱人)
│      │      │      │
│      │      │      ├ 女=李復淵(完山人)
│      │      │      ├ 女=金炳文(安東人)
│      │      │      ├ 女=尹慶烈(海平人)
│      │      │      └ 女=李在文(龍仁人)
│      │      │
│      │      ├ 鎭宜 ─系)原永 ┬ 秉駿 ┬ 敬夏
│      │      │金光默女 韓用龜女│金盛淵女│尹圭錫女(海平人)
│      │      │淸風人  淸州人 │淸風人 │李鼎漢女(全州人)
│      │      │             │      └ 成夏(出)
│      │      │             └ 女=李埈(牛峯人)
│      │      │
│      │      ├   女 ┬   女
│      │      │韓用鼎│洪遇爕
│      │      │淸州人└   女
│      │      │      金基常(金峙默 子)
│      │      └   女 ── 起爕
│      │        洪秉恊(南陽人)
│      │
│      └ 晸 ── 鎭宅 ┬ 鍾永
│                   │   女 ── 女 ── 女
│                   李龍秀  金汶根  哲宗
│
└ 尙紀 ── 瑛 ── 鎭明 ── 得永 ── 秉鉉 ── 龜下
        金道浹女 李翼鎭女 李文源女
        金漢述女  延安人
```

□ 풍양조씨・청풍김씨 혼맥도 : 본문 268쪽 참조

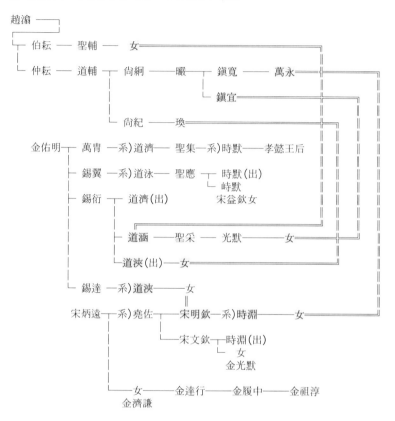

▨ 조만영·김재찬·김정희 혼맥도 : 본문 270쪽 참조

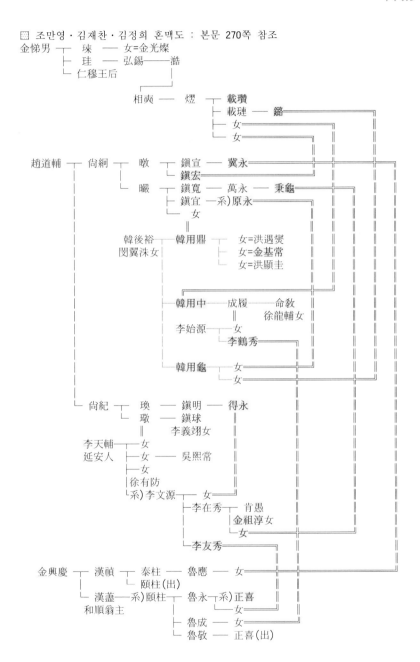

▦ 연안이씨·경주김씨·청주한씨·풍양조씨 혼맥도 : 본문 271쪽 참조

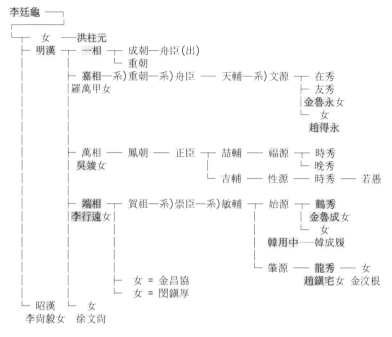

▦ 안동김씨·풍양조씨 혼맥도 : 본문 272쪽 참조

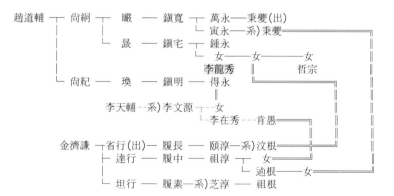

▦ 남양홍씨 홍익빈·홍원섭, 조만영 혼맥도 : 본문 272쪽 참조

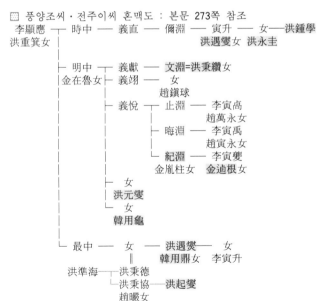

洪命耆 ── 重普 ┬ 得箕=淑安公主
　　　李顯英女└ 得禹 ──
　　　　　　金慶餘女　│

└── 致中 ── 濟猷 ── 益彬 ┬── 女──趙萬永
　　　　　宋炳翼女　　　　　　　　　‖
　　　　　　　　　趙曛 ┬─ 趙鎭寬
　　　　　　　　　　　　└─ 女
　　　　　　　　　　├ 韓用鼎 ───── 女═══════┐
　　　　　　　　　　　　　　　　　　　　　　　‖
　　　　　　　　　　├ 相胤 ── 元㸑 ─ 顯圭 ── 鍾遠 ── 淳穆
　　　　　　　　　　　李明中女　　　勝圭 ── 女 ── 炳疇
　　　　　　　　　　　　　　　　　　　‖
　　　　　　　　　　　　　　　　　金淵根　福溫公主
　　　　　　　　　　├ 金峻行──金履顯───女
　　　　　　　　　　└ 秉纘 ─┬系)履㸑 ── 永圭 ── 鍾學(1837~?)
　　　　　　　　　初名相纘├ 女　李寅升女 趙斗淳女
　　　　　　　　　　　　　　│ 李文淵
　　　　　　　　　　　　　　└側 應㸑 ── 女
　　　　　　　　　　　　　　　　　　　　‖
　　　　　　　　　　　安膺壽 一系)鴻善

▦ 풍양조씨·전주이씨 혼맥도 : 본문 273쪽 참조

李顯應 ┬─ 時中 ── 義直 ── 儞淵 ── 寅升 ── 女──洪鍾學
洪重箕女│　　　　　　　　　　　　　洪遇㸑女 洪永圭
　　　├ 明中 ┬ 義獻 ── 文淵=洪秉纘女
　　　金在魯女├ 義翊 ┬ 女
　　　　　　　　　　　　趙鎭球
　　　　　　　├ 義悅 ┬ 止淵 ── 李寅高
　　　　　　　　　　　│　　　　趙萬永女
　　　　　　　　　　　├ 晦淵 ── 李寅禹
　　　　　　　　　　　│　　　　趙寅永女
　　　　　　　　　　　└ 紀淵 ── 李寅㸑
　　　　　　　　　　　金胤柱女　金逌根女
　　　　　　　├ 女
　　　　　　　　洪元㸑
　　　　　　　├ 女
　　　　　　　　韓用龜
　　　　　　　└ 最中 ── 女 ── 洪遇㸑 ── 女
　　　　　　　　　　　　‖　　　韓用鼎女 李寅升
　　　　　洪準海┬洪秉德
　　　　　　　　└洪秉協──洪起㸑
　　　　　　　　趙曛女

▨ 청주한씨·풍산홍씨 혼맥도 : 본문 282쪽 참조

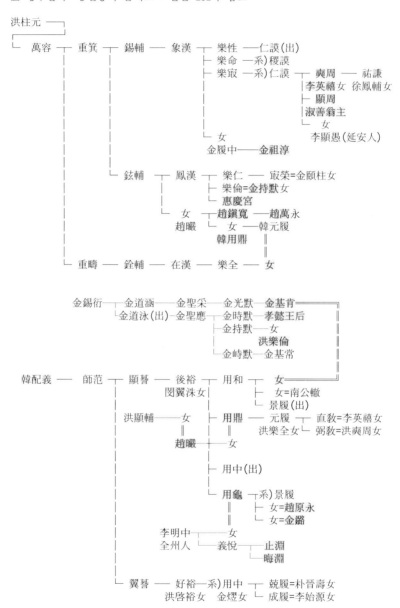

▦ 남양홍씨 홍재룡 가계도 : 본문 275쪽 참조

```
洪春卿 ┬ 天民 ── 瑞鳳
       ├ 逸民 ── 永弼 ── 命元
       └ 聖民 ── 瑞翼 ┬ 命夏
                      └ 命耉

洪命元 ──────┐
       ┌────┘
       ├ 處厚 ┬ 受河 ── 禹錫─系)啓迪 ── 疇泳 ── 秉宷 ── 耆燮 ── 在龍
       │      └ 受渙 ── 禹圭─啓迪(出)
       │
       ├ 處深 ┬ 受濟 ── 禹宣 ── 啓禰 ┬ 準海 ┬ 秉德 ── 遇燮
       │      │                      │      └ 秉恊 ── 起燮
       │      │                      │
       │      │                      └ 進泳 ── 秉順 ── 章燮 ── 在鉉(出)
       │      │
       │      └ 受晉─系)禹傳 ── 啓禧 ┬ 趾海 ── 相簡
       │                            └ 景海 ── 相範(出)
       ├ 處尹 ── 女
       │        閔鼎重
       │
       ├ 處大 ── 受寬 ── 禹寧 ── 女 ── 時默 ── 孝懿王后
       │                        金聖應
       └ 女
         尹㙫

洪啓迪 ┬ 疇泳 ┬ 秉容 ┬ 明燮 ─系)在鉉
沈壽堅女 │初名疇海│柳恕之女│徐英輔女
青松人  │金樂曾女│全州人 └ 女=尹綱烈
李世玉女│ 慶州人 │任迖源女│
星州人  │       │長興人 └ 女=李正信
        │       │
        │       ├ 秉宷 ── 耆燮 ── 在龍
        │       │初諱相宷 張至晃女 安光直女
        │       │李聖模女 德水人   竹山人
        │       │德水人
        │       │李遇泰女(全州人)
        │       │
        │       ├ 秉實─系)時燮 ── 在礎
        │       │
        │       └ 女 ┬ 學淳 ── 淵根 ┬ 炳疇
        ├ 女     金履錫│          洪勝圭女│福溫公主
申思喆─┬申晦    南陽人│          南陽人 ├ 女 ── 趙同熙(出)
       ├ 女           │                │趙秉燮(楊州人)
       │ ‖            └ 女            └ 女
黃梓─┬ 仁傲         李寅溥            尹容善(海平人)
     └ 仁點
```

▨ 양주조씨 조두순·안동김씨 김연근 혼맥도 : 본문 278쪽 참조

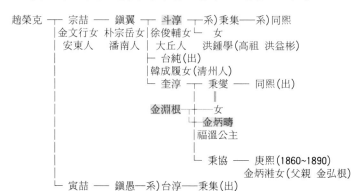

```
趙榮克 ┬ 宗喆 ── 鎭翼 ┬ 斗淳 ┬系)秉集──系)同熙
       │金文行女 朴宗岳女│徐俊輔女└ 女
       │ 安東人   潘南人 │ 大丘人  洪鍾學(高祖 洪益彬)
       │               ├ 台純(出)
       │               │韓成履女(淸州人)
       │               └ 奎淳 ┬ 秉爕 ── 同熙(出)
       │                      │        ‖
       │            金淵根 ┬─ 女
       │                   └ 金炳疇
       │                   │福溫公主
       │                   │
       │                   └ 秉協 ── 庚熙(1860~1890)
       │                            金炳湖女(父親 金弘根)
       └ 寅喆 ── 鎭愚─系)台淳──秉集(出)
```

▨ 해평윤씨 윤택영 가계도 : 본문 293쪽 참조

```
尹忭 ┬ 春壽 ─ 皞 ─ 性之 ─ 坰 ─ 世徵 ─ 漫 ─ 得喆(出)
     └ 斗壽 ─ 昉 ─ 履之 ┬ 坥 ─ 世休(出)
                      │          └ 坫 ─ 世興(出)
                      │
                      ├ 新之 ─ 墀 ─系)世興 ┬ 溥 ─系)得重
                      │              │      └ 泌 ─系)得喆
                      │              │
                      │              └ 女 ── 金萬基
                      │                 金益兼
                      │
                      └ 垍 ─系)世休 ── 商明 ┬ 得一
                                            ├ 得重(出)
                                            ├ 得和
                                            └ 得寧
```

```
尹得喆 ─ 和東 ─ 耆烈 ─ 致孝 ─ 爲善 ┬ 徹求(出)
                                    └ 一求
```

```
尹商明 ┬ 得一 ─ 晃東 ─系)命烈 ┬ 致承 ─ 宜善 ─系)用求
       │         金元柱女      └ 致羲(出)
       │         慶州人
       │
       ├ 得重(出) ─ 紀東 ─ 命烈(出)
       │            韓百增女
       │            李靖夏女
       │
       ├ 得和 ─ 女 ┬ 魯永 ─系)正喜
       │      金頤柱 └ 女
       │            閔相爕
       │
       └ 得寧 ─ 百東 ─ 敬烈 ─系)致羲 ┬ 定善 ─系)敏求
                                      │ 金在敬女
                                      └ 容善 ─系)徹求 ─ 澤榮
```

```
尹致羲 ─ 容善 ─系)徹求 ┬ 是榮(出) ─系)弘爕
初諱致秀 金淵根女 生父爲善 │ 德榮 ┬ 正爕
趙鎭宣女 安東人 洪慶謨女 │ 金準根女 閔泳敦女(驪興人)
 豊壤人       豊山人  │ 安東人 宋鍾燁女(礪山人)
                      │       ├ 同爕=趙漢翼女(林川人)
                      │       └ 女 珹爕=金德顯(安東人)
                      │
                      ├ 肅榮 ─ 章爕
                      │ 金炳休女 申癸任(父 一均, 平山人)
                      │ 安東人
                      │
                      └ 澤榮 ┬ 弘爕(出)
                        兪鎭學女 ├ 毅爕 ─系)興老(生父 弘爕)
                        杞溪人  │ 金顯貞 │ 李炳淑(父 亨植, 慶州人)
                                │ 父 宜東 ├ 女 玟老=趙英達(漢陽人)
                                │ 安東人  └ 女 明老
                                ├ 純貞孝皇后
                                └ 女 喜爕
                              兪吉濬 ── 兪億兼(杞溪人)
```

□ 해평윤씨·풍양조씨·기계유씨 혼맥도 : 본문 295쪽 참조

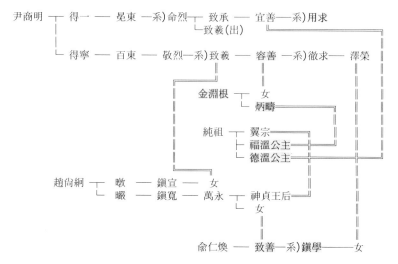

□ 해평윤씨·여흥민씨·전주이씨 이범진 혼맥도 : 본문 296쪽 참조

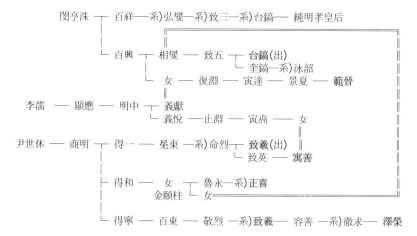

□ 홍선대원군 선조 가계도 : 본문 298쪽 참조

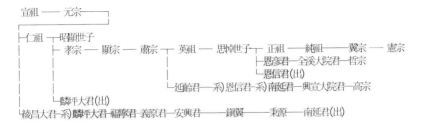

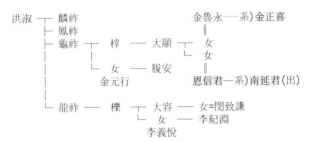

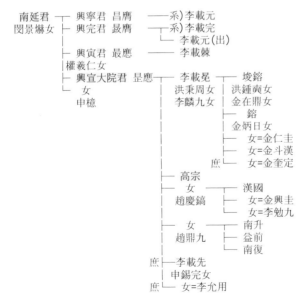

# 찾아보기

# ※ 역사문화에서 나온 책

● 사상과 문화 시리즈

한국의 사상사 시리즈는 문화의 발전과정이 그 당시를 대표하는 사상과 철학의 조류 속에서 정치, 경제, 사회의 발전과 의례, 미술, 음악 등의 문화가 형성됨을 알리기 위한 기획 시리즈이다.

조선성리학과 문화
朝鮮性理學과 文化

2009년 5월 20일 초판 발행

값 15,000 원

조선시대 사상사의 재조명
朝鮮時代 思想史의 再照明

1998년 7월 11일 초판 발행
값 12,000 원

※ 제1회 대산문화재단·교보문고 양서발간 지원 사업의 지원
대상 도서.

한국사상사
韓國思想史

1999년 9월 13일 초판 발행
2002년 9월 10일 2쇄 발행

값 15,000 원

### 조선시대 사상과 문화

1998년 3월 4일 초판 발행
2012년 3월 7일  2쇄 발행

값  7,000 원

### 조선시대 궁궐 운영 연구

2014년 5월 10일  초판 발행

값  20,000 원

● 한국의 인물 시리즈

 저자가 한국사를 연구하고 강의하면서, 조선의 왕실과 그 친인척들을 정리
하였고 다시 각각의 인물에 대한 정리를 좀더 심도있게 할 필요를 느껴 기획
한 인물 시리즈이다.

### 장희빈
張嬉嬪

2002년 12월 26일 초판 발행

값  8,000 원

최충과 신유학

崔冲과 新儒學

2014년 5월 50일 초판 발행

값  20,000 원

● 정치사 시리즈

　조선의 정치사를 정리하는데 필수적인 요소가 되는 국왕 친인척을 조사하면서 정치사를 정리하기 시작하고, 이렇게 정리한 것을 강의하면서 일반 사람들은 정치사를 배우면서 역사에 흥미를 느끼고 역사가 중요하다고 평가를 하고 있다는 것을 알게 되었다. 왕위계승이나 왕실친인척과 연결하여, 그동안 왕조사관이라 하여 부정적으로 보아만 왔던 국왕 왕실 관계와 연결하여 설명해보려 하였다.

왕실 친인척과 조선정치사

2014년 5월 9일 초판 발행

값  15,000 원

## 조선시대 정치사 1 · 2 · 3(전체 3권)

2013년 9월 25일 초판 발행

값  각권 15,000 원

## 조선전기 정치사
### 朝鮮前期 政治史

2001년 9월 9일 초판 발행
2003년 9월  9일 개정 발행

값  8,000 원

● 조선의 왕실 시리즈

　조선의 왕실 시리즈는 한국학이나 역사를 연구하는데 있어 인물 연구가 중요하면서도 기초적인 것이라는 것을 알면서도 연구의 작업량이 워낙 방대하여 누구나 손쉽게 접근하지 못한 면이 많았다. 이에 역사의 중심이자 핵심인 왕실의 인척 관계를 정리하고, 역사 속에서 커다란 역할을 했던 각 인물에 대한 정리를 하기 위한 기획 시리즈이다.

| 연번 | 도서명 | 출간일 | 가격 | 비고 |
|------|--------|--------|------|------|
| 1 | 태조대왕과 친인척 | 1999년 2월 23일 | 8,000 | |
| 2 | 정종대왕과 친인척 | 1999년 9월 21일 | 10,000 | |
| 3 | 태종대왕과 친인척 1 | 2008년 8월 14일 | 15,000 | |
| 4 | 태종대왕과 친인척 2 | 2008년 8월 14일 | 15,000 | |
| 5 | 태종대왕과 친인척 3 | 2008년 8월 14일 | 15,000 | |
| 6 | 태종대왕과 친인척 4 | 2008년 8월 14일 | 18,000 | |
| 7 | 태종대왕과 친인척 5 | 2008년 8월 14일 | 15,000 | |
| 8 | 태종대왕과 친인척 6 | 2008년 8월 14일 | 15,000 | |
| 9 | 세종대왕과 친인척 1 | 2008년 8월 8일 | 15,000 | |
| 10 | 세종대왕과 친인척 2 | 2008년 8월 8일 | 15,000 | |
| 11 | 세종대왕과 친인척 3 | 2008년 8월 8일 | 15,000 | |
| 12 | 세종대왕과 친인척 4 | 2008년 8월 8일 | 15,000 | |
| 13 | 세종대왕과 친인척 5 | 2008년 8월 8일 | 15,000 | |
| 14 | 문종대왕과 친인척 1 | 2008년 8월 8일 | 15,000 | |
| 15 | 문종대왕과 친인척 2 | 2008년 8월 8일 | 15,000 | |

| 16 | 단종대왕과 친인척 | 2008년 8월 8일 | 15,000 | |
|---|---|---|---|---|
| 17 | 세조대왕과 친인척 | 2008년 10월 6일 | 18,000 | |
| 18 | 예종대왕과 친인척 | 2008년 11월 7일 | 15,000 | |
| 19 | 성종대왕과 친인척 1 | 2007년 5월 23일 | 15,000 | |
| 20 | 성종대왕과 친인척 2 | 2007년 5월 11일 | 14,000 | |
| 21 | 성종대왕과 친인척 3 | 2007년 2월 26일 | 15,000 | |
| 22 | 성종대왕과 친인척 4 | 2007년 2월 26일 | 14,000 | |
| 23 | 성종대왕과 친인척 5 | 2007년 2월 26일 | 13,000 | |
| 24 | 연산군과 친인척 | 2008년 11월 7일 | 18,000 | |
| 25 | 중종대왕과 친인척 1 | 2001년 6월 23일 | 8,000 | |
| 26 | 중종대왕과 친인척 2 | 2001년 7월 11일 | 10,000 | |
| 27 | 중종대왕과 친인척 3 | 2001년 7월 27일 | 12,000 | |
| 28 | 인종대왕과 친인척 | 2008년 11월 7일 | 15,000 | |
| 29 | 명종대왕과 친인척 | 2002년 2월 28일 | 10,000 | |
| 30 | 선조대왕과 친인척 1 | 2002년 10월 17일 | 11,000 | |
| 31 | 선조대왕과 친인척 2 | 2002년 10월 11일 | 12,000 | |
| 32 | 선조대왕과 친인척 3 | 2002년 8월 24일 | 11,000 | |
| 33 | 광해군과 친인척 1 | 2002년 11월 25일 | 9,000 | |
| 34 | 광해군과 친인척 2 | 2002년 11월 25일 | 9,000 | |
| 35 | 인조대왕과 친인척 | 2000년 11월 30일 | 10,000 | |
| 36 | 효종대왕과 친인척 | 2001년 3월 26일 | 10,000 | |
| 37 | 현종대왕과 친인척 | 2009년 1월 24일 | 18,000 | |
| 38 | 숙종대왕과 친인척 1 | 2009년 1월 24일 | 15,000 | |
| 39 | 숙종대왕과 친인척 2 | 2009년 1월 24일 | 15,000 | |
| 40 | 숙종대왕과 친인척 3 | 2009년 1월 24일 | 13,000 | |
| 41 | 경종대왕과 친인척 | 2009년 1월 24일 | 13,000 | |
| 42 | 영조대왕과 친인척 1 | 2009년 1월 24일 | 15,000 | |
| 43 | 영조대왕과 친인척 2 | 2009년 1월 24일 | 12,000 | |
| 44 | 영조대왕과 친인척 3 | 2009년 1월 24일 | 15,000 | |
| 45 | 정조대왕과 친인척 1 | 2009년 1월 24일 | 15,000 | |
| 46 | 정조대왕과 친인척 2 | 2009년 1월 24일 | 12,000 | |
| 47 | 순조대왕과 친인척 | 2009년 2월 14일 | 18,000 | |
| 48 | 헌종대왕과 친인척 | 2009년 2월 14일 | 12,000 | |
| 49 | 철종대왕과 친인척 | 2009년 2월 14일 | 13,000 | |
| 50 | 고종황제와 친인척 | 2009년 2월 14일 | 15,000 | |
| 51 | 순종황제와 친인척 | 2009년 2월 14일 | 12,000 | |
| 52 | 부록 – 색인집 | 2009년 2월 27일 | 15,000 | |